인간의 문제는 부도덕한 사회에서 도덕적으로 사는 것이다.

양심의 인간은
그 양심이 이데올로기적일 때 다른 양심의 인간에 대해 잔인하다.

정치적 정의의 실현은 악인에 대한 심판이 아니라
악인을 만들어 내는 사회 조건을 향한다.
그리하여 악인도 희생자라는 관점이 성립한다.
법의 테두리 안에서는, 악인도 법의 보호를 받을 수 있어야 한다.
불교의 자비는 인생이 슬픔의 바다라는 생각에 이어져 있다.
슬픔은 사람의 마음을 모든 것에 열어놓는다.

좋은 사회란 진실의 사회라기보다는
인간적 현실의 여러 요소가 균형을 이룬 사회이다.

에피파니 필로스 후마니타스
Epiphany Philos Humanitas

법과 양심

에피파니 필로스 후마니타스
Epiphany Philos Humanitas

법과 양심

김우창 지음

에피파니

서문

번번이 그렇게 되었지만, 이번에도 다른 분들의 발상과 도움으로 책을 내게 되었다. 문광훈 교수와 박광성 선생의 합의로 이 책의 글들을 모으게 되고 책의 출판 계획이 작성되었다. 그런데다가 문광훈 교수는 원고의 교정과 수정을 기꺼이 떠맡아 수행하였고, 박광성 선생은 글의 여기저기 난외(欄外)에 글의 내용을 요약하는 주석을 첨부하여 주었다. 깊이 감사드린다.

이 책의 주제를 부상(浮上)하고 그에 따라 책의 제목을 정한 것도 위에서 말한 두 분이었다. 책의 제목에 의하면, 이 책의 주제는 법과 양심이다. 여기에 실린 글들

몇 편이 법에 관련되어 있다. 강연을 요청했던 곳이 헌법재판소, 사법정책연구원, 사법연수원 등 사법기관이었기 때문이다. 이강국(李康國) 헌법재판소장, 최송화(崔松和) 사법정책연구원장 그리고 실무를 맡아주셨던 여러분들께 감사드린다. 여기의 저자는, 적어도 전공으로 보아서는, 법과는 관련이 없는 사람임에도 불구하고 강연 초청을 받게 되었다. 법이 문명된 사회에서 사회와 정치 질서의 틀의 하나라고 한다면, 인문학의 관점에서도 법에 대하여 생각하는 것이 전혀 없을 수는 없을 것이다—아마 이러한 생각이 초청자 측에 없지 않았을 것이다.

사람이 사회 공동체의 일원으로 살아가는 한, 그 사회 공동체를 지탱하는 틀의 하나는, 방금 말한 바와 같이, 법이다. 그러나 보통 시민의 경우 대체적으로 법과는 큰 관계가 없이 자신의 삶을 살아간다. 그리고 사람이 원하는 것은, 근본적인 의미에서는, 자신의 의사대로 자유롭게 살아가는 것이다. 이 관점에서 모든 개인에게 가장 중요한 삶의 조건의 하나는 자유이다.

이에 대하여 법은 제한과 구속을 의미한다. 그러면서도 자유는 보이게 보이지 않게 법에 의하여 뒷받침된다.

시민적 자유는 일정한 법으로써 구성된다. "자유의 구성(Constituo Libertatis)"은 국가의 기본 틀이다. 이 구성이 가능하기 위해서는 자유가 이성적 질서 속에 정착할 수 있어야 한다. 국가의 질서—현대적인 의미에서의 정치질서를 모든 사람들이 받아들일 수 있는 것은 그것이 이성의 원리를 따르는 것이기 때문이다. 이성은 공동체적 삶의 질서에서 불가피한 것이면서, 개인 차원에서도 보다 나은 삶의 이상을 구현하는 원리이다. 그렇게 구성되는 질서는 물론 정치권력에 의하여 준수되고 또 뒷받침되는 것이라야 한다. 뒷받침은 궁극적으로 힘에 의존할 수밖에 없고, 또 힘은 법과 이성을 존중하는 것이라야 한다. (힘은 정치학적 개념으로서는 흔히 '국가가 독점하는 폭력'이라고 표현된다.)

국가의 기본 틀인 이성의 원리와 이성적 질서는 궁극적으로 힘에 의존한다. 이때, 이 힘은 마땅히 법과 이성을 존중하는 것이라야 한다

책의 제목에 나와 있는 또 하나의 주제는 양심이다. 여기에 모은 여러 글들의 성격상, 양심은 주제로 두드러질 수밖에 없었다. 이 글들은 모두 강연 원고를 모은 것인데, 부탁을 받았던 강연들에서 주제의 중점을 양심에 두는 것이 자연스러웠다. 부탁한 측에서나 필자로나 양심의 문제를 생각하게 하는 사회적 사정이 있었기 때문이었을 것이다. 양심의 문제가 인간의 삶에 있어서—특히 지난 수십 년간의 정치적 격변기에 있어서, 많은 사

람들의 의식 가운데 크게 부상하지 않을 수 없었던 것이다.

그런데 양심은 법이 제대로 움직이는 데에 있어서도 심성의 자발적 요인의 하나가 되지 않을 수 없다. 그것은 법의 준수에서 심리적 동기가 된다. 그러나 그것은 법 이전에 존재하고, 법 이후에 또는 법 밖에도 존재한다. 참으로 모든 사람이 양심에 따라 행동한다면, 법이 필요 없을 것으로 말할 수 있다. 그러나 양심은 눈에 보이지 않는다. 그리고 그것은 사람에 따라 다른 사고와 행동의 원칙을 쫓는 것일 수도 있다. 법은 양심을 보이는 질서, 그리고 많은 사람들이 공유할 수 있는 질서의 일부가 되게 한다. 그러면서 법은 양심이 작용하지 않는 곳에서도 양심이 받아들일 수 있는 질서가 존재할 수 있게 한다.

그러나 완전히 양심과 분리되어 존재하는 법질서가 있다면, 그것은 비인간적인 것이 될 수 있다. 양심과 법이 분리되지 않은 경우라도 법은 인간의 모든 생각과 행동을 섬세하게 다루는 수단이 될 수는 없다. 사람은 법이 아니라 스스로의 의지에 의하여 움직이기 때문이다. 그리고 법도 그 시행의 세부에 있어서 양심에 뒷받침되는 것이 마땅하다. 양심은 이렇게 법 안에 그리고

사람은 법이 아니라 스스로의 의지에 의해 움직인다

법의 주변에 또 법을 넘어 존재하여야 한다. 여기에 수록된 법에 관한 글이 다루고 있는 것은, 반드시 충분한 것은 아니지만, 법에 일치하고 법과 다르게 존재하는 양심의 문제들이다.

수록된 글 가운데, 「도덕의 힘과 빛—타락한 세계에서의 양심과 정의」는 전남 화순 도곡에서 정진백(鄭鎭伯) 선생이 주관하여 열렸던 김대중민주평화아카데미에서 행했던 강연 원고이다. 김대중 대통령의 정치 강령에서 핵심적인 모토의 하나가 '행동하는 양심'이었다. 김대중 대통령의 정치 투쟁의 목표가 무엇보다도 민주주의였던 것은 말할 필요도 없다. 이 투쟁에서 양심은 민주주의가 의미하는 자유와 평등의 실천에 심성의 동기가 된다.

그러나 이 강연의 시점에서 김 대통령이 목표로 하였던 민주주의는 적어도 기본적인 정치 제도로서는 일단 정착되었다고 할 수 있다. 그리하여 강연자는 보다 어려운 시기에서와는 달리 양심이 정치적 투쟁이 요구하는 단호한 결의 이외의 덕성—"부드러운 덕성"이라고 불러 본 덕성에 이어질 수 있다는 것을 말하고자 하였다. 양심은 무조건적인 행동 강박이 아니라 성찰의 과정을 그 배후에 가지고 있으며, 필요에 따라서 드러나는 관용과 화해와 용서를 포함하는 도덕적 심리적 자산의 일부임을 강조하였다. 그리고 사실 김 대통령의 통치하에서 이러한 덕성은 행동으로 또 정책으로 표현되었다.

양심은 보다 부드러운 덕성, 그것보다도 한층 더 깊은 인간 심성 속에 뿌리내리고 있다고 생각할 수 있다. 그렇게 함으로써 그것은 참으로 인간존재의 중심에 놓이는 원리가 될 수 있다. 정치 지도자로서의 김대중 대통령의 업적이 민주화에 있는 것은 틀림이 없지만, 그가 관용과 화해 그리고 궁극적으로 평화의 구현을 위한 보다 유연한 자세를 가질 수 있었던 것은 여기에 관계되어 있지 않나 한다. 그런데 보다 깊은 심성과의 관계는 미묘하게 그의 수난의 체험들을 통해서 확실하여지는 것으로 말할 수 있다. (사실 양심은 사람이 그 내면에 지닌 힘을 확인하는 행위로 생각될 수도 있지만, 자아의 힘이 최하로 떨어진 순간에 확인된다고 할 수도 있다. 사형을 감당할 수밖에 없었던 소크라테스가 자신의 마음에 어떤 귀신과 같은 존재—다이몬[daimon]이 있고, 다이몬은 그것에 귀 기울이는 사람으로 하여금 어떤 행동을 하지 못하게 하는 부정[否定]의 마음이라고 한 것이 여기에 상통하는 것이 아닌가 한다. 또는 더 나아가 삶의 모든 것을 부정하고 말소하는 죽음의 순간에 있게 되는 존재의 확인이 깊은 의미의 양심에 관계된다고 할 수도 있다.)

수난의 체험들을 통하여 확실하여지는 것

김대중 대통령의 심성의 이러한 측면에 언급한 것은, 위에 말한 강연 일 년 전에 행하였던 「김대중 대통령과 지도자의 길」이라는 제목의 강연에서였다. (이것의 수정된 원고는 나중에 제목을 조금 달리하여, 『아시아문화』에 발표되었다.[1]) 그 강연은 김대중 대통령의 지도자로서의 성장 과정을 그려보는 것이었지만, 그 과정의 일부로서, 강연자는 특히 인간존재의 심연에 이르는 그의 수난 그리고 그 체험에서 생기는 깨달음의 의미에 대하여 생각하여 보았다. 일본과 미국으로 망명해야 하였던 사정도 괴로운 것이었지만, 특히 일본에서 납치되어 바다에 던져질 뻔 했던 사건과 같은 것이 그러한 심연의 체험이었을 것이다. 바다에 던져지려고 할 때, 그는 그리스도의 환영(幻影)을 보았다고 하는데, 외부인으로서 그 참 의미를 알 수는 없다고 하겠지만, 그 환영은 적어도 통상의 인간사를 넘어가는 깊은 정신 체험의 상징이 되는 것이 아닐까 한다. 그러한 관점에서 그의 심성은 강한 정치적 의지 이상의 넓이와 깊이를 가진 것으로 추측할 수 있다.

1976년 3월 1일 명동성당 앞에서 발표된 민주구국선

---

1 아시아문화 2017년 2월호, "정치지도자의 형성—김대중 대통령의 삶에 대한 고찰"

언 사건을 회고하면서, 김대중 대통령은 그 선언에 참가하려고 할 때, 성당 앞의 마리아 상을 보고 특별한 느낌을 가졌다고 말하고 있다. 또 그때 그 일에 참석하고 버스에 올랐을 때, 그는 동참한 많은 사람들이 정치인보다는 종교인 또는 신앙인이라는 것을 보고 어떤 새로운 느낌을 가졌다고 한다. 이때 그의 심성에 느낀 것은 정치 행동주의 가운데에서도 보다 고요한 현현(顯現)의 체험 또는 잔잔한 마음이었다고 할 수 있다. (정치는 어떤 경우에나 전략적 고려에서 완전히 떠날 수 없다. 그리하여 조금은 순수하지 못한 마음의 움직임을 가진 것이 되기 쉽다. 종교인과의 회우[會遇]에서 김대중 대통령이 가지게 되었던 것은 이러한 순수성에 대한 느낌이 아니었을까 한다.)

보다 고요한 현현(顯現)의 체험 또는 잔잔한 마음과 순수성에 대한 느낌

여기에서 더 나아가, 조금 다른 연상을 적어 보겠다. 그것은 사람의 존재의 가장 원초적인 조건에 관계된다. 사람이 이 세상에서 사는 데에는 어떤 이념이나 한 방향으로 집약될 수 있는 행동 강령을 넘어 세상과의 관계, 맞닿음이 그에 선행한다고 말할 수 있다. 가령, 의식이나 언어를 갖기 이전의 어린 아이가 세상에 대하여 갖는 관계는 어떻게 이해해야 하는가? 또는 사람이 완전히 잠들어 있을 때, 사람과 세계의 관계는 어떠한 것일까?

하이데거가 인간존재의 특성들을 말하면서 그 한 모습을 "세계 내의 존재(In-der-Welt-sein)"라고 정의할 때, 그것은 이러한 원초적인 상태의 인간과 세계와의 공존 양식을 포함하는 것이라고 할 수 있다. 양심의 뿌리는 이러한 원초적인 존재의 열림에 맞닿아 있음으로써 단순한 행동적 강박을 벗어난다. 이 맞닿음은 인간 실존의 기초이다. 문학에서, 시인의 언어에서 감동의 느낌, "형이상학적 전율"이 일게 되는 것도 이 접점(接點)에 대한 직관에서 오는 것이라고 할 수 있을지 모른다. 원초적 상태의 양심도 여기에 이어진다고 할 수 있다. 다만 양심이 나타나는 것은 대체로 도전과 부정의 상태에서이다. 그것은 이 상태를 넘어 위에 말한 보다 긍정적인 열림으로 이어진다고 할 수 있다. 그럴 때, 양심의 존재는 참으로 인간 존재의 근본에 맞닿아 있는 심성의 일부가 된다.

어떤 독일의 비평가는 시인 아이헨도르프의 문학에 해설을 부치면서, 그에게 세계와 시에 대한 느낌이 생기기 시작한 것은 하이델베르크 대학에서 공부할 때였을 것이라고 말한다.[2] 아이헨도르프는 하이델베르크 근처

---

2 Joseph von Eichendorff, Das Marmorbild und andere Erzaehlungen
   (Zuerich: Diogenes Verlag, 1988, 2005). "Ein Essay von Otto A.

의 산에 자주 올라갔는데, 그는 즐겨 올랐던 산의 아름다운 풍경 앞에 섰을 때—그리고 모든 아름다운 자연의 풍경 앞에 섰을 때도 이것은 마찬가지이다—거기에 세계의 비밀이 감추어져 있다고 느꼈다. 그리고 그것을 알기 위해서는 앞에 보이는 전경(前景)을 넘어 사물의 본질적 바탕에 가까이 가도록 노력하고, 그것이 내장(內藏)하고 있는 언어에 귀 기울여야 한다고 생각하였다. "개념적으로 파악될 수 있는 것의 너머에 개념으로 파악할 수 없으면서 파악되는 존재의 빛이 드러나고, 적절한 준비가 되어 있는 사람은 그것을 표현하는 '마술의 단어'에 맞닥뜨릴 수 있다"—이러한 직관을 아이헨도르프가 얻게 되었다는 것이다. 해설자 뵈머는 아이헨도르프의 시적 직관을 이렇게 설명하고 그의 시를 인용한다.

> 모든 사물에는 노래가 잠자고 있다.
> 사물은 끊임없이 밖을 꿈꾸고,
> 마술의 단어를 그대가 맞추어 내면,
> 세계는 일어서서 노래할 것이다.

자연과 사물에 대한 이러한 접근은 그의 세계에 대한

Boehmer."

일정한 태도에 관계된다고 뵈머는 말한다. 그것은, 하이델베르크에서 들었던 강의에 나온 것이었지만, "신에 대한 신뢰," "창조된 세계 앞에서 조건 없이 얻게 되는 겸허한 마음," "생명의 선물의 조건 없는 수응(酬應)" 등으로 특징지워진다고 한다. 이것은 아이헨도르프가 깊은 신앙심의 사람이었다는 것에 관계된다.

그러나 여기에서 신앙심의 문제를 유보하고, 신을 존재의 초월적인 근거로 바꾼다면, 생명의 선물에 대한 이러한 수긍은 모든 생명체의 존재 근본에 두루 깃들어 있다고 할 수 있다. 생명과 생명의 존재 가능성에 대한 신뢰가 없이 생명이 어떻게 그 존재의 모험을 무릅쓰겠는가? 나무 하나가 싹을 트는 것도 그것을 가능하게 하는 조건이 지상에 존재한다고 신뢰하는 것이 아닌가? 어떤 사회에서나 없을 수 없는 숭고미(崇高美)—숭고한 아름다움 앞에서의 감탄은 이러한 존재론적 긍정을 보다 직접적으로 감지하는 것이라고 할 수 있다.

다시 양심의 문제로 돌아가서, 양심은 이러한 삶의 직감적 긍정에 이어져 있다고 할 수 있다. 다만 그것이 어떤 힘의 실체—주장되어야 하는 행동적 동기로 느껴진다는 것은 그러한 존재의 직감이 대상화된다는 것을 말한다. 자연스러운 긍정의 존재가 그것을 혼란하게 하

생명에 대한 신뢰 없이 생명이 어떻게 그 존재의 모험을 무릅쓰겠는가? 나무 하나가 싹을 트는 것도 그것을 가능하게 하는 조건이 지상에 존재한다고 신뢰하는 것이 아닌가?

는 요인에 부딪치게 될 때, 이러한 변화는 불가피하다. 양심이 문제가 되고 양심적인 사람이 문제가 된다는 것은 삶의 조건이―전체로서 파악된 삶의 조건이 은혜로운 선물로만 받아드릴 수 없게 되었다는 것을 말한다. 그리하여 신뢰와 겸허와 생명의 선물에 대한 순응이 사라지는 것이다. 이것은 양심이 지켜야할 어떤 것, 더 나아가 비양심(非良心)에 대적하는 무기가 되었다는 것을 말한다.

그 경우 세계는 싸움의 터전으로 전체화되고 부정되어야 할 대상이 된다. 그리고 그것이 이데올로기적 포괄성에 이르게 되었을 때, 이데올로기가 구상하는 새로운 이상 세계로 대치되어 마땅한 것으로 이해된다. 이 이상 세계가 실현될 때까지 투쟁정신은 그 자체로서 정당화되는 삶의 태도가 된다. 인간 세계가 선악의 모순에 찬 것인 한, 이것은 그 나름의 정당성을 가질 수 있지만, 이데올로기적으로 경직화된 전체성은 참다운 의미에서의 전체가 되지 못하고, 다른 전체성 또는 삶의 작은 현실들과 지속적 대결 상태에 들어간다. 그리하여 투쟁과 전쟁의 비유는 삶의 모든 면을 설명하는 언어가 된다.

인간 세계가 선악의 모순에 찬 것인 한, 이데올로기적 투쟁은 그 나름의 정당성을 가질 수 있다. 하지만 이데올로기적으로 경직화된 전체성은, 다른 전체성 또는 삶의 작은 현실 등과 지속적 대결 상태에 들어간다. 그리하여 투쟁과 전쟁은 삶의 언어가 된다

물론 여기에 모은 글들이 이러한 문제들을 전부 다

루는 것은 아니다. 이러나저러나 여기의 글들의 단편적인 성격을 유감스럽게 생각한다고 말할 수밖에 없다. 그것은 능력의 부족과 또, 분명하게 의식되지 않으면서도, 문제들을 접하는 태도의 밑에 놓여 있는, 반드시 의식화되어 있다고 할 수 없는 어떤 지향성 또는 태도로 인한 것이기도 하지 않나 한다.

위에 말한 바와 같이 여기에 수록된 몇 편의 글들을 한권의 책으로 집합하게 된 것은 문광훈 교수와 박광성 선생의 발상에 따른 것이다. 그러한 종용이 필요한 데에는 어떤 숨은 이유들이 있는 것으로 생각된다.

이유의 하나는 지금까지의 많은 글이 그때그때의 시대적 주제에 자극되어 쓴 것인데, 그러한 자극이 없을 때에는 글을 쓰는 일도 그렇지만, 모으는 일도 느리게 된다는 것이다. 그렇게 말하고 보면, 시사에 맞추어서 글을 쓰는 것, 말하자면, 칼럼에 비슷한 동기가 움직여서 글을 쓴 것이라 할 수 있을지도 모른다. 또 하나—글 모음에 게으르게 된 것은 삶의 흐름을 너무 지나치게 흐름으로만 받아들이는 습관으로 인한 것이라 할 수 있다. 그것은 혼란스러운 시대에 대한 하나의 반응일 것이다. 그러면서도, 다른 한편으로 지금까지 써온 글은 지나치게 추상적이고 사변적이라는 비판을 받아왔다. 그것은 달리 말하면 어떤 체계를 지향하는 듯한 글이었다는 말이다. 그것도 틀린 말은 아닐 것이다. 여러 주어진 소재를 하나의 체계적인 틀에 담아보려는 것이 필자의 글을 밀고 가는 동력인 것은 틀림이 없기 때문이다. 그러면서 그것을 실현하지 못한 것이다.

그런데 사고의 체계화에 대한 욕구는 무엇을 말하는 것인가? 우리가 사는 세계를 내면화 하여 하나의 일체성으로—대체로는 체계적 일체성으로 파악하고자 하는 것은 인간정신의 근원적 충동이라고 할 수 있다. 다만 이러한 체계화의 능력이 아무에게나 주어지는 것은 아니다. 다른 한편으로 그것은 세계의 개념적 재구성에 대한 신념을 가지고 있어야 한다. 이 신념은 스스로 얻어지는 것이고, 어떤 내면의 영감(靈感)으로 얻어지는 것이라 할 수 있다. 그러면서 거기에는 세속적인 성취에 대한 암묵적인 신뢰가 있어야 한다. 그런데 이 신뢰는 세속적 야심이기도 하지만, 어떤 초월적인 세계를 향한 소망이기도 하다. 그것은 삶의 기초의 순수함에 대한 신뢰에 연결되는 소망이기도 하다. 이 두 가지가 이어지는 것은 개인적인 심리 속에서이기도 하지만, 시대적으로 주어지는 것이라고 할 수도 있다.

사고의 체계화에 대한 욕구

이 기이한 관계를 다른 예로서 설명해보기로 한다. 여기에 드는 사례는 어떤 문학상 시상식에서 말하였던 것이다. 로마의 시인 호라티우스가 자신의 작품을 두고 쓴 오드(ode)의 유명한 시행에, "청동보다 더 길이 남을 기념비를 세웠노라(exegi momumentum aere perennius)"라는 것이 있다. 독자는 이 시행을 예술가가 자신의 작품에 대하여 가질 수 있는 자부심 또는 자만심을 드러내는 것으로 읽을 수 있다. 과연 그는 다음 부분에서 그것이 권력이나 권력의 기념물보다 영원하고, 비바람과 같은 자연의 힘에도 견디어 낼 수 있을 만큼 견고하다고 그 우월성을 말한다. 그러나 다른 한편으로 여기의 영구적인 기념비는 그러한 세속적인 의미에서의 우월성을 말하는 것이 아니라, 예술 창작 행위의 의미를 말하는 것이라고 할 수도 있다. 예술에 드러나는 바와 같은 창조 행위는 어떤 영원한 질서에 참여한다는 것을 의미할 수 있기 때문이다. 말하자면, 플라톤의 이데아에 대한 설명에서, 동굴에 갇혀 있던 사람이 동굴을 벗어나 밝게 열린 세계에 나아가 세계의 참 모습에 접하게 되는 것과 비슷한 것이 예술 창작—또는 모든 창조적인 행위에서 일어난다고 할 수 있지 않을까 하는 것이다. (플라톤의 동굴인은 다시 동굴의 세계로 돌아간다.)

이 관점에서 보면, "청동보다 길이 남을 기념비"의 세속적 자만심은 오히려 보다 높은 차원에 대한 예감을 갖는 일이 된다. 이것은 호라티우스와 같은 영구히 지속하는 작품을 남긴 사람만이 아는 것이 아니라, 모든 종류의 창조적 전율—그 형이상적 전율(frisson metaphysique) 속에서 감지되는 것이라 할 수 있는 것인지도 모른다. 그러면서 그것은 세속적 가치와 정신적 가치가 하나가 될 수 있는 행운의 시대에 보다 쉽게 일어날 수 있는 일일 것이다. 세속과 정신은, 역사의 어떤 시점에서, 가령, 고전적 희랍의 조각품에서 볼 수 있듯이, 가소성(可塑性)을 얻어 하나로 다져진다. 그때 예술작품은 보다 자연스럽게 추구되는 자율성을 얻는다. 이것은 글쓰기에서도 마찬가지가 아닐까 한다.

2017년 7월 10일
김우창 識

도덕의 빛과 힘
타락한 세계에서의 양심과 정의

법, 윤리 그리고 생활 세계의 규범

인문적 사고 : 양심에 대한 단면적 고찰
로버트 볼트의 『모든 계절의 사람』

사회적 도덕 : 이념과 사실적 조건

법률인과 부도덕한 사회

- 정의를 위한 투쟁과 도덕적 초월은 자유와 평등과 정의의 권리이자 생명과 생존의 권리이다. 특히 적절한 수준의 물질적 평등은 사회적 국가적 단합의 불가피한 조건이다.
  이 모든 것의 기반은 생명에 대한 존중이다.
  생명은 단순히 인정되는 것이 아니라
  마땅히 존중되어야 하는 것이다.

- 부도덕과 부정의에 대한 나의 투쟁은 나의 양심에 근거한다. 양심은 정의가 나의 사익(私益)의 명분이 되는 것을 막는다. 투쟁의 파토스(그리고 에토스)가 지닌 분노와 증오와 복수심의 지속은 신념의 지속을 나타내면서 광신과 비인간화의 바탕이 되기도 한다.

- 용서는 힘의 우위와 힘의 우위를 넘은 성찰의 개입을 전제한다.
  화해는 비교적 평등한 입장에서 공존의 조건을 받아들이는 것이다.

도덕의 빛과 힘

- 정치적 정의의 실현은 악인에 대한 심판이 아니라 악인을 만들어 내는 사회 조건을 향한다. 그리하여 악인도 희생자라는 관점이 성립한다. (불교의 자비慈悲는 인생이 슬픔의 바다라는 생각에 이어져 있다. 슬픔은 사람의 마음을 모든 것에 열어놓는다.)

- 군사독재 시기의 양심의 선택은 현실의 부정의에 맞서서 투쟁하는 것임과 동시에 삶에 필요한 현실의 지혜를 보류하는 것이기도 했다. 그러나 그다음의 관계에서는 양심의 선택이 현실의 지혜가 된다. 왜냐하면 도덕적 삶은 보통 사람들의 행복의 중요한 요건이기 때문이다. 인간의 위엄은 단호한 양심에서 뿐만 아니라 나날의 삶에 들어 있어야 한다. 인간의 위엄과 양심은 마음의 힘이면서 현실의 힘이다. 언제나 행복에 대한 갈망의 기초가 되는 것은 정신적 윤리적 자기 완성을 향한 소망이다.

도덕의 빛과 힘
타락한 세계에서의 양심과 정의

1. 정의와 양심

양심의 문제

잘 알려진 바와 같이 김대중 대통령의 좌우명이며 그의 정치 행동에 있어서의 모토로 자주 등장한 것이 '행동하는 양심'이다. 이것은 1970년대 초에 출간된 『행동하는 양심으로』라는 책의 제목에도 나와 있다. 그런데 생각해보면 양심이라는 말은 우리의 정치 어휘에서 특별한 자리를 가지고 있고, 더 자세하게 생각해볼 만한 어휘가 아닌가 한다.

말할 것도 없이 행동하는 양심은 김대중 대통령이 대표했던 민주화 운동을 움직이는 심리적 힘을 말한 것이다. 이것은 오늘의 우리에게 또 우리의 정치 과제에 대하여 어떤 의미를 갖는가? 오늘 생각해보고자 하는 것은 이 주제이다.

민주화 투쟁 : 자유와 평등

어떤 민주화 운동은 1차로 정치적인 민주화, 그러니까 민주주의의 이상으로서의 자유를 정치적 제도로서 보장할 것을 요구하는 운동이었다. 자유는 더 구체적으로 언론의 자유, 결사의 자유, 신체의 자유, 양심의 자유 등을 의미하지만, 제도적 기초로서 그것은 관권의 개입이 없는 자유로운 선거제도에 가장 뚜렷하게 표현된다. 민주화 운동이 이룩하고자 하였던 것은 이러한 자유의 권리인데, 지난번 대통령 선거에서의 국정원의 개입이 있었다는 데 대한 요즘의 논란을 보면, 이것이 아직도 완전히 확립되었다고 할 수 없다.

그러나 지금의 시점에서, 이런 투표의 자유권 그리고 공명선거의 기본이 우리 사회의 핵심적인 과제로 남아 있다고 할 수는 없을 것이다. 요즘의 정치 논란에서도 여러 사람들의 마음을 떠나지 않는 것은 그보다는 평등의 문제가 아닌가 한다. 국민연금의 문제와 같은 것이 국민 생활에 보다 직접적인 관련을 가진 것으로 얼마 전까지 크게 이야기되었고, 또 지금도 관심을 끄는 것은 이 때문이라 할 수 있다. 연금 문제 또는 그에서 멀지 않는 복지 문제가 평등의 문제와 일치하는 것이라고 할 수는 없지만, 크게 볼 때 이러한 것들이 평등의 테두리에서 생각되어야 하는 것은 사실일 것이다. 그것은 보다 크게는 평등한 수입 또는 노동의 대가의 분배에 관련되어 있다. 사람들이 대체로 균형 잡힌 임금을 수령하고 그것으로 실업이나 노년에 대비할 수 있다면, 연금의 문제가 커다란 관심거리가 되지는 않을 것이다. 그러나 지금의 형편에 그것이 가능하지 않다고 할 수밖에 없다.

평등의 여러 차원

평등의 문제는 양심이라는 주제를 생각하는 데에 중요한 참조점을 제공해준다. 평등은 간단히 말하여 오늘날, 조금 전에 시사한 바와 같이, 소득의 적절한 분배에 일치되는 것으로 생각된다. 즉 평등을 주장하는 것은 소득의 평준화를 말하는 것이다. 또는 빈부격차가 과히 크지 않는 것을 말한다. 왜 빈부 격차가 크지 말아야 하는가?

도덕의 빛과 힘─타락한 세계에서의 양심과 정의

아직 우리나라에서는 분명하게 인식된 것 같지는 않지만, 다른 것을 떠나서도 그것은 사회의 안정과 국가적 단합을 위하여 필수적인 조건이다. 이것은 국가 이데올로기가 자본주의, 또는 사회주의, 또는 사회민주주의 어느 쪽이냐 하는 것과는 큰 관계가 없는 조건이다. 지나친 빈부격차가 사회적 국가적 분열을 조장할 것임은 빤한 사실이다.

그것이 왜 분열을 조장하는가? 아마 가장 간단한 사실은, 빈부 차이의 밑바닥에 있는 사람의 형편이 기본적인 삶의 조건도 충족시킬 수 없는 것이라면, 그러한 형편의 사람에게 사회적 통합을 요구하는 어떤 행동도 요구할 수가 없을 것이라는 것이다. 보다 높은 경제 수준에서도 물론 과대한 격차는 사회적 통합을 어렵게 한다. 그런 경우에 작용하는 심리적인 요인을 간단히 말할 수는 없지만, 보이게 보이지 않게 시기와 분노—유럽어로 말하여 르상티망(ressentiment)은 사회의 일체성을 늘 위협하는 요인이 되고 사회의 삶의 질을 저하시킨다. 살 만한 사회를 생각한다면, 이러한 실질적 또는 심리적 요인들이 대체로 그에 대한 부정적인 요인으로 작용한다는 것을 간과할 수 없다. 그리하여 물질적 평등은—적어도 적절한 수준에서의 평등은 사회적 국가적 단합의

적정한 수준의 물질적 평등은 사회적 국가적 단합의 불가피한 조건이다

기초로서 불가피하게 받아들여야 하는 조건이라고 할
것이다.

정의와 권리

평등에 대한 요구는 국가적 통합만이 아니라 정의의
명분으로 주장되는 경우가 많다. 결국 요구는 마찬가지
이지만, 그 아래 작용하고 있는 이해는 상당히 다르다고
할 수 있다.

유명한 정의론을 내놓은 존 롤스 교수에게 정의는 공
정성에 일치한다. 분배를 놓고 말할 때, 정의로운 분배
는 공정한 분배가 될 것이고, 공정한 분배는 결국은 평
준화된 분배로 귀착할 가능성이 많다. 그러나 물건을 두
고 그것을 공정하게 분배한다고 할 때, 그것이 간단하게
수량의 관점에서 평준화를 의미한다고 할 수는 없다. 물
건의 생산에 참여한 사람은 분배에 대한 기본적인 권리
를 가진다고 할 수 있고, 생산에 기여한 정도에 따라서
분배는 달라져야 한다고 하는 주장이 있을 수 있을 것
이다. 분배의 정의는 기여에서 생겨나는 기여도에 따라
서 차등이 있는 분배의 권리를 부여해야 할 것이다. 이
때 공평성의 의미는 달라지게 된다고 할 수 있다. 그러
나 평준화의 공식이 간단한 분배의 원리가 될 가능성이

크다. 기여와 역할을 정확히 측정한다는 것은 쉽지 않은 것이고, 그러한 측정에 의존하는 것은 결국 불균등의 결과로 후퇴할 가능성이 크기 때문이다.

생명의 권리

그러나 평등과 정의의 질서가 실제에 있어서 또 이론적으로 반드시 위에 말한 배분의 권리에 의하여 정당화된다고 할 수는 없을 것이다. 방금 말한 바와 같이 현실적으로 사회 전체로 볼 때, 기여와 참여를 분명하게 가리는 것은 극히 어려운 일일 것이다. 또 이러한 분배의 계산에서 탈락해야 하는 사람은 어떻게 해야 할 것인가?

분배되어야 할 물건 또는 물질이 생명의 유지 또는 적정한 수준에서의 삶의 기본 조건의 유지에 관계된다면, 분배는 반드시 노동과 생산에 있어서의 기여와 참여로만 계산될 수 없다. 그것은 많은 사람의 자연스러운 감정으로 보아 반드시 정의로운 일이라고 생각되지 않을 것이다. 이에 따라 기여와 참여에 관계없이 분배가 이루어진다면, 그 분배의 정의—또는 사회 정의는 반드시 계량적 의미에서의 공정성의 원리와 일치하는 것이라고 할 수 없을 것이다. 그때 정의는 기여나 참여를 넘어서 생명의 권리에 기초한다고 하여야 할 것이다.

분배의 정의는 계량적 원리가 아니라 생명의 권리에 기초한다

생존의 두 방식

　이 관점에서 공정성은 생명의 권리의 평등을 말한다. 이것은, 사람은 생명의 존재이기 때문에 삶의 유지에 필요한 여러 수단을 공정하게 나누어 가질 수 있어야 한다는 것인데, 어찌하여 모든 사람에게 생명의 권리를 인정하여야 하는가? 하나의 답은 그것을 인정함으로써 갈등을 피할 수 있다는 것이다. 그것은 모든 사람이 다른 모든 사람에 대하여 이리가 되는 만인전쟁을 피하기 위하여 필요한 것이다. 그러나 다른 한편으로 생명권의 인정은 반드시 그러한 갈등의 회피라는 부정적인 동기만으로는 설명할 수 없다. 이에 대하여 생명의 권리를 인정하는 것은 생명이 귀중하기 때문이라고 하는 답을 생각할 수 있다.

생명은 단순히 인정되는 것이 아니라 존중되어야 하는 것

　생명은 단순히 인정되는 것이 아니라 존중되어야 하는 어떤 것이다. 물론 왜 존중되어야 하는가는 다시 생각되어야 한다. 어떤 사람들에게 간단한 답은 생명이 하느님이 주신 것이라는 초월적인 답이 있을 것이다. 그러나 그렇지 않더라도 생명은, 근거가 어떻든, 귀중한 것이고, 생명을 가진 모든 인간이 평등하게 존중되어야 한다고 주장할 수는 있다. 이것은 많은 사람들이 본능적으로 느낄 수 있는 것이다. 그러나 생명이 귀중한 것이라

는 것은, 사람이 가지고 있는 본능적인 느낌일 뿐 반드시 확실한 근거를 가진 것은 아니다. 그렇더라도 사람이 가진 본능적인 느낌의 강도로 보아 그것은 현세적이면서도 현세를 넘어가는 어떤 도약을 암시한다고 할 수도 있다. 여기에 연결되는 것은 생명을 가진 존재—일단 이것은 인간을 말하면서도 궁극적으로는 모든 생명체를 말한다고 하여야 할 것이다—가 왜 두루 존중되어야 하는가 하는 물음이다. 사람이 본능적으로 자신의 생명에 대한 보존의 본능을 가지고 있다는 것은 쉽게 인정할 수 있는 사실이다. 그렇다고 자기 생명을 아끼는 것이 곧 다른 사람 그리고 더 나아가 생명체를 인정하고 아끼고 존중하는 것으로 연결될 수는 없다.

그와 반대로 오히려 자기 생명을 보존하려면 다른 생명에 대한 배려를 너무 심각하게 받아들이지 않는 것이 중요하다는 입장도 있을 수 있다. 적자생존(適者生存), 약육강식(弱肉强食)의 투쟁이야말로 생존의 원리라는 것은 널리 퍼진 진화론적 사고의 한 가닥이다. 그런데 모든 다른 인간 그리고 생명체를 존중한다는 것은 자신에게 해당하는 것을 다른 인간과 생명체에 연장하는 것이다. 이것은 투쟁이 생명의 기제가 된다는 생명에 대한 느낌의 전환을 요구한다. 이러한 전환을 위한 심리적 힘이

생명체를 존중한다는 것은, 자신의 생명을 존중하는 것을 타인과 다른 생명체에 연장하는 것이다

사람에게 없는 것은 아니다. 전환이 가능한 것은 인간의 가지고 있는 유추의 힘으로 인한 것이라고 할 수도 있고 조금 더 직접적으로 공감의 능력으로 인한 것이라고 할 수도 있다.

인간의 평등과 존재의 고귀함

평등, 분배, 정의의 문제는 계량적 합리적 원리만으로 생각할 수 없다

이렇게 약간 궤변으로 들릴 수도 있는 말로서 평등, 분배 그리고 정의의 문제를 생각해본 것은 그에 관련된 문제가 반드시 합리적인 원리만으로 생각할 수 없다는 것을 시사해보려는 것이다. 위의 간단한 문답이 말하여 주는 것은, 평등에 대한 요구, 또 그것을 분배의 공정성으로 환원하고 이것을 사회 정의의 주된 내용으로 생각하는 것은 그에 관계된 보다 넓은 인간적 차원을 잊게 할 위험성을 갖는다는 사실이다. 평등은 단순히 모든 사람이 다 같은 권리를 가져야 한다는 것만을 말하는 것은 아니다. 그것은 사람들의 사람됨에 대한 보편적 인정에 기초함으로써 참다운 의미를 갖는다. 모든 사람은 동등하다. 그러나 이 동등은 여러 차원에서 인식될 수 있다. 사람은 가장 낮은 차원에서 다 같을 수도 있고, 보다 높은 차원 또는 가장 높은 차원에서 동등할 수도 있다.

사람은, 가장 낮은 차원에서 다 같을 수 있고 또, 가장 높은 차원에서 모두 동등할 수 있다

옛날의 우리 표현에 '짐승 같은 놈'이라는 표현이 있

도덕의 빛과 힘 ─ 타락한 세계에서의 양심과 정의

다. 이 표현이 반드시 좋게만 쓰였다고 할 수는 없지만, 그 의미 자체는 사람에게는 짐승보다 높은 차원—보다 이상적 차원이 있다는 것을 함축하는 말이다. 사람이 동등하다고 할 때, 그것은 이 높은 차원에서 동등할 수 있다는 것을 말하는 것일 수 있다. 이것은 그렇지 못한 사람은 차별대우를 받아야 한다는 말이 아니다. 사람은 현실적으로라기보다 그 가능성—수련의 노력을 통해서 이룰 수 있는 인간적 가능성의 관점에서 동등하다고 할 수 있다. 이것도 차별의 가능성으로 취할 수 있다고 하겠지만, 반드시 그런 것은 아니다. 방금 말한 짐승은 사람보다 못하기 때문에 차별되어야 하는 것인가?

사람이 그러한 존재인 것처럼 동물도 생명을 가지고 있고, 생명의 귀중함을 생각한다면 동물이 더 낮게 생각되어야 할 이유는 없다. 동물은 동물의 가능성 속에 해방될 수 있어야 한다. 물론 그것이 용이한 것은 아니다. 생명과 생명의 대치와 모순 관계도 생명 현상의 일부이기 때문이다. 그러나 모든 생명체를 그 자체의 가능성으로 해방하는 노력 자체가 무의미한 것일 수는 없다. 다만 그것은 문제가 되는 생명이나 그것을 대하는 관점이 보다 고귀한 지평에 존재함으로써 가능해지는 노력이다. 사람이 동등하다는 것은 사람의 가능성 속에서—고

사람보다 동물이 더 낮게 생각되어야 할 이유는 없다 모든 생명은 그 생명의 가능성 속에 인정되어야 한다(…) (그러나) 생명과 생명의 대치와 모순 관계도 생명 현상의 일부로 받아들여야 한다

귀한 가능성 속에서 동등함을 인정하는 것을 말한다. 이 인정은 도덕적 윤리적 의무에 속한다. 이렇게 높은 차원에서의 동등을 말한다고 하여 낮은 차원에서의 동등함을 부정하는 것은 아니다. 사람은 이 차원에서도 동등하다. 그러면서 그것은 다시 한 번 생명과 존재 자체의 고귀함을 인정하는 것일 수 있다. 그러면서 그 인정은 보다 고귀한 가능성을 생각하는 것을 포함할 수 있다. 낮은 차원에서 동등성의 인정은, 높고 낮음에 관계없이, 생명의 고귀함에 대한 것이면서 보다 높은 가능성의 관점에서, 그 가능성의 상실과 박탈을 가져오게 한 현실의 무게와 고통에 대한 공감과 그 원인에 대한 분노를 수반한다.

정의를 위한 투쟁과 도덕적 초월

이야기가 조금 빗나간 감이 있지만, 이러한 변별들을 통해서 주목하고자 하는 것은 평등이나 사회 정의의 이념에 들어 있는 여러 차원들이다. 평등을 단순한 평등 분배 그리고 평등한 법적 권리로 해석하는 것이 잘못된 것은 아니다. 평등이 가장 기본적인 의미에서 평등 분배가 되는 것은 정당한 일이다.

그러나 그것이 보다 깊은 의미에서의 공존—생명을

같이 하고 거주의 세계를 같이 하고 존재를 같이 한다는 인식을 나타내는 것일 때, 그것은 보다 깊은 의미를 가지게 된다. 그리고 단순한 평등도 이러한 보다 깊은 상호 존중에 기초하지 않고는 참다운 삶의 조건이 될 수 없다. 상호 존중에 입각한—그리고 생명과 존재의 성스러움에 대한 느낌 또는 도덕적 인간 존중에 입각한—공존의 의식이 없다면, 평등은 잠정적인 휴전 상태의 조건일 뿐이다. 그때 평등은 끊임없는 투쟁의 긴장의 소산일 수 있고, 또 그것의 유지를 요구하는 것일 수 있다. "간단없는 경계는 자유의 대가이다(Eternal vigilance is the price of liberty)"라는 말이 있지만, 평등의 대가도 그러한 경계라고 할 수 있다. 극단적인 경우를 생각할 때, 그것은 정치적으로 강력한 권력 국가를 통해서 실현될 수 있다. 그리고 그렇지 않은 경우에도 그것은 결국은 삶의 공간을 힘의 대결 공간, 적의의 공간, 전장이 아니라도 전장의 긴장이 가득한 공간으로 변하게 한다.

이에 대하여 적의(敵意)는 단합(solidarity)에 의하여 극복할 수 있다고 할 수도 있다. 그러나 이것은 아(我)에 대한 피(彼)의 대립, 적(敵)을 필요로 하는 것이 보통이다. 정치 공동체의 강화에는 적이 있어야 한다는 또는 적을 만들어야 한다는 정치철학자 칼 슈미트의 말은, 평

평등도 보다 깊은 상호 존중에 기초하지 않고는 참된 삶의 조건이 될 수 없다

정치 공동체의 강
화에는 "적이 있어
야 한다, 적을 만들
어야 한다"는 칼 슈
미트의 말은 평등
과 정의의 강제적
구현을 위해서도
그 나름의 의미를
가지고 있다

등의 강제적 구현 그리고 그것을 위한 단합에 있어서도 그 나름의 의미를 가지고 있는 말이다. (정치에 있어서 집단 대 집단 사이의 긴장 또는 적대관계는 흔히 당연한 전략도구로 동원된다.)

투쟁과 온화한 덕성

투쟁은 인간의 정
치적 현실이다

투쟁은 인간의 정치적 현실이라고 할 수 있다. 자유든, 평등이든, 또는, 역설적인 것이지만, 보편적 인간애든, 이러한 고귀한 이상들이 정치 공간에서의 현실이 되게 하는 데에는 투쟁을 피할 수 없다. 되풀이하건대, 그러나 보다 높은 도덕적 기반에 뒷받침되는 것이 아니라면, 그것은 현실의 선화(善化)가 아니라 악화(惡化)의 결과를 가져올 수 있다.

모든 정치 투쟁은 도덕적 명분을 가지고 있다. 그러면서 강한 도덕—정의와 권리를 위한 투쟁에 도움이 되는 도덕을 내세우더라도 약한 덕성, 자비와 사랑의 덕성을 기피하는 경향을 갖는다. 그러나 이러한 부드러운 덕성을 감싸안을 수 없는 정치 투쟁은 결국 공허한 것이될 수 있다. 필요한 것은, 그 기초로서, 모든 생명에 대한 존중이고 공감이다. 이러한 도덕적 윤리적 기반이 있음으로써 투쟁은 비로소 인간적인 의미를 갖는다.

2. 양심의 여러 모습

양심의 권형(權衡)

양심은 강한 덕성과 부드러운 덕성의 사이에 존재하는 덕성이다. 정확히 말하여 그것은 덕성이라기보다는 덕성이 자리할 수 있는 마음, 마음의 자세를 말한다. 그리고 거기에서 나오는 덕성은 강한 저항으로 그리고 반대로 사랑이나 자비와 같은 부드러운 포용으로 움직여 갈 수 있다.

양심은 어떤 엄격성을 시사한다. 그리하여 '행동하는 양심'과 같은 표어에서 보듯이 행동에 곧 연결되는 것일 것이다. 또는 적어도 행동적 결단에 연결된다. 그리하여 그것은 정의를 위한 투쟁에서 핵심적인 마음의 자세가 된다. 그러나 그것은 다른 방향으로 기울 수 있는 가능성을 갖는다. 또 양심의 결단은 행동으로 표현되지 않을 수도 있다. 행동적 결단 그리고 행동에 이어진다고 하더라도, 양심은 행동과 일치 상태에 있지 않다. 그렇다는 것은 양심에는 판단이 개입되기 때문이다.

양심의 행동은 사태의 도덕적 의미에 대한 판단 속에서 이루어진다. 그 본질은 행동 이전의 예비 상태에서 더 분명하게 나타난다고 할 수 있다. 그리하여 본질에

> 양심은 어떤 엄격성을 시사한다. 양심의 덕성은 강한 저항으로, 그리고 그 반대로 사랑과 자비 같은 부드러운 포용으로 움직여 간다

있어서, 어떤 일에 대하여 그것을 어떻게 생각하고 그것에 행동적으로 어떻게 대처할 것인가를 고려하고 판단하는 기준 또는 시금석(試金石)이 되는 것이 양심이다. 크게 움직이고 있지 않은 사람이라고 하여 양심이 없는 사람이라고 하기는 어렵다. 다만 그는 이러한 시금석으로 자신의 움직임을 재면서 사는 사람일 수도 있는 것이다. 양심은 행동의 예비 상태가 될 뿐만 아니라 행동의 진행과 중단을 위한 변속장치가 된다. 또는 인물이나 이익과 폐단을 저울질한다는 뜻에서 옛말을 빌려 권형(權衡)의 역할을 한다고 할 수 있다.

소크라테스가 자기 마음에 조그마한 신, 다이몬(daimon)이 있다고 한 것은 유명한 이야기이다. 이것은 대체로 양심을 말하는 것이라고 해석된다. 그런데 소크라테스에게 이 신은 어떤 일을 하라고 하기보다는 일을 하지 말라는 말을 한다고 하였다. 또 어떤 일은 이 금지의 소리가 없기 때문에 해도 좋은 것으로 말하였다. 그가 아테네의 시민 집회에서 사형을 흔연하게 받아들인 것도 그것을 피하여야 한다는 다이몬의 소리가 없었기 때문이다. 방금 말한 바와 같이, 소크라테스의 다이몬이 대표하는 양심은 사람의 마음 안에 존재하면서 어떤 행동에 제동을 가하는 도덕과 윤리의 원리이다.

도덕의 빛과 힘 ─ 타락한 세계에서의 양심과 정의

이러한 관점에서 볼 때, 옳은 행동이라고 하더라도 그 수행 과정을 구성하는 여러 작은 계기들은 계속적으로 양심의 검증을 받아야 한다. 가령 정의의 계획에 있어서도 그 수행 과정이 계속적으로 양심의 검증을 받는다면, 그것은 중단되어야 한다는 판정을 받을 수도 있을 것이다. (이러한 경우, 요즘 더러 사람들이 비판하듯이 정의가 사익의 명분으로 이용되는 일이 없고, 정의는 정의로서 꿋꿋하게 살아남을 수 있을 것이다.)

그 수행과정이 지속적인 양심의 검증을 받는 정의의 계획은, 정의가 사익의 명분으로 이용되는 일을 막는다

양심과 정치

그러나 그것을 주로 제동의 기제로 생각한 소크라테스의 입장과는 달리 양심을 보다 일반적으로 도덕적 윤리적 인간으로서의 마음의 중심에 자리한 기능이라 하는 것이 우리의 통념에 맞을 것이다. 보다 적극적으로 말하여 그것은 어떤 일을 하라는 내면의 명령이다. 그리하여 행동하는 양심이 성립하게 된다. 그러면서 그것은 하지 않는 것과 하는 것을 결합한다.

정의의 투쟁이 요구하는 것은 하지 않아야 할 일을 하지 못하게 하는 일에 밀접하게 관계되어 있다. 그러나 진정한 양심적 행동은 보다 넓은 의미에서의 도덕적 기반을 요구한다. 가령 그것은 사랑과 자비의 가르침에 따

라 행동하겠다는 양심의 결단일 경우에 그렇다. 사실 어떤 가치에 대한 존중이 도덕적 행동의 원리라고 할 때, 그것은 결국 사람의 삶의 평안함을 지향하는 것일 터이고, 사랑과 자비, 보편적 인간애와 같은 부드러운 덕성은 그 가장 근본적인 동력이 될 수밖에 없다. 그리하여 문제는 강한 행동과 부드러운 덕성을 어떻게 하나가 되게 하느냐 하는 것이다.

막스 베버의 유명한 말의 하나는 악마와의 협약 또는 타협을 불가피하게 하는 것이 정치적 행동이라고 한 것이다. 이 말은 정치에서는 악마적인 술책이 허용될 수 있다는 말로 해석된다. 이것은 특히 우리나라에서 그렇다. 그러나 베버의 관심사는 정치가 악마적 수단을 사용할 수 있다고 한 것이 아니라, 그것이 불가피하게 개입될 때 어떻게 최소화할 수 있는가, 또는 그것을 비악마적인 것으로 전환하게 할 수 있는가 하는 것이었다. 그렇다고 하더라도 정치의 모든 것이 사랑과 자비의 실천일 수는 없다. 현실은 그것을 넘어간다. 그러나 인간적 삶을 악마의 손으로부터 해방하는 것을 지향하지 않는 정치가 참다운 정치가 될 수 없음은 말할 필요도 없을 것이다. 그리고 지선(至善)의 사회는 아니라고 하더라도 인간적 사회의 실현이 도덕적 윤리적 기초를 버리

악마적 수단을 어떻게 최소화할 수 있는가

도덕의 빛과 힘—타락한 세계에서의 양심과 정의

는 정치에 의하여 이루어질 수는 없을 것이다. 그리고 이 기초는, 위에서 말한 바와 같이, 사랑과 자비를 비롯한 여러 부드러운 덕성을 포함하는 것이어야 할 것이다.

김대중 대통령이 존경을 받는 것은, 그가 민주화의 지도자이면서 이러한 부드러운 덕성을 실천한 때문이었다고 할 수 있다. 나는 작년 이 자리에서 행한 강연에서 김대중 대통령이 개인적으로나 정부 정책으로나 어떻게 용서와 관용과 화해를 실천하였는가를 자세히 언급하였다. 김대중 대통령의 집권하에서 큰 정치 보복은 없었다. 그리고 그를 살해하고자 하였던 박정희 기념관 건립을 허가하였고, 김대중 도서관을 찾은 박정희 대통령의 영애 박근혜 여사의 손을 잡았다. 공적인 차원에서 그의 덕을 가장 크게 대표하는 것은 물론 햇볕정책이다. 그는 일본과도 화해를 다짐하고, 미국과의 유대도 심화하고자 하였다.

자존심과 양심

어떻게 하여 양심이 관용과 용서와 화해로 이어질 수 있는가? 일단 싸움이 끝나고 나면 적을 너그럽게 대하고 용서할 수 있는 마음의 여유가 생길 수 있다고 할 수 있다. 힘 있는 사람이 관용을 베푸는 것은 그 반대의 경우보다 용이하다. 그렇다고 물론 힘과 관용의 연결이 당연한 것은 아니다. 세대를 이어 가문과 가문 사이에 당쟁이 벌어지고 세대가 몇이 지나도 부관참시(剖棺斬屍)와 같은 보복행위를 하는 것은 조선조의 관례에서 볼 수 있다. (이러한 분노 또는 증오 그리고 복수심의 지속은 정의감과 신조의 지속을 나타낸다고 할 수도 있다. 그러나 분노의 지속은 바로 광신과 비인간화의 바탕이 된다.)

관용은 무사들에게 더 쉬운 것이라는 느낌이 든다. 그것은 서양에서나 일본에서나 무사들의 덕성이다. 조선조는 무사가 아니라 문사가 지배한 나라로서, 칼이 아니라 붓이 중요한 통치의 기준이었다. 그것은 그만큼 문명화되었다는 것을 말하지만, 사람의 일이란 대체로 명암의 모순을 단박에 처리할 수는 없는 것이어서, 이러한 풍습은 문명화의 아래 야만적인 모순의 존재를 허용한 것이었다고 할 것이다. 그러면서 그 야만성을 의식하지 못한 것이다.

이 모순을 초극하는 데에는 보다 깊은 성찰 그리고, 궁극적으로는 정신적 기초의 심화가 있었어야 한다. 무사의 나라는 야만이 표면에 있는 나라이지만, 무사의 문화에는 또 그 나름의 덕성이 있다. 무사의 특징은 용기에 있고, 관용은 그것의 이면이 된다. 무사는 다른 면에

분노와 증오와 복수심의 지속은 정의감과 신념의 지속을 나타내면서 또한 광신과 비인간화의 바탕이 되기도 한다

도덕의 빛과 힘 — 타락한 세계에서의 양심과 정의

서도 그 나름의 덕성을 가지고 있다. 그는 언제나 죽을 각오가 되어있는 사람이다. 여기서 '언제나'라는 것은 긴 계책을 배제하는 것은 아니면서도 지금 당장에라도 죽음을 맞이하고 모든 것이 무(無)로 돌아갈 것을 각오한다는 것을 말한다. 그러니 만큼 무사는 목숨을 아끼면서 목숨을 초개처럼 알고, 세상의 영광을 귀하게 여기면서 동시에 그것의 무상함을 절로 알아야 한다. 그리하여 무사에게 중요한 것은 그때그때의 자존감이다. 이 자존감을 떠받드는 것은 그의 명예심이다. 명예란 여기에서 반드시 사회적 훈장이 아니라 자신에게서 자신의 값을 확인하는 일이다. 이것은 스스로가 지키는 용기, 솔직 담백 또는 정직 등으로 지탱된다. (니체는 물건을 탐할 때, 그것을 몰래 훔치는 것보다 힘으로 빼앗는 것이 낫다고 말한 일이 있다. 감추고 술수를 쓰는 것은 자존심을 버리는 일이다.)

관용은 자존적인 덕성에 속할 수 있다. 여기로부터 한 단계를 높여, 이러한 무사적 덕성들이 정신적으로 깊은 것이 되게 하려면, 무사의 자기 존엄성이 도덕이나 윤리적 행동의 결단에 의하여 뒷받침되어야 한다. 무사의 용기 그리고 관용을 자기 존엄성을 넘어 도덕적 결단과 행동에 매개하는 것이 양심이다. 사실 문사의 경우도 이것은 마찬가지이다.

관용과 화해

그런데 관용에서 한 발을 더 나가는 것이 용서이고 화해이다. 용서는 정의롭지 못하다고 생각했던 행동에 대한 분노를 끝내고, 상대방의 행동에 대하여 그럴 수도 있다는 것, 즉 부정적인 것이기는 하지만, 그것도 인간적 가능성이라는 사실을 인정하는 것이다. 가능성이라는 있을 수 있는 일이라는 말이기도 하되, 실제에 있어서 잘못된 행위 또는 적대적 행위가 자신의 의지만으로 그렇게 된 것이 아니라 여러 가지 어찌할 수 없는 사정으로 그렇게 되었다고 인정하는 것이다. 이것은 잘못된 행동의 중단을 확인한 다음에야 그것을 이해하게 되는 일인데, 그 이해도 힘의 입장에 설 때 보다 쉽게 일어날 수 있는 일임은 물론이다. 그러나 그것은 힘의 우위를 넘어 보다 넓은 성찰의 개입을 전제한다. 그다음 힘의 우위가 아니라 비교적 평등한 입장에서 다시 공존의 조건을 받아들이는 것이 화해일 것이다.

이 모든 일은 양심에서 출발하여 자신의 생존 조건 그리고 일반적으로 인간 조건에 대한 깊은 이해 그리고 정신의 심화를 요구한다. 가장 피상적인 차원에서 이러한 정신의 과정과는 달리, 용서와 화해는 정치적인 책략 내지 유화 정책일 수도 있다. 그러나 정책적 전략으로서

용서는 힘의 우위 그리고 힘의 우위를 넘은 보다 넓은 성찰의 개입을 전제한다. 화해는 비교적 평등한 입장에서 다시 공존의 조건을 받아들이는 것이다

의 용서와 화해가 깊은 진정성을 가진 것일 수는 없다. 정의의 행동으로부터 용서로의 전환은 보다 넓은 관점에서의 양심의 움직임으로 가능하다고 할 것이다.

부정의의 상황/사려/자비

양심은 이때 한 번의 결심이나 결단을 말하지 아니한다. 진정한 양심은, 위에서 말한 바와 같이, 판단을 요구한다. 이 판단은 깊은 것일 수도 있고 얕은 것일 수도 있다. 그러나 진정한 양심의 판단은 현실에 대한 깊은 이해와 성찰을 그 뒷받침으로 한다. 그것 없이 어떻게 판단이 현실의 진상에 맞는 바른 것이 되겠는가? 다시 말하여, 깊은 판단은 깊은 사려를 필요로 한다. 이 사려의 한 극단은, 보통의 관점에서는 쉽게 받아들일 수 없는 일이지만, 이미 시사한 대로, 부정의의 행위, 부도덕의 행위도 인간적 상황으로 이해하는 것이다.

모든 인간사는 그런 대로 그럴 만한 원인과 동기를 갖는다. 그것은 객관적인 상황일 수도 있고, 흔히 말하듯 그야말로 관행의 결과일 수도 있고, 또는 깨우치지 못한 마음가짐의 결과일 수도 있다. 그렇다면 필요한 것은 그러한 상황 자체를 해체하고 없애도록 노력하는 것이다. 이 조건은, 가장 미약한 것이기는 하지만, 단순한 인간 교육의 문제로 생각될 수도 있다. 정치와 사회 행동은 깊은 의미에 있어서는 악인을 향하기보다는 악인을 만들어내는 사회 조건을 향한다. 그리하여 악인도 희생자라는 관점이 성립한다. 이것이 동정―서구어에서 compassion, 즉 같이 느끼고 수난한다는 말이 되는 동정으로 이어지고, 그것이 진정한 의미에서의 용서를 가능하게 한다.

물론 이와는 달리 사회적 원인의 등장은 이러한 문제에 대한 이해를 다른 방향으로 이끌어 갈 수도 있다. 이것은 고려할 필요가 있는 사항이다. 사악한 마음과 행동의 원인을 사회적 요인에 돌리는 것은 그 책임을 가볍게 하는 것이 된다. 그것은 다른 한편으로 인간을 사회법칙의 종속 변수가 되게 함으로써 인간의 도덕적 정신적 측면을 완전히 무시하는 데로 나아갈 수 있다. 마르크스주의 그리고 자유주의적 자본주의가 공유하고 있는 물질주의적 인간관은 여기에 연결된다. 이것은 기계론적인 인간관으로 귀착하고, 결과적으로 비인간화의 정치 행동을 허용한다.

그렇지 않은 경우에도, 거대한 환경 조건―자연과 사회와 생리의 환경 조건 아래 있는 인간, 개체적 인간의 조건은 개체의 난경(難境)으로 하여금 그에 반응하는 사

　　　　　　　도덕의 빛과 힘―타락한 세계에서의 양심과 정의

람의 시계를 벗어나게 한다. 그러나 다른 한편으로, 인간의 주의력의 조정에 따라서는 개인의 상황을—그것이 선악 어떤 것으로 규정되든지 간에—외적 조건하에 결정되는 것으로 보는 관점은 그러한 괴로움의 상황 자체에 우리의 주의를 집중하게 할 수도 있다.

그때 유발되는 것이 동정이고, 동정은 용서의 심리적 기초가 된다. 불교에서 말하는 자비심은, 그 원인이 어디에 있든지 비슷한 논리로, 인간을 사로잡고 있는 미망(迷妄)과 그로 인한 고통에 대한 동정심을 의미한다. 다만 여기의 동정심은 특정한 개체의 고통에 대한 것이면서 동시에 모든 고통하는 인간과 생명체, 중생(衆生)을 포괄하는 것이고, 그러니 만큼 위에서 말한 개인적 자존감이나 인간 사이의 개인적 우열의 경쟁을 초월한다고 할 수 있다. 그것은 개체를 향하면서 보편화됨으로써 보다 순수한 것이 된다. (보편화는 순수성을 깊이 하지만, 개체적 고통에 대한 구체적 주의를 느슨한 것이 되게 할 수도 있다.)

슬픔의 인식론

불교에서 자주 말하여지는 자비심은 산스크리트 카루나(karuna)의 번역이라고 한다. 내가 알아본 것으로는 카루나는 단순하게 동정을 말한다. 그런데 자비(慈悲)라는 말에 어찌하여 '사랑'을 뜻하는 '자'와 더불어 슬픔을 뜻하는 '비'가 들어간 것인지는 최초의 번역이 이루어진 때의 사정을 알아야 해결될 수 있는 문제이다. 대강 추측하여, '고해(苦海)'라는 말과 같은 데에서 미루어, 인생은 괴로운 것이라는 불교의 인식이 이러한 번역에 반영된 것이 아닌가 한다. 그러니까 자비심 또는 동정심은 인생이 슬픔의 바다라는 생각에 이어져 있다고 추측이 된다.

슬픔은, 사람의 마음을 열어 놓는 일을 한다

슬픔은 삶에서 그 나름의 기능을 갖는다. 그것은, 적절하게 조율될 때, 사람의 마음을 열어 놓는 일을 한다. 한시(漢詩)에서 가을에 관한 주제가 많은 것도 슬픔의 인식론적 열림이 그 한 이유일 것이다. (가을의 마음이 가벼운 뜻에서의 슬픔 수[愁]이다. 수는 마음을 자연으로 열어 놓는다. 또 향수[鄕愁]와 같은 말에서 보듯이, 또는 독일어에서 원수[遠愁]라고 번역할 수 있는 Fernweh에서 보듯이, 그것은 그리움을 자극하여 고향이나 먼 곳을 생각하게 한다. 어느 경우나 사람의 생각을 먼 곳으로 열어 놓는 것이다. 그런 점에서 그것은 기쁨에 대조된다. 그렇기는 하나 기쁨도 그러한 면을 가지는 점이 없지 않다. 다만 그러면서도 어느 쪽이든지 감정이 과도해지면 그것은 오히려 마음을 자기중심적이 되게 한다. 기뻐 날뛰는 일, 울고불고하는 일을 생각하면, 이것은 자명해진다.)

도덕의 빛과 힘―타락한 세계에서의 양심과 정의

현실과 양심의 비극적 결단

그런데 인생이 괴로운 것이라는 인식과 거기에 연유한 슬픔은 전혀 다른 함축을 가진 것으로 생각해볼 수도 있다. 여기에서 나오는 여러 의미야말로 우리의 생각을 다시 양심의 문제로 돌아가게 한다. (그러면서 그것은 양심으로 하여금 우리가 생각하는 통념을 벗어나는 것이 되게 한다.) 인생이 고통이라는 것은 단순히 생로병사(生老病死)와 같은, 사람이 겪어야 하는 생존의 고통 또는 비교적 단순한 의미에서의 사회적 압박에서 오는 고통만을 두고 하는 말은 아니라고 할 수 있다. 그것은 삶의 깊이에 스며있는 모순에서 연유하는 것일 수 있다. 그것이 삶을 참으로 괴로운 것이 되게 한다.

참으로 깊은 의미에서 삶이 정의와 평화를 벗어나고 양심의 결단이 필요하게 되는 것은 바르게 사는 것 자체가 어렵게 되어 있는 것─그 어려움이 삶의 현실이기 때문이다. 삶의 본질 자체가 또는 적어도 지금 보이는 현상 그것이 도저히 도덕적 행동을 불가능하게 하는 것이라면, 어떻게 할 것인가? 그래도 도덕적으로 행동해야 하는가? 일단 양심은 그러한 삶에 있어서도 삶의 조건을 바로잡자는 것이라고 말할 수 있다. 그러나 그것이 양심의 행동으로 바로잡아질 수가 있다면, 삶의 고통은

> 도덕적으로 바르게 사는 일 자체가 어렵게 되어 있는 것. 그것이 삶의 현실이다

보다 견디기 쉬운 것이 될 수도 있을 것이다.

그런데 삶의 조건이 양심으로도 바로잡아질 수 없다면, 어떻게 할 것인가? 그런 경우에는 형세가 좋아지는 때를 기다리는 것이 현명하다는 생각이 있을 수 있다. (이것은 유교의 정치사상 속에 깊이 들어 있는 생각이다. 그중에도 유학[儒學]을 조금 더 사실주의적인 입장으로 돌리고자 했던 왕부지[王夫之]와 같은 사람의 전략적 사고에 핵심이 된다.) 그러나 다른 한편으로 도덕적 윤리적 행동을 위한 결단이 초월적인 당위에서 나오는 것이라면, 그 결단은 이 세상에서 일어나게 될 사실적 결과에 관계없이 행동으로 옮겨져야 한다. 그것이 피안에서 오는 듯, 이 세상을 넘어가는 초월적인 명령이다. 그러면서도 물론 그것이 현실의 교정에 기여하기를 희망하는 마음을 완전히 포기하지는 아니할 것이다.

이 현실과 도덕의 모순에 관한 문제는 조금 더 복잡하게 생각할 필요가 있다. 양심에 따라서 행동하는 사람은, 간단하게 생각할 때, 일단 양심으로 현실이 바로잡아질 수 있다고 믿는다고 할 수 있다. 그리고 그러한 믿음 아래에는 양심이 직관하는 윤리도덕 또는 정신의 원리가 현실의 원리라는 생각이 들어 있다. 흔히 쓰는 사필귀정(事必歸正)이라는 말, 또는 더 확대하여 사람의 일

때를 기다리는 것

초월적 명령

도덕의 빛과 힘 ─ 타락한 세계에서의 양심과 정의

들의 총체로서의 역사가 결국 바른 길로 가게 마련이라는 춘추사관(春秋史觀)과 같은 것은 그러한 믿음을 표현하고 있다고 할 수 있다.

그러나 희랍의 비극들은 대체로 사실의 세계와 초월적 믿음의 세계의 모순과 갈등을 그린 이야기들이다. 초월적 믿음 또는 양심의 믿음도 현실에서 완전히 떠나는 것은 아니다. 그러나 현실은 모순을 가지고 있고, 모순의 서로 다른 가닥에 따라서 사람이 갖는 양심은 서로 다른 것이 될 수 있다. 그러한 모순의 비극을 그린 대표적인 작품으로 흔히 거론되는 것이 소포클레스의 「안티고네」의 여주인공의 경우이다.

여주인공 안티고네는 반란을 일으키다 죽은 오빠의 장례를 치르려다 생매장되어야 한다는 형벌을 받는다. 장례는 국가(도시국가)의 통치자의 명령에 의하여 금지되어 있는 일이다. 오빠의 죽음과 관련하여 안티고네는 신의 율법과 국가의 명령 둘 중 하나를 택하여야 한다. 이 갈등에서 안티고네는 신의 율법을 택한다. 여기에서 두 가지 가운데 어느 쪽을 선택하여도 문제에 부딪치지 않을 수 없다. 이것은 양심에 따라 행동하더라도 그 근거가 두 가지로 다른 것이 될 수 있다는 것을 말한다. 저 세상의 율법과 이 세상의 율법이 다르고 그 어느 한 쪽을 택하는 경우가 생기는데, 어느 쪽을 택하여도 완전하게 바르게 사는 것은 아닌 것이 되는 것이다. 「안티고네」의 어려움에는 보다 세간적인 해석도 있다. 헤겔의 유명한 해석은 이 연극에서의 갈등은 전통 사회와 새로 발전해 나오는 국가 조직 사이의 역사적 전환에 기인한다는 것이다. (이와 비슷한 갈등의 가능성이 충효[忠孝]에도 들어 있다. 우리는 '충'과 '효' 사이에 갈등이 있을 수 있다는 깃을 쉽게 잊어버린다.)

「오이디푸스 왕」은, 간단히는 가려내기 어려운 삶의 모순들을 함께 담고 있는 연극이지만, 이 연극이 문제 삼는 중요한 모순의 하나는 운명과 진리 사이에 존재하는 모순이다. 오이디푸스 왕 그리고 그 왕국의 비극은 그가 운명에 순종하기보다는 통치자로서의 진실에 충실하였기 때문에 일어난다. 그는 운명적인 일에 순응하라는 여왕의 권고를 물리치고 진실을 밝히는 일을 고집하다가 엄청난 결과를 감수하지 않으면 아니 되게 된다.

김대중 대통령의 영세명은 토마스 모어라고 알려져 있다. 모어는 영국의 교회가 가톨릭교회에서 벗어나 영국 국교로 재편성될 때, 국교의 수장이 되는 국왕에 충성 서약을 거부하여 순교자가 되었다. 그는 영국과 유럽의 기독교 개신의 흐름을 거스름으로써 희생이 된 것

도덕의 빛과 힘―타락한 세계에서의 양심과 정의

이다. (또 그것은 유럽의 많은 국가가 근대화의 과정으로 나가게 되는 역사 발전의 일부이다.) 자신의 신앙과 양심에 따른 그의 행동은 세속적인 역사의 흐름에 모순되는 것이었다. 그리하여 그의 죽음은 신념과 양심의 순수성과 강직성을 증언하는 예가 되지만, 현실 역사의 관점에서는 별 의미가 없는 일이었다고 할 수 있다. 이러한 예들은 역사에서 수없이 찾을 수 있을 것이다. 이것은 다시 말하여 역사의 진로가 다를 수 있다는 것을 말한다.

양심의 진실과 역사의 진로가 서로 다를 수도 있다

이때 양심의 진실의 근거는 반드시 현실에 있는 것이 아니다. 뿐만 아니라 마음의 깊이에서 느끼는 양심의 확신은 외적인 근거는 물론 논리로도 증명해 보이기가 쉽지 않다. 마르틴 루터가 (그는 토마스 모어와의 반대되는 역사 흐름 속에 있지만) 보름스의 신성로마제국 의회에서, 자신의 교회 개혁 운동을 중지하라는 요구에 대하여 답한 것은 종종 이 어려움을 단적으로 표현한 것으로 말하여진다. 그는 단순히, "나는 달리 어떻게 할 수 없다"고 말하였다고 전하여진다.

산업 근대화와 민주화/사실적 지혜와 양심

이러한 예들은, 다시 말하건대, 양심과 현실의 논리 그리고 역사의 흐름이 서로 화해를 생각할 수 없을 만큼 어긋날 수 있다는 것을 시사한다. 그러한 모순의 현실에서도 양심은 수호되어야 하는 인간 존재의 핵심이 될 수 있다. 그러나 다른 한편으로 현실의 논리란 사람의 현세적인 삶의 논리일 수 있다. 삶은 도덕률에 의하여서만은 설명될 수 없는 측면을 가지고 있다. 가령, 전쟁과 같은 것도 그런 경우이다. 정치적 수사에 불과한지는 모르지만, 전쟁에는 정의의 전쟁이 있을 수 있다고 말하여진다. 그러나 절대적인 인간애(人間愛), 절대적인 생명 존중의 관점에서 볼 때, 전쟁의 살육과 파괴는 절대로 변호될 수 없다는 입장도 있을 수 있다. 이러한 모순은 보다 평상적인 삶의 차원에도 존재한다. 그리고 양심의 근본이 사람의 삶의 사람다움을 옹호하는 데에 한 역할을 한다면, 양심의 행위는 삶 일반의 현실적 요구 또 그것이 요구하는 지혜에 어긋나는 것이라도 수행되어야 하는 것이라고 말할 수 있다. (이때의 사람의 진정한 요구일 수 있기 때문에 그것은 세속적 논리를 떠나 있으면서도, 사람의 삶의 모든 것이 현실이라고 한다면, 현실의 일부이기도 하다. 장기적인 관점에서 이 피안[彼岸]적 진리의 뒷받침이 없는 인간 사회는 지속될 수 없다고 할 것이다. 그리고 그것이 없는 사회는 결국 정치적 경제적 물리적 혼란으로 떨어지게 된다.)

양심은 세속적 논리를 떠나 있으면서도 현실의 일부이기도 하다. 그것이 없는 사회는 결국 정치적, 경제적, 물리적 혼란으로 떨어지게 된다

근대화와 민주화

여기에서 이러한 모순의 현실을 다시 언급하는 것은 그것이 우리의 공론의 공간에 존재하는 역사 논쟁들을 평가하는 데에 도움을 줄 수 있기 때문이다. 가령 지난 수십 년간의 우리 현대사의 두 거대한 사건은 산업 근대화와 민주화이다. 이 두 사건 사이에는 공생의 관계가 있으면서 모순의 관계도 있다. 산업과 민주주의는 근대 국가 성립의 두 필수 요건이라고 한다. 그러나 그것이 쉽게 양립하는 요건은 아니다. 이 둘의 상생과 모순은 다른 나라에서도 볼 수 있는 것이지만, 우리나라에서 특히 두드러진다.

김대중 대통령의 임기 중의 행적을 보면, 그는 이 두 가지를 하나로 묶은 정치 지도자이다. 그 점은 위에서 말한 바 그의 이해와 인격과 체험으로 인한 것이기도 하지만, 그의 대통령 임기가 두 가지가 하나가 될 수 있는 시점에 이르렀던 때였다는 것과 관계가 있다고 할 수도 있다. 그러나 김대중 선생의 대통령 취임 이전의 민주화 운동은 두 가지가 날카롭게 대립하는 시기였다. 그때 개인적인 선택으로 어느 쪽을 선택하여야 하는가? 그때의 정당한 선택은, 김대중 선생에게 또 많은 민주화의 투사에게, 민주화를 위한 양심의 선택이었다고 할 수 있다. 필요한 것은 군사 독재와 그 핍박에 맞서는 것이었다. 그러나, 단순히 권력의 동기가 없었다고 할 수는 없지만, 박정희 대통령의 산업화는 사회 현실과 역사의 흐름이 요구하는 것이었다고 할 수 있다. (물론 두 가지를 적절하게 종합한 정치 체제를 생각할 수 없는 것은 아니지만.) 압축 산업화가 어느 정도 지속된 다음, 역사의 모순이 누그러진 시점에서 필요한 것은 산업 근대화의 현실을 인정하는 일이라 할 것이다. 김대중 대통령의 폭넓은 정책은 이러한 인정을 포함한 것이었다.

산업 근대화와 민주주의 두 가지가 다 필요한 것이었다고 할 때, 군사독재 시기의 양심적인 선택은 잘못된 것인가? 그 시점에서 양심의 선택은 어디까지나 정당하다고 하여야 한다. 인간의 정신의 진리는 양심의 증언을 필요로 한다. 그것만이 정신의 진리가 살아 있을 수 있는 방법이다. 그러나 그것은 현실의 부정의에 맞서서 투쟁하는 것이면서, 다른 면에서 인간의 삶에 필요한 현실의 지혜에 맞서는 것이기도 하다. 이 둘 사이의 모순은 투쟁과 희생을 요구하였다. 그러나 그다음 단계에서 민주화를 위한 양심의 증언과 행동도 현실의 지혜가 되었다.

군사독재 시기의 양심의 선택은 현실의 부정의에 맞서서 투쟁하는 것임과 동시에 삶에 필요한 현실의 지혜에 맞서는 것이기도 했다. 그러나 그다음의 관계에서는 양심의 선택은 현실의 지혜가 되었다

도덕의 빛과 힘—타락한 세계에서의 양심과 정의

3. 행복과 정신적 덕성

도덕의 영웅적 차원과 일상적 차원

어떤 경우에나 양심을 잊지 않으면서 인생을 살아가는 것이 쉽지 않은 것이라는 것은 말할 필요도 없다. 더구나 행동하는 양심이라는 도덕적 명령에 따라 사는 삶은 영웅적인 차원에서의 삶을 말한다. 그러면 그러한 영웅적 차원에서 살 수 없는 사람에게 양심은 어떤 의미를 갖는가? 그런데 이 문제를 생각하기 위하여 여기에서 행동이란 무엇을 말하는가를 물어보는 것이 필요하다. 반드시 영웅적인 차원이 아닌 데에도 양심은 있기 때문이다.

오늘에 와서 양심의 행동은 정치적인 또는 사회적인 차원에서의 행동을 말한다고 할 수 있다. 그리고 예로부터 내려오는 말, 지행합일(知行合一)도 정치적 소신을 행동으로 표현하여야 한다는 말로 생각된다. 지행합일에 그러한 뜻이 없는 것은 아니지만, 그것은 전통적인 유학에서 조금 더 섬세한 일상적인 뜻을 가졌다고 하는 것이 옳다. 지행합일은 지(知)를 강조한 주자학의 가르침—단순화한 것이기는 하지만, 선지후행(先知後行)에 대하여 양명학에서 아는 것과 행동하는 것이 함께 하여

영웅적인 차원에서의 삶을 살 수 없는 보통 사람들에게 양심은 어떤 의미를 갖는가?

야 한다는 것을 강조한 말인데, 주자학이나 유학(儒學) 일반에서도 행동이 중요하다고 한 데 있어서는 양명학과 큰 차이가 없다고 할 수 있다.

　유교에서 학문을 하는 것은 행동을 하는 것—큰 행동만이 아니라 작은 행동들을 바르게 하는 일에 깊이 관계되어 있다. 공부하고 생각하고 배우는 목적은 결국 독실하게 행동하는 데, 독행(篤行)으로 나타나야 한다. 그런데 여기에서의 행동은 반드시 큰 의미에서의 공적인 행동만을 말하는 것이 아니다. 그것은 일상적인 언어나 몸가짐을 더 강조하여 말하는 것이라고 할 수 있다. 말을 정직하게 하고 믿음을 지키는 것 등이 배움의 행동적 표현이다. 이러한 차원에서 양지(良知) 도심(道心) 또는 양심에 따라서 행동하는 것은 보통의 삶에서도 가능한 것이라고 할 수 있다. 다만 바른 마음으로 바른 행동을 하는 것은 유교적인 가르침에 따르면, 끊임없는 수신의 노력을 필요로 한다. 이것은 반드시 영웅적인 결단만을 요구하는 것은 아니다. 그것은 몸을 닦고 학문에 정진하고 유학의 가르침에 따라 부모와 형제를 섬기고 사람을 접하는 것을 말한다. 다시 말하여, 평상적 차원에서 양심에 따라서 사는 것은 보통의 삶에서도 가능하다고 할 수 있다.

끊임없는 수신의 노력

그런데 도덕적인 삶은 모든 사람이 요구하는 것이다. 도덕을 이야기하면, 대개 보통사람으로서는 받아들이기 쉽지 않은 '거룩한' 말들만을 나열하는 것으로서 허황된 설법이나 설교 또는 강론이 되기 쉽지만, 최근의 한 연구에 의하면, 도덕적 삶은 보통 사람에게도 인간의 행복의 요건이다. 다만 그러한 조건이 성립하지 않기 때문에, 그러한 행복의 요건을 충족시키지 못하고, 인간의 도덕적 품성을 자신의 것으로 하지 못할 뿐이다. (그리고 그것은, 앞에서 말한 바와 같이, 현실을 받치고 있는 지주[支柱]의 하나이다. 경제나 정치도 제도나 법만으로 바르게 돌아가지는 않는다. 그것은 사회적 신뢰의 자본이 없이는 공동화하고 만다.)

도덕적 삶은 보통 사람들의 행복의 요건이다

행복지수

도덕은, 다시 말하건대, 공리공론(空理空論)이 아니다. 최근에 자주 거론되기 시작한 사회적 테두리 속에서의 행복론은 그것이 현실적 근거가 있는 것임을 말하여 준다. 지난 9월 초에는 UN과 관련하여 「2013년 세계행복보고서(2013 World Happiness)」라는 제목의 보고서가 발표되었다. 이것은 캐나다, 영국, 미국의 저명한 학자들이 편집 저술한 것인데, 연구를 위촉하고 출판을 담당한 것은 '지속가능한 발전 해결책 네트워크(Sustainable Development Solutions Network)'이고, UN 기구인 그 조직을 주관하는 것은 당시 UN사무총장이었던 반기문 총장이었다.

이 보고서는 156개 국가에서의 현지 조사와 필자들의 기고에 기초하여 사람들이 삶의 행복 또는 복지에 대하여 어떻게 생각하는가를 밝히고, 국가 정책에 새로운 방향을 제시하려 한 것이다. 놀라운 사실은 사람들의 행복에 대한 이념에서 국민소득과 개인소득이 나타내는 물질적 조건 외에 여러 사회적 가치 그리고 궁극적으로 도덕적 가치가 매우 중요한 자리를 차지한다는 것이다. 이 보고서가 싣고 있는 조사 연구에서 행복 평가의 주요 지표가 되는 것은 건강한 삶, 기대 수명, 삶의 선택의 자유, 자신의 삶에 대한 사회적 지원, 너그러운 이웃, 정부의 부패 여부의 느낌, 부정적인 것보다는 긍정적 정서의 상태 등이다.

이러한 지표들에 따른 국가별 상태와 순위가 숫자로서 계산되어 있는데, 보고서는 그것을 종합한 국가별 순위도 싣고 있다. 요즘 한국 사람들이 큰 관심을 갖는 것의 하나는 국내적으로나 국제적으로나 모든 일에서의 순위이다. 순위에 관계된 사실들을 잠깐 소개하기로 한

도덕의 빛과 힘—타락한 세계에서의 양심과 정의

다. (이 순위에 대한 관심을 완전히 무시할 수는 없지만, 그것에 지나치게 집착하는 것은 행복의 성적표의 평균점수를 낮추는 일이라고 할 수 있다. 다른 사람이 매기는 성적으로부터 떨어져 있는 자족[自足]의 삶은 행복의 한 조건이기 때문이다. 여기의 행복 연구에는 지표가 되어 있지 않지만, 과도한 타자지향, 사회지향은 불행의 한 원인이 된다.)

하여튼 이 보고서에 의하면, 1위는 덴마크이고 기타 스칸디나비아 여러 나라들이 그를 뒤따른다. 조사 대상이 된 156개의 국가 가운데 한국은 41등이다. 그러나 이 순위를 너무 낮은 것으로 볼 필요는 없다. 우리나라에서 관심을 가질 만한 다른 나라들의 경우를 몇 개 들어 보면, 대만이 한국 다음으로 42등, 그에 이어 일본은 43등, 러시아가 68등, 중국이 93등, 인도가 111등이다. 우리나라에서 비교 상대로 생각하는 선진국들을 보면, 미국은 17등, 영국이 22등, 프랑스 25등, 독일이 26등이다. 여기에 추가하여 주목할 수 있는 것은 한국은 선진 여러 나라에 비하여 행복지수가 근래에 향상된 나라에 속한다는 점이다. 보고서에 실린 통계에 의하면, 2005년부터 2007년에 비하여 2010년에서 2012년 사이에 이 지수는 0.728 포인트가 상승했다. 이것은 작은 숫자이지만, 세계적으로는 상당히 높은 상승률로 평가된다.

경제, 행복, 윤리

사람의 행복을 물질적 번영, 경제의 향상으로부터 분리하여 생각할 수는 없지만, 다시 말하여, 자주 이야기되는 대로, 행복이 반드시 경제에 직결된 것이 아니라는 것도 분명하다. 이것은 일반적인 사실이고 또 경제가 일정한 수준을 넘어서면, 행복에 있어서 경제가 차지하는 비율이 떨어진다는 것도 새삼스럽게 확인되는 사실이다. 행복은 결국 사람이 자신의 삶을 살면서 가질 수 있는 편안한 느낌을 말한다. 그것을 세분화하여 측정하려는 것이 위에 말한 지표들이다.

그런데 한 걸음 더 나아가 주의할 것은, 이것도 조금 전에 언급했지만, 행복의 비경제적 요구의 기초에 도덕이 있다는 사실이다. 이 연구에 참여한 컬럼비아 대학의 경제학자 제프리 삭스(Jeffrey Sachs) 교수는 인간 생활에 윤리의 회복이 긴급하다고 주장하면서, 「행복의 추구를 위하여 덕성의 윤리를 부활하는 문제에 관하여(Restoring Virtue Ethics in the Quest for Happiness)」라는 장편의 글을 이 보고서에 기고하고 있다.

그의 생각으로는 물질적 가치가 사람의 행복에 절대적인 것이 된 것은 인간의 긴 역사에서도 그렇게 오래되지 않은 일이다. 경제 발전에 선진적 역할을 한 서구

도덕의 빛과 힘—타락한 세계에서의 양심과 정의

에서도 경제의 중요성이 인정되기 시작한 것은 1700년 이후이다. 그 후에 서양의 경제학적 사고와 산업화는 인간의 심성을 극히 단순화하여 공리주의 이론만으로 설명할 수 있는 것으로 생각하게 하였다. 인간은 "자기중심적"이고, "물질주의적"이고, "쾌락주의적"인 존재라는 명제가 자명한 것으로 받아들여지게 된 것이다. 그리고 인간의 자기 이해가 다를 수 있다는 사실도 간과되었다.

경제가 인간의 모든 것을 결정한다는 생각의 흐름이 절정에 이른 것이 오늘의 소비주의 또는, 삭스 교수의 용어로는, 과도 소비주의(hyper-consumerism)이다. 그리하여 개인적인 차원에서도 물질적 재화에 대한 탐욕이 사람의 마음을 지배하고 참다운 인간적 행복의 추구를 어렵게 하게 되었지만, 그러한 소비주의는 사회적으로도 구체적인 행복을 가능하게 할 사회 기구를 파괴하였다. 개인에게 주어지는 직업과 직장의 과도한 요구는 가정과 공동체를 파괴하고 텔레비전과 전자매체의 발달은 구체적인 인간관계를 희석화한다. 그리고 광고와 영상 이미지의 과잉은 그에 노출되는 사람들의 마음으로 하여금 소비주의의 지배를 벗어날 수 없게 하고, 그 자신의 참 모습을 찾을 수 없는 것이 되게 한다. 뿐만 아니라 우리 사회의 경우를 보면, 우리의 담론과 심성의

인간의 삶을 방해하는 과도 소비주의

방향을 결정하는 데에 있어서 그러한 소비주의적 영상을 전달하는 매체들의 영향은 압도적이다. 개인이나 국가를 평가하는 데에 있어서 여러 가지 외면적 가치들은 거기에서 온다고 할 수 있다. 그 외면적 가치들은 상업주의의 기준 위에 국가주의를 포장한 것들이다.

창궐하는 소비주의에 대하여 삭스 교수는 전통적 덕성의 윤리를 되돌릴 때가 왔다고 말한다. 그것은 그의 소망일 뿐만 아니라 시대의 여러 징후에 그러한 전환의 기미가 보이기 시작했다고 그는 생각한다. 「세계행복보고서」가 드러내주는 것도 가치 전환이 일어나고 있다는 사실이다. 사람들은 이제 사회적인 유대와 자발적인 자선 행위 등에 관심을 보이고 있다. 시대의 요구의 하나는 전통적 윤리학을 회복하는 것이다. 그러한 관련에서 삭스 교수는 전통적인 윤리 가치들을 간단히 개관한다.

어떻게 정신의 단련으로써 삶의 고통과 미몽을 벗어날 수 있는가를 설법하는 불교의 사제팔정도(四諦八正道), 그리고 감정을 이성적으로 제어하여 여러 덕과 즐거움과 우정과 건강 등의 균형을 이루도록하고, 그렇게 함으로써 행복에 도달할 수 있다는 아리스토텔레스의 중용의 윤리학이 오늘날에도 의미가 있는 것으로 삭스 교수는 말한다. 그가 언급한 세 번째의 윤리는 기독교에

　　도덕의 빛과 힘―타락한 세계에서의 양심과 정의

서 나오는 윤리이다. 그의 생각에 그것은 아리스토텔레스를 그대로 받아들인 토마스 아퀴나스의 윤리에 압축되어 있다. 아퀴나스에게도 현실의 지혜, 정의, 용기, 인내 등은 중요한 덕성에 속한다. 다만 그는 이것에 믿음, 희망, 자비를 추가하고, 또 모든 것이 신의 은총으로 하여 가능하여진다고 말한다.

삭스 교수가 이러한 전통적인 윤리를 언급하는 것은 물론, 조금 전에 말한 바와 같이, 그러한 윤리의 항목들이 인간의 행복 또는 복지에 의미를 갖는다고 보기 때문이다. 다만 경제가 과도하게 강조됨에 따라 그것이 잠시 후퇴하였을 뿐이다. 그러나 경제의 세계에서도 윤리적 관심이 완전히 없어졌던 것은 아니다. 그는 그러한 관심과 경제를 연결시킨 경제학자로 케인즈나 갤브레이스를 언급하고, 재벌로 알려진 카네기나 록펠러가 검소한 삶을 살면서 자신들의 사회적 책임을 강조했다는 것을 말한다.

삭스 교수는, 되풀이하건대, 윤리의 필요에 대한 각성이 새삼스럽게 일고 있는 전환의 시기가 오늘이라고 말한다. 그리고 스위스 출신의 독일 튀빙겐의 신학자 한스 큉(Hans Küng)이 주동한 「세계 경제 윤리 선언」에 언급함으로써 그의 글의 끝을 맺는다. 한스 큉은 세

윤리의 필요에 대한 각성이 일고 있는 전환의 시기

계의 여러 종교의 화해가 세계 평화의 기본 조건의 하나라고 주장하고, 그것을 밝히고자한 책을 저술한 바 있다. 이 선언에서 '세계'는 그런 의미에서의 종교적 화해, 나아가 세계의 모든 다른 소신의 인간들을 포함한다는 뜻이다.

삭스 교수에 의하면, 이 선언은 네 항목으로 요약된다. ① 비폭력과 생명 존중, ② 정의와 유대(법치, 경쟁의 공정성, 분배의 정의, 인간 유대가 여기에 포함된다), ③ 정직과 관용, ④ 상호 존중과 참여가 그것이다. 여기에 아마 우리는 양심을 추가할 수 있을 것이다. 한 가지는 윤리적 가치의 실현은 세속 세계의 비윤리적 풍습에 맞서야 할 경우가 많고, 다른 한편으로 개인의 삶에 있어서 그 끊임없는 유혹에 저항할 결단이 필요하고, 그것을 경계할 수 있는 쉼없는 감시자가 필요하기 때문이다.

4. 짧은 결론

우리의 이야기는 양심이 뜻하는 바를 여러 관련 속에서 살펴보려는 것이었다. 양심은 지난 몇 십 년의 경험과 사례로 비추어 볼 때, 매우 엄숙한 결단을 요구하는

도덕의 빛과 힘 — 타락한 세계에서의 양심과 정의

마음가짐이었다. 그리하여 양심은 행복에 연결해서 생각하기 어려운 것이었다. 그것은 고통과 죽음을 무릅쓰는 단호한 행동을 요구하였다. 이 행동은 민주주의, 자유와 평등, 그리고 정의를 위한 희생을 말하는 것이었다. 그리고, 그것은, 성공하든 하지 않든(다행히 기본적인 성공은 거두었다고 하겠지만) 인간의 정신적 위엄을 확인하는 일이었다. 그러나 정신적 존재로서의 인간의 위엄은 단지 단호한 양심의 행동에서 드러나는 것이 아니고, 평상적인 삶의 기초에 들어 있어야 하는 것이다. 그것은 마음속의 힘이면서 현실의 힘이고 그 이상의 것이다.

인간의 정신적 위엄은 단호한 양심에서 뿐만아니라 평상적 삶의 기초에 들어 있어야 한다. 그것은 마음속의 힘이면서 현실의 힘이다

행복은 모든 사람이 바라는 것이다. 그런데 이 행복에 대한 갈망의 아래에 놓여 있는 것도 정신적 윤리적 자기완성을 향한 소망이다. 정신과 윤리는 교육과 자기수련을 통하여 함양된다. 그것은 도야와 함양의 소득이지만, 보다 이상적인 것은 안거낙업(安居樂業)하는 삶에 조용한 도덕의 빛이 자연의 빛처럼 비치는 것이다. 일정한 경제적 사회적 정치적 조건이 충족되지 아니하면, 안거낙업의 행복도 온전한 것이 될 수 없음은 물론 그 정신적 기반은 완전히 보이지 않고, 도덕의 빛은 몽롱한 그림자가 되고 만다. 그리고 경제성장의 시대를 지나면서, 그리고 한국 사회가 어느 정도의 경제적 기반을 확

행복에 대한 갈망의 기초가 되는 것은 정신적·윤리적 자기 완성을 향한 소망이다

보했다는 것을 느끼면서도, 그것이 반드시 진전한 행동을—특히 정신적 행복을 보장하지 않는다는 것을 우리는 경험했다. 우리는 사람의 삶이 여러 가지 조건하에서 어둠 속에 잠겨 있을 수 있다는 것을 안다. 그러나 어둠이 깊으면 깊은 만큼 그것을 비치는 빛이 있음을 우리는 확인할 수 있다. 그것이 삶을 지탱한다. 김대중 대통령을 되돌아보는 것은 이러한 인간의 삶의 깊은 진실을 상기하는 일이다.

그러나 경제가 윤리적 기준을 지키는 것이 되어야 한다는 주장이 들리게 된 것은, 삭스 교수의 말대로, 인류가 하나의 전환기—정치와 경제 그리고 정신적인 전환기에 이르렀다는 것을 말한다고 할 수 있다. 이제 이러한 나라, 이러한 세계의 도래를 위하여 정진하는 것이 오늘의 인간의 한 사명이라고 할 수 있다. 위에 말한 세계행복보고서에 UN, OECD의 여러 나라가 관심 또는 동의를 표한다는 것을 삭스 교수는 지적한다. 그리고 이 보고서는 세계의 국가수반 가운데, 그러한 행복과 복지의 목표를 적극 받아들이겠다는 뜻을 표현한 사람으로 특히 독일, 영국 그리고 한국 세 나라의 정부 수반을 거명하고 있다. 희망을 가져 볼 일이다.

- 적어도 보통 사람에겐, 법은 '위협에 의해 뒷받침 되는 명령'(오스틴)으로 지키지 않으면 혼이 날 것으로 여겨진다. 사회나 국가의 질서가 덕으로만 유지될 수는 없다. 법이 중요하다. 그러나 덕의 배경이 없는, 법은 폭력에 직결되며 내면적 설득을 통해 얻는 권위도 없게 된다.
  사람은 알게 모르게 다른 사람의 행동을 보며 산다. 정직한 사회에서는 정직한 사람으로 살고 부정직한 사회에서는 부정직한 사람으로 산다. 위협의 법이 아닌 덕의 정치는 무엇보다 부끄러움을 알게 하는 정치이다.

- 세월호 사건의 큰 충격은 우리 사회의 여러 조직 구도가 부패의 매트리스가 되어 있다는 느낌을 일깨웠기 때문이다.
  정치가 부끄러움을 잃어버리고 공동체의 합의가 무너져 있을 때 '술수의 정치'는 대두된다. '술수의 정치'는, 정치가 개별자의 이익을 사회 전체의 이익으로 대신한다. 어느 다른 사회에 비교해도 도덕적 성찰의 전통이 강했던 것이 한국의 전통 사회였고, 그것이 소멸된 것이 오늘날 우리의 상황이다.

법, 윤리 그리고 생활 세계의 규범

- 덕과 윤리가 약해진 것은, 물질주의의 세속 가치가 삶을 지배하여서 뿐만 아니라, 윤리로부터의 해방을 지향하는 사람들의 욕구가 사회적인 움직임으로 나타나게 된 경과이기도 하다. 법의 문제는, 법이 개인의 권리와 자유를 보호하면서 동시에 개인의 자유를 제한하지 않을 수 없다는 점에 있다.

- 개인적 성찰을 거치지 않은 순응적 사회도덕은 개인의 자유를 속박하며 도덕과 윤리를 약화시킨다. 칸트 철학의 의미는 법으로 대표되는 사회적 도덕 일반과 개인적 자유에 근거한 자기 완성의 도덕을 넘어, 도덕적 의무의 신성성에 대한 철학적 이성의 각성을 갖게 한다는 것에 있다.

- 윤리적 규범에 대한 갈망은 버릴 수 없는 인간의 소망이다. 법은 인간의 삶이 갖지 않을 수 없는 규범성을 가장 분명하게 대표하는 부분이다. 법관이 된다는 것은 주어진 대로의 삶을 넘어가는 삶을 깨닫게 하는 무거운 책임을 떠맡는 사람이 된다는 것을 의미하기도 한다.

법, 윤리 그리고 생활 세계의 규범

1. 법과 형벌

　법이란 무엇인가를 정의하는 것은 쉽지 않은 일로 보인다. H. L. 하트(Hart)의 『법의 개념(The Concept of Law)』은 영미에서 법의 기본적인 개념을 밝히는 법철학의 기본 저서로서 교과서로도 많이 쓰이는 것으로 알려진 책이다. 이 책에서 법의 개념을 전개하는 데에 중심이 되어 있는 것은 19세기 영국의 법철학자, 존 오스틴(John Austin)의 법에 대한 정의이다. 그 기본적인 개념은 법이 "위협이 뒷받침하고 있는 명령(orders backed by threats)"이라는 것이다.[1] 이렇게 정의되는 오스틴의 개념을 하트가 인용한 것은 반드시 그것에 동의하는 것이 아니라, 그것을 자신의 보다 넓은 개념의 전개를 위한 준거점으로 삼고자 한 것이다. 오스틴의 경우, 법의 출처는 위정자의 의지이다. 하트에게 법은 단순한 위협적 명령이기보다는 더 복잡한 내용과 불확실성을 가진 것인데, 그 이유는 대체로 보다 넓게 받아들여지는 사회 관습 속에 있는 심리적 방향과 여러 법체계 상호 간의 견제 관계로 인한 것이다. 그러면서도 그는 오스틴이나 마찬가지로 그것이 반드시 자연이나 인간의 본유적(本有的)인 성격에서 나온다고 하지는 아니한다.

여기서 말해보고자 하는 것은, 반드시 초월적인 근거가 있다는 것은 아니지만, 바로 법에 대한 사람의 느낌이 적어도 인간성의 본유적인 특성은 아니라고 할지라도 삶의 전체적인 조건에 이어져 있는 것이 아닌가 하는 것이다. 그러나 그에 대한 법철학적인 논의를 통해서 이것을 말하려는 것은 아니다. 그것은 나의 능력을 넘어가는 것이다. 여기에서 말하려는 것은 단순히 국외자가 가지고 있는 막연한 느낌일 뿐이다. 위에 말한 것을 되

---

1   H. L. A. Hart, The Concept of Law (Oxford University, 1961), p. 7.

풀이하건대, 오스틴의 법에 대한 정의—"위협에 의하여 뒷받침되고 있는 명령"이란 정의는 법에 대한 보통사람의 느낌 또는 통념에도 맞아들어 간다고 할 수 있다. 바로 그것이 글의 서두에 이것을 언급한 이유이다. 말할 것도 없이, 법을 지키는 것은 그것을 지키지 않으면, 혼이 날 것이기 때문이다.

2. 교통 규칙 이야기

우리나라에서 교통신호를 지킨다거나 주정차 규칙을 준수한다는 것은 그에 대한 단속이 없다면 기대할 수 없는 것이라는 느낌이 든다. 한국이 선진국이 되었느냐 안 되었느냐 하는 문제를 떠나서, 그것은 사회 전체의 규범적 균형에 관계되는 것으로 보인다. 그러나 소위 선진국에서 교통 규칙은 대체로 저절로 지켜지는 것, 거의 자연스러운 생활환경이 되어 있다고 할 수 있다.

몇 해 전 나는 미국의 로스앤젤레스 근처의 소도시를 방문하였던 일이 있다. 근처를 산책하기 위하여, 아침 일찍 길거리로 나왔다. 별로 오가는 차가 없었으나,

건널목에서 저 멀리 떨어져 서있는 승용차를 보았다. 누구를 기다리는가 했더니, 내가 길을 건너고 나니 그 차가 움직이기 시작했고, 그때야 나는 그 차가 내가 길을 건너기를 기다리고 있었다는 것을 알았다. 별로 차도 없고 사람도 없는데 그 차는 보행자 횡단로로부터 10미터 이상 떨어져 있는 두 번째의 차단선에 맞추어 기다리고 있었다. 같은 도시에서의 일인데, 또 한 번은, 교차로에서 신호가 꺼져 있고 마침 출근 시간이라 차들이 몰려 있는 것을 보았다. 마주치는 네 개의 길에 일단 정지한 차들은 얽히지 않고 제 길을 갔다. 길 하나에서 차 하나가 나가면, 그 길에서는 다른 차가 따라가지 않았고, 오른쪽의 다른 길에서 다른 차가 이어서 나가고, 그 차가 나가면, 다시 회전하듯이 그다음 길에서 차가 나갔다. 서로 얽혀 복잡해지는 일이 없었다. 건널목에서의 이러한 회전식 진출은 미국의 교통 규칙에 지시되어 있는 것이다. (나는 미국에서 공부도 하고, 대학 강의도 하였지만, 미국으로부터 멀리 떠나 있으면, 미국의 공격적인 국제 정책의 뉴스 그리고 미국에서 일어나는 총기 폭력의 사건들의 뉴스에 자주 접하게 된다. 그리하여 우리의 의식은 저절로 비판적이 되고 반미적이 된다. 그러나 조금 전에 말한 작은 일들을 목격하면, 보도되는 부정적인 사건들이 사회 현실의 전부가 아니라는 것을 문득 깨닫게 된다.) 이러한 미국의 사정에 대하여 인도를 가본 사람이면 다 보게 되는 일이지만, 인도의 도시 도로에서 규칙이라는 것을 찾을 수는 없다. 이것은 나도 경험한 바이지만, 얼마 전 BBC의 뉴델리의 교통 사정에 대한 보도에도, 그곳에서 도로에 나선다는 것은 목숨을 내거는 것이라는 이야기가 있었다.

교통 규칙 준수와 같은 것은 어떤 조건에서 일상적 생활환경의 일부가 되는 것일까? 교통신호를 지키는 것은 형벌에 대한 두려움 때문일까? 모든 경우가 반드시 그러한 것이라고는 할 수 없을 것이다. 여러 가지 규칙을 지키는 것은 습관상 그러는 것일 수 있다. 이 습관은 명령에 복종하는 습관일 수도 있고, 준법의 필요에 대한 판단에서 생겨난 것일 수도 있다. 이것은 다시 사회적 질서에 대한 일반적 또는 반성적 인식에 관련될 수도 있다.

일반적 인식이란 사회의 관행이 그렇다는 인식이다. 사람은 알게 모르게 다른 사람의 행동을 보고 그것을 일반화하여 자신의 삶의 방식을 그것에 맞추어 조율한다. (말하자면, 정직한 사회에서는 정직한 사람으로 살고, 속임수가 많은 사회에서는 속임수를 배우며 산다.) 반성적 인식

사람은 알게 모르게 다른 사람의 행동을 보며 산다─그리하여 정직한 사회에서는 정직한 사람으로 살고 부정직한 사회에서는 부정직한 사람으로 산다

　　　법, 윤리 그리고 생활 세계의 규범

은 스스로 그 필요에 대한 결론을 내린 데에서 생겨나는 인식이다. 그리고 다시 한 번 옮겨서 생각한다면, 이러한 인식은 도덕적 윤리적 의식에 이어지는 것일 수도 있다. 이때 윤리 의식은 사회질서에 대한 공리적 필요의 인식에 근거하는 것일 수도 있고, 보다 우원한 것이기는 하지만, 인간 존재의 형이상학적 차원에 대한 큰 직관에서 펼쳐져 나오는 효과라고 할 수도 있다.

3. 법치와 덕치

교통 규칙의 문제를 이렇게 심각하게 말하는 것은 과장이라고 하는 것이 옳을 것이다. 그러나 소매치기, 사기, 절도, 강도, 살인, 공직자의 부패, 배임, 습관적 삶의 방식으로서의 거짓말 등의 보다 심각한 사례의 경우에는 더욱더 분명하게 준법 또는 규범의 준수가 형벌에 대한 두려움 때문만이라고는 할 수 없을 것이다.

사람들이 이러한 범죄를 범하지 않는 것은 두려움보다도 인간성 자체에 그것을 기피하게 하는 어떤 것이 있기 때문이라고 하는 것이 옳을 것이다. 그것은 인간의 인간됨에 대한 본능적 의식에 관계되어 있다. 물론 이것이 반드시 철학적인 성찰과 같은 것을 통해서 생겨나는 의식이라는 말은 아니지만, 그러한 이해는 인간의 본능 속에 들어 있는 것이 아닌가 한다. 동양의 윤리 사상의 논의에 나오는 성선설(性善說)이 말하는 것이 이것이다.

준법 행위, 또는 법이 적용되든 아니 되든 구체적 상황에서의 사람의 행위는, 법으로만—형벌과의 관계에서 해석된 법으로 설명하는 것으로 충분하다고 할 수 없다. 법과 도덕 또는 윤리는 두 가지 다 인간 행동의 규범화를 위한 장치이다. 윤리는 자연스럽고 자발적인 규범인데 대하여, 법은 보다 분명하게 공식화된 규칙이다. 그리고 법이나 윤리나 다 같이 사회질서에 관계된다면, 자연스러운 윤리나 도덕에 의지하는 것이 사람이 살아가는 데에 더 자연스러운 질서를 만들어낼 것으로 생각할 수 있다.

자연스러운 윤리나 도덕에 의지하는 것이 사람이 살아가는 데 더 자연스러운 질서를 만들어낸다

4. 동아시아의 전통

동아시아의 전통에서 덕(德)과 법 어느 쪽이 우선하여야 하는가에 대한 논의는 치세(治世)의 방법을 논하는 데에 핵심적인 주제였다. 그런데 주목할 것은, 적어도

법, 윤리 그리고 생활 세계의 규범

법보다는 덕이 우선하는 것이 정치의 정도(正道)라는 생각이 지배적이었다는 점이다.

공자에게 사람을 다스리는 방법은 덕치(德治)이다. 바른 통치자는 덕을 쌓는 사람이고, 그에 기초하여 사람을 변하게 하는 것, 덕화(德化), 교화(敎化)하는 것이 정치의 정도였던 것이다. 『논어(論語)』는, 덕치(德治)의 이점을 형정(刑政)에 대조하여, 다음과 같이 말한다. "道之以政, 齊之以刑, 民免而無恥, 道之以德, 齊之以禮, 有恥且格(爲政篇)." "이를 (백성을) 인도하기를 법으로써 하고, 이를 정제하기를 덕으로써 하면, 백성이 법망을 벗어나도 부끄러움이 없을 것이다. 이를 인도하기를 덕으로써 하고, 이를 정제하기를 예로써 하면, 백성이 부끄러움을 알고 또 착하게 될 것이다."[2] 덕의 정치가 부끄러움을 알게 한다는 것은 사람의 내면을 움직인다는 것이다. 예의는 이것을 안무(按舞)된 몸가짐으로 표현한다. 이에 대하여 형벌은 사람의 외면만을 다스리는 것이어서, 사람들에게 그 자리만을 피하면 된다는 심리를 만들어낸다.

덕의 정치는 부끄러움을 알게 한다

그런데 덕치의 이념은 단순히 수양을 강조하거나 심리 조정의 술법을 말하는 것은 아니다. 「위정편」의 처

---

2 論語 中庸. 四書集註 1, 朱熹 주, 韓相甲 역 (삼성출판사, 1982), pp. 50~51.

음에 "爲政以德, 譬如北辰, 居其所, 而衆星共之"라는 말
이 나와 있다. "정사를 덕으로 하는 것을 비유하면, 북극
성이 제자리에 있으면 모든 별이 그를 향하는 것과 같
은 것이다." 덕으로 정치한다는 것은 천지의 이치에 따
라서 움직인다는 것에 비교될 수 있다. 그것은 사람들로
하여금, 북극성을 중심으로 별들이 움직이듯이, 정치 지
도자를 절로 따르게 하는 일이 된다. 또는 지도자를 따
른다기보다는 세계의 이치대로 움직이게 한다는 것이
다. 그리하여, 주자(朱子)가 이 부분에 대하여 주해하듯
이, 정치는 최소의 일, 또는 무위(無爲)로써 그 목적을 달
성할 수 있다. 이 정치무위의 느낌은, 주자가 인용하는
범씨(范氏)의 주석에 잘 표현되어 있다. "爲政以德, 則不
動而化, 不言而信, 無爲而成, 所守者, 至簡而能御煩, 所
處者, 至靜而能制動, 所務者, 至寡而能服衆." "정사를 덕
으로 하면 움직이지 않아도 교화되며, 말하지 않아도 믿
으며, 하지 않아도 이루는 것이니, 지키는 것이 지극히
간략하되 능히 번거로움을 어거하며, 처하는 것이 지극
히 고요하되 능히 움직이는 것을 제어하며, 힘쓰는 것이
지극히 적되 능히 무리를 굴복시킬 것이다."[3]

---

3 같은 책, p. 49.

　　　　　　　　　　　　　　법, 윤리 그리고 생활 세계의 규범

물론 사회나 국가의 질서가 덕으로만 유지될 수는 없
는 것이 현실이다. 그리하여 덕에 대하여 법의 필요도
늘 강조되지 않을 수 없다. 동아시아 전통에서의 덕과
법의 논쟁의 어느 쪽에 서든지 간에, 덕과 법의 두 원리
는 국가와 사회 질서에서 대결보다는 역점과 균형을 요
구하는 두 극이라고 할 것이다. 중국 전국시대의 대표
적인 법가 논객인 한비자(韓非子)는 임금이 사람을 다스
리는 데에는 두 개의 손잡이, 즉 이병(二柄)이 있어야 한
다고 했다. 하나는 죽음을 내릴 수도 있는 형(刑)이고,
다른 하나는 충성하는 자, 공을 세운 자에게 주는 덕(德)
이다. 한비자는 지나치게 가혹한 현실주의자이지만, 정
치의 관점에서 그가 말하는 두 손잡이가 필요하다는 생
각에는 동의할 수밖에 없을 것이다. (법뿐만 아니라 덕까
지도 벌써 이해관계 또는 상벌[賞罰]의 관점에서 말하여지고 있
다.) 유교의 전통에서도, 앞에 인용한 『논어(論語)』의 두
장구(章句)에 붙인 주석에서 주자는 정(政)을 설명하여,
한 번은 그것을 '바름(正)'이라고 하고 또 한 번은 법제
도와 금지하는 명령이라고 말한다(政, 謂法制禁令也). 이
렇게 어떤 경우나 정치 질서가 강제력이 없이는 부지될
수가 없다는 인간 현실을 인정한다.

　그러나 정치가 형정(刑政)에 또는 법제금령(法制禁令)

에만 의지하는 것이 될 때, 그것이 극히 억압적인 질서가 된다는 것은 말할 필요도 없다. 이에 대하여 덕은 정치 질서의 엄격성과 가혹성을 완화한다. 결국 덕, 도덕, 윤리는 자연스러운 인간 본성에 근거한다고 할 것이기 때문에 이것들이 하나로 어울려 있을 때, 인간적인 질서가 성립할 수 있다. 그리고 덕의 배경이 없이 법은 폭력에 직결된다. 폭력의 위협이 일정한 거리에서 또는 내면적 설득을 통하여 얻게 되는 권위도 찾기 어렵게 된다.

덕의 배경이 없이는, 법은 폭력에 직결되며 또한 내면적 설득을 통해 얻는 권위도 없게 된다

　권위의 문제를 생각하면, 덕과 윤리의 효과는 반드시 법에 대조되는 것이 아니라고 할 수도 있다. 법이나 형은 덕을 함양하는 조건이 되기도 한다. 그리고 형과 덕의 사이에 기묘하게 자리해 있는 것이 권위 또는 법의 위엄이다. 더러 인용되는 또 하나의 법가 상앙(商鞅)의 말로, "刑生力, 力生强, 强生威, 威生德, 德生于刑"(商君書, 說民) 이라는 것이 있다. 형과 힘과 강함과 위엄이 결국 덕을 만들어낸다는 것이다. 그러나 더 너그럽게 말하여, 법은 인간 본성의 이러한 것들이 이루는 집체(集體)로부터 나온다고 하는 것이 옳을 것이다.

　사실 법의 제정(制定)도 그러하지만, 그것을 해석하고 시행하는 일이 사회적 규범 그리고 사회 풍습이나 분위기를 떠나서 가능하지는 않다고 할 것이다. 이러한 사

　　　　　　　　　법, 윤리 그리고 생활 세계의 규범

회적 집체의 기반이 없는 곳에서 법은 그것을 길러주는 토양(土壤)을 잃어버린 것과 같다. 법은 주어진 대로의 사회의 일부이고, 특히 그것을 관류하는 규범 체제의 일부이다. 물론 현실은 더 복잡하여, 위에서 인용한 말에서, 德生于刑 — 법은 덕을 만들어낸다.

5. 법, 규범, 생활 세계

법과 윤리가 밀접한 관계에 있다면, 이미 비친 바와 같이, 법의 의미는 윤리에 의하여 뒷받침되어야 한다. 위협만으로 법은 인간의 삶에 의미를 가질 수 없다. 법에 비하여 윤리는 삶의 세계에 더 가깝고, 그것을 밖으로부터가 아니라 안으로부터 움직일 수 있다.

법은 윤리에 의해 뒷받침되어야 한다

위에서 법에 대조되는 덕을 말하고, 덕의 사회가 보다 인간적인 사회라는 것이 동양 전통의 핵심에 들어 있다고 말하였지만, 덕이 주어진 삶에 그대로 들어 있는 것은 아니다. 윤리도 주어진 대로의 사회적 삶에 그대로 일치한다고 할 수는 없다. 일치가 있다면, 그것은 사회가 발전시키는 규범의식과 그 체제에 일치하는 것이라고 해야 할 것이다. 법에 비하여 생활 세계에 가깝다고는 하지만, 윤리 규범도 그에 대하여 일정한 거리를 유지하면서 그것을 조직화하는 원리이다. 사람의 생활 세계는 자연스러운 관습을 발전시키기 마련이다. 그리고 이것은 하나의 분명한 성향, 피에르 부르디외가 하비투스(habitus)라고 명명한, 감성과 행위를 일정하게 구조화하는 성향—관습적 성향이 된다. 다시 그것이 규범화된 것이 윤리이다.

규범은 어느 경우에나 주어진 사실 세계를 넘어가는 이성적 원리—반드시 보편적인 것은 아니라고 하더라도, 일정한 범위의 합리성을 내장하고 있다. 여러 삶의 사실과 표현을 구조화화는 것은 그것을 넘어가는 원리의 매개를 요구하기 때문이다. 그러면서도 윤리적 규범이 법에 비하여 생활 세계의 복합적 현실에 보다 유연하게 맞아들어 갈 수 있는 것은 틀림이 없다. 이러한 통로가 있음으로써, 법은 법으로서의 사회적 위치를 유지할 수 있다.

물론 둘 사이의 관계가 반드시 직접적인 것은 아니다. 그 관계는 직접적이면서도 복합적인 것이라고 하여야 한다. 문제가 있고 그것이 법의 심의 대상이 되었을 때, 그것이 사회 또는 대중의 여론의 흐름 또는 요동함에 따라 결정되어야 하는 것이라면, 법은 그 존재 이유

를 잃어버릴 것이다. 법은 감정보다는 이성에 따라—법 법은 '이성적 원리'에 의해 이끌어져야 한다
전체의 정신에 의하여 한정되는 이성적 원리에 의하여
이끌어지는 것이라야 할 것이기 때문이다.

　이러한 거리 유지가 가능하려면, 그것은 다시 사회 내의 규범적 질서에 대한 이해 또는 느낌에 이어져야 한다. 규범적 질서에 대한 일정한 이해가 사회에 있다고 하더라도, 그것 자체가 반드시 명료한 것은 아니다. 그것은, 다시 말하여, 생활 세계에서 나온다. 그것이 이성적 이해에 이른 경우에도, 그것도 끊임없는 역사적 변화와 복합적 요인을 통합하여야 하기 때문에 반드시 일정할 수만은 없다. 많은 사회과학 그리고 인문과학의 연구가 목표로 하는 것은 이 변화하는 사회에 대한 부분적 그리고 전체적 이해이다. 그리고 이것은 다시 보다 넓은 의미에서의 인간 이해, 인간 존재의 형이상학적 이해로 확대된다. 이것은 다시 사회의식으로 확산되어야 한다. 그때 학문적 이해는 이 의식의 구성에 핵 또는 촉매제가 된다. 이러한 성찰적 이해는 생활 세계에 대한 반성일 뿐이다. 보다 높은 규범 원리의 바탕도 생활 세계에 있다.

6. 황폐한 세계에서의 법

그런데 이러한 복합적 연결망이 없는 곳에서 법이 제대로 존재할 수 있는 것일까? 또는 의미 있는 삶의 지침, 정치의 지침으로서 존재할 수 있는 것일까? 이렇게 묻는 것은, 법의 자양토로서의 생활 세계가 규범의 관점에서 파탄에 이른 것이 오늘의 우리 사회의 실태라는 느낌이 있기 때문이다. 물론 이것은 대체로 매체들의 보도에서 받는 인상에 기초하여 말한 것이다. 매체는 좋은 뉴스보다는 재난의 뉴스로서 번영한다. 그러나 매체에 쏠림이 많다고 하더라도, 그 쏠림 자체가 공론의 기준, 규범 질서의 중요한 부분이 문제를 가지고 있다는 것을 말한다. 그리하여 과장된 뉴스들에 대하여 마음의 평정을 지켜내는 것이 자신의 삶을 사는 방법의 하나가 되었다. 그러나 그 자체의 쏠림 현상을 포함하여, 우리가 살고 있는 현실이 매체에 반영되고 있는 것임은 틀림이 없다.

요즘에 와서는 정치인이나 공무원과 같은 공직자의 엄청난 크기의 권력 남용 부패 사건들이 없는 날이 없다. 이러한 뉴스 속에 해가 뜨고 해가 지는 것이 요즘의 우리 사회이다. (이것은 세계적인 현상인지도 모른다. 보도되

법, 윤리 그리고 생활 세계의 규범

는 바 오늘날 일어나고 있는 전쟁과 테러리즘과 비인간적 잔학 행위는 많은 사람에게 인간에 대한 절망을 안겨주기에 족하다. 조금 방향을 달리하여 얼마 전 미국의 한 풍자가는 오늘날 미국의 정치인 대부분을 90년형에 처하면 좋을 것이라는 생각을 가진 국민이 많을 것이라는 글을 쓴 것이 있었다. 물론 다시 말하여 이것은 풍자이고, 필자가, 모든 문제점에도 불구하고, 정치가 불가결의 인간 활동임을 모르고 하는 풍자는 아닐 것이다.) 정치와 공적 기구의 부패는 물론 사회 (또는 사회 각계 지도층의 부패)에 연결되어 있다. 세월호 사건이 큰 충격을 준 것은 사건의 참담함만이 아니라 그것이 우리 사회의 여러 조직 구도가 부패의 매트릭스가 되어 있다는 느낌을 깨웠기 때문이다.

세월호 사건의 큰 충격은 우리 사회의 여러 조직 구도가 부패의 매트릭스가 되어 있다는 느낌을 깨웠기 때문이다

윤리적 규범이 사라진 것이 우리 사회라는 느낌은 이러한 큰 사건만이 아니라 작은 일들에서도 무수히 발견된다. 최근 윤 일병 사건은 큰 부패와 작은 부패가 매듭을 이루는 점에서 일어난 일이라고 할 수 있다. 그러한 사건이 비일비재라는 것은 군 전체의 기강의 문제이지만, 동시에 병사들 간의 잔학 행위―죽음에 이르는 잔학 행위는 개인과 개인 간의 관계의 비인간화를 말하여 준다. 서두에 말한 바와 같이, 교통규칙의 문제도 단순히 국부적인 문제가 아니다. 그것은 사회 전체의 도덕

윤리의 분위기를 드러내는 증후라고 할 수 있다. 경제 발전에도 불구하고, 우리 사회에서의 상호 신뢰가 극히 낮다는 조사, 즉 이웃 간의 인간관계가 극히 소원하다는 조사 결과가 보도된 일이 있었다. 문제는 큰 것에도 있고 작은 것에도 있다.

법이 어떻게 존재하여야 하는가 하는 문제는 이러한 상황에서 법의 위치를 생각하는 것이다. 규범의식이 파탄이 났다고 한다면, 법도 그것으로부터 예외일 수는 없다. 그간 신문에 보도된 문제들은 여기에 대한 증거가 된다. 전관예우, 향판 등이 문제가 되더니 얼마 전에는, 열린 사회 공간에서의 검찰 관계자의 변태적 행위와 거짓이 크게 보도되었다. 이런 환경에서, 정치, 폭력, 사기 등의 사건에 대한 법적인 판결 결과 그리고 그 이유 등도 믿을 만한 것인지 어떤지 알기 어렵다는 느낌을 주는 것은 불가피하다.

위에 열거한 일 가운데에도, 전관예우는 가장 핵심적인 상징성을 가진 행태이다. 관행이라고 부르고 또 그렇게 받아들여지는 것 같으니, 큰일이 아닐지 모른다. 그러나 모든 개인적 이해관계와 인간적 사회적 "관계(關係)"를 넘어서야 하는 판결 절차가, 퇴임 선임 법관의 사적 이익에 대한 배려에 의하여 좌우될 수 있다는 것은 법의 세계의 전체적인 분위기가 얼마나 오염되었는지를 알 수 있게 한다. 공정한 판단이 개입되어야 하는 모든 공사(公事)에 엄정한 기준이 작용하는 것이 아니라면, 그 판단의 공적 제도는 무의미한 것이 된다. 최근에 대학 입시와 시험 성적에 부정이 있었다는 뉴스가 있었다. 법제도의 경우만큼 중대한 일은 아니라고 할 수 있으나, 그 경우도 비슷하게 생각할 수 있다. 그러나 대체적인 인상은 입시나 학업 성적에는 아직도 일정한 판단의 기준이 적용되고 있다고 할 수 있다.

위에서 말한 것들은 우리를 절망에 빠지게 하는 별로 이야기하고 싶지도 않은 사건들이다. 이것을 지나치게 두드러지게 하여 사회 전체의 병을 드러내주는 증상으로 말하는 것도 두려운 일이다. 이것은 특히 법의 경우에 그렇다. 계기가 그러한 것이라 그렇지만, 위에서 말한 것들에도 불구하고 그래도 희망을 걸 수 있는 국가와 사회 기강의 손잡이의 하나가 법이라고 말하는 것은 틀린 것은 아닐 것이다. 여러 가지 문제에도 불구하고 법은, 본질적으로, 규범적 기준을 문제 삼지 않을 수 없는 사회 기구의 한 부분이다. 법은 관계자에게 규제하는

법은, 그래도 희망을 걸 수 있는 국가와 사회 기강의 손잡이다

행위와 제도를 참조하고 그 의미를 생각하고, 또 그 원리를 생각하는 일을 불가피하게 한다. 법에 관여하는 것은 절로 마음을 규칙과 규범의 문제로부터 떠날 수 없게 한다.

이것은 다시 삶 전체에 존재하기도 하고 없어질 수도 있는 규범성에 대한 의식으로 나아갈 수 있다. 그런데 법의 관점에서 출발하여, 삶에 내재하는 규범성을 생각한다는 것은 엄청난 책임을 떠맡는 일이 될 것이다. 그리고 지금의 상황에서 그것은 법을 에워싸고 있는 삶의 모든 규범성을 유지하는 데에 노력한다는 것을 말한다. 그것이 개인적으로나 직업적으로나 큰일을 떠맡는 일이 된다는 뜻에서만은 아니다. 지금의 상황에서, 국정의 이병(二柄)의 하나인 윤리를 회복하거나 법 없는 세계로 돌아가는 것은 불가능한 것으로 보인다. 그러면서도 법은 이것을 시사할 수 있어야 한다. 그럼으로써 그 판단은 자의적(恣意的)인 것이 되지 않을 것이다. 윤리를 의식하는 법의 자연스러운 권위는 삶에 내재하는 규범성을 시사할 수 있다.

윤리를 의식하는
법의 자연스러운
권위

그런 경우 사람들은 현실에 다시 규범성을 투입할 수 있게 하는 매체로 법을 바라보게 될 것이다. 요구되는 것은 법이 윤리와 도덕 그리고 삶의 결집자가 되고 법관은 그것을 보여주는 사표(師表)가 되는 것이다. 자연스러운 상태에서 덕에 뒷받침이 되어 법이 성립한다고 하면, 이제는 법이 덕을 만들어내는 동력이 되는 것이다. 이것이 가능한 일일까?

이렇게 말하면서 또 한 가지 생각하여야 할 것은, 덕과 윤리가 약해진 것이 단순히 물질주의와 세속적 가치가 삶을 지배하게 되었기 때문만은 아니라는 사실이다. 법이 덕을 만들어내어야 한다고 말하려면, 그 인위적인 성질의 문제를 떠나서도, 여러 가지 문제점들이 있다는 것을 의식하여야 한다. 근대 사회에서 법이 중요해진 것은 바로 윤리로부터의 해방을 지향하는 사람들의 욕구 또한 사회적인 움직임으로 인한 것이라고도 할 수 있기 때문이다. 덕치가 아닌 법치는 근대적 발전에 있어서 바로 보다 넓은 의미에서의 인간적인 사회를 향한 움직임이었다. 그것은 민주적인 사회를 향한 역사적 흐름 속에서 등장한 이념이었다.

덕과 윤리가 약해진 것은, 단순히 물질주의와 세속 가치가 삶을 지배하여서 뿐 아니라, 근대 사회에서 윤리로부터의 해방을 지향하는 사람들의 욕구가 사회적인 움직임으로 나타나게 된 경과이기도 하다

7. 근대적 법치와 민주주의

위에서 덕치에 대하여 법치를 말하였지만, 이때의 법

치는 오늘의 법치(rule of law)와 일치한다고 할 수 없다. 법치라고 할 때, 그 법은 어디에서 오는가? 법의 근원은 초월적인 데에 있다고 할 수도 있다. 사실 궁극적으로 그렇다고 할지 모른다. 그러나 보다 세속적으로 말하여, 그것은 법을 제정하는 세속적 주체를 상정하게 한다. 위에서 말한 중국 법가들의 법치에서 법을 만드는 사람은 통치자이다. 그리하여 여기에서 법이라는 것은 통치의 수단을 말한다. 그것의 대표적인 표현이 백성에 대한 금령(禁令) 또는 형벌인 것은 자연스럽다.

이에 대하여 오늘의 법에 의한 통치, 법치주의는 오히려 통치자의 자의적인 의사를 제한하고 피통치자의 권리를 옹호하려는 데에서부터 시작되었다. 그런 다음에 다시 통치권은 백성 또는 국민 자신이 된다. 즉 국민이 주권자가 되고 모든 권력은 국민으로부터 나온다는 생각이 대두된다. 이때 법은 국민이 국민 스스로에게 부과하는 법적 제약을 받아들이는 사회협약이 된다. 그러면서도, 법은 다수 의지를 초월하는 규범성을 갖는다.

정치 공동체의 통치 원리가 통치자의 의지가 아니라 객관적으로 수긍할 수 있는 원리가 되어야 된다는 것은 서양에서 아리스토텔레스 이후 자주 거론된 주제이다. 그러나 현실적으로 법이 군주의 전제 정치에 한계를 부여하는 장치가 된 것은, 흔히 1215년에 영국에서 있었던 마그나카르타(Magna Carta) 제정과 같은 데에서 시작된 것으로 말하여진다. 귀족 영주들의 반란과 존 왕(King John)과의 타협에서 성립한, 대헌장(大憲章)이라고 번역되는 이 문서는 왕의 권한을 제한하는 의미를 갖는다.

대헌장은 왕이 자유인—농노가 아닌 자유인을 법률 규정에 의하지 않고는 처벌하지 못하며, 법의 테두리 안에서 그 자유와 평등이 보장되어야 한다는 것과 같은 것을 규정하였다. 그리하여 이것은, 17세기 스코틀랜드의 한 목회자의 저서의 제목을 빌려, "법이 왕(Lex Rex)"이라는 생각("왕이 법[Rex Lex]"이 아니라)을 정치제도의 기초가 되게 하는 사건이었다. 역사가들은 이 대헌장의 사건이 민주주의 발전의 행보의 단초라고 말한다.

'왕이 법'이 아니라 '법이 왕'이다

이것으로 하여, 다시 말하건대, 법은 통치의 수단이 아니라 통치자의 권한을 제한하고 그로부터 인민을 보호하는 제도가 된 것이다. 그러니까 한 발 더 나아가 법의 중요한 기능은 통치자의 권력의 수단이 아니라 피통치자 또는 백성의 권리를 수호하는 방편이 된 것이다. 권리가 중요해지는 것은 이 대헌장 뒤에 나오는 여러 문서의 제목만으로도 알 수 있는데, 그중 대표적인 것으로는 프랑스 혁명 집회에서 발표된 "인간과 시민의 권리에 대한 선언(La Declaration des droits de l'homme et du citoyen)"(1789) 그리고 미국 헌법에 관련되어 있는 1791년의 "권리장전(權利章典, Bill of Rights)"이다.

그런데 권리를 누가 규정하고, 그것을 어떻게 보호할 것인가? 이러한 문제와 관련하여 중요한 것은 권리에 대한 규정에 못지않게, 그것을 위한 적절한 판단과 절차이다. 권리라는 말이 들어 있지는 않지만, 권리의 보호에 중요한 문서로서 영국에서 제정된 "인신보호법(Habeas Corpus)"도 통치자의 권한을 제한하고 인민의 권리를 구체적으로 옹호하는 법의 기초가 되었다. 그것은 적절한 법적 절차를 거치지 않고는 체포 구금할 수 없다는 것을 규정한 것으로서, 개인의 권리를 보호하는 법이기도 하지만, 사회나 국가적 관점에서 문제가 된다고 간주되는 행위에 대해서도 적절한 절차가 없이는 개인의 인신의 자유를 침해할 수 없다는 것이다. 이것은 실질적 내용을 정의하는 권리에 대하여, 절차적인 관점에서 권리를 보장하자는 것이다. 이것은 정치적 의미를 가진 일이나, 보다 개인적인 차원에서나—가령, 범죄의 경우—적용되는 권리 옹호를 위한 절차적 보장의 효시가 된다고 할 수 있다.

법, 윤리 그리고 생활 세계의 규범

여기에서 민주주의 원리들을 전체적으로 검토하자는 것은 아니지만, 적어도 논리를 위하여 한 가지를 더 보태지 않을 수 없다. 그것은 정의의 문제이다. 근대적 발전에 있어서, 법은, 위에서 말한 바와 같이, 권력을 제한하는 의미를 갖지만, 그렇게 하여 그것은 인민의 권리와 자유를 보호하면서, 동시에 인민의 자유를 제한하지 않을 수 없다. 그것은 사회적 삶의 조건이다. 이때 이 법이 가하는 제한은 정당한 것인가 하는 것이 문제가 된다. 왕의 권력을 제한하는 경우에도 그렇기는 하지만, 특히 권력 행사의 주권이 인민에 있다고 할 때, 법이 제한하는 것 또는 보장하는 것이 무엇에 근거하는가 하는 문제는 중요한 것일 수밖에 없다.

여기에서 일어나는 것이 공정성, 정당성, 평등, 정의 등의 문제이다. 분명하게 정의될 수는 없으면서도, 이러한 주제들이 계속적으로 논의가 되어 마땅한, 그리하여 끊임없이 논의의 대상이 되는 것은 피할 수 없는 일이라 할 수 있다. 그리고 이것은 권리의 문제를 넘어서 경제적 평등 또는 분배의 문제로 연결된다.

법은. 인민의 권리와 자유를 보호하면서 동시에 인민의 자유를 제한하지 않을 수 없다

8. 정치와 법의 주체

그런데 이러한 자유와 권리와 평등과 그 제한에 관한 결정에 있어서, 다시 문제가 되는 것은 결정하는 주체가 누구인가 하는 것이다. 이 결정은 제일 간단히 말하여 모든 관계된 개인과 집단들의 동의로 이루어진다고 할 수 있다. 루소가 말한 '일반 의지(volonte generale)'는 이것을 가장 간단히 말한 것이다. 사회의 성원 또는 그 대표자가 모인 집회에서 모든 사람 또는 다수자가 정책과 법을 결정하는 담당자가 된다. 그중에도 이것을 집행하는 것이 아니라 결정하는 당사자로 그들이 하나가 되었을 때, 이들의 주권은 하나가 되고 절대적인 권위를 갖는다. 그러나 이러한 절대화는 참다운 의미에서 민주주의를 말하는 것이 될 수 없다는 비판을 불러일으킨다. 그 관점에서 이것은 프롤레타리아 독재와 같은 독재 체제 또는 더 일반적으로 말하여 "전체주의적 민주주의"(J. L. Talmon, The Origins of Totalitarian Democracy, 1960)를 정당화하는 것으로 보이기 때문이다. 그것은 쉽게 공포정치에 이어진다. 그러나 루소가 '일반 의지'로 말하고자 하는 것은 그러한 것이 아니었다는 변호도 많다. 많은 것은 규모에 달려 있다. 루소가

법, 윤리 그리고 생활 세계의 규범

생각한 것은 제네바와 같은 작은 도시이고, 「사회계약론」에는 사회 성원이 주권자로 하나가 된 사회 집회의 결정을 농사꾼들이 참나무 밑에서 나라의 일에 합의하는 것에 견주는 것이 있다.

이때 주의할 것은, 루소의 생각에, 그러한 경우의 결정은 모든 사람이 이의 없이 받아들일 수 있는 것이며, 그러한 결정에서 사람들은 공동의 복지가 무엇인가를 잘 알고 있으며, 행동의 격률은 '분명하고 명확한(claires et lumineuses)' 것이어서, 새삼스럽게 문제 삼을 것도 없는 것이라는 점이다. 사실 이러한 상태에서는 법이란 것도 별로 필요 없는 것으로 말하여지지만, 법을 만드는 경우, 그것은 이미 다 알고 있는 것을 명문화하는 일일 뿐이다. 이런 사람들에게 분명한 "평화, 합일, 평등"의 이념은 "정치의 술수(subtilites politiques)"와는 멀리 있는 정의 이념이다. 그러나 공동체의 합의가 무너지게 될 때, 온갖 술수의 정치가 대두될 수밖에 없다. 그때 개별자의 이익은 사회 전체의 복지를 대신하게 된다. 그리고, 이것을 대표하는 것처럼 위장하게 하는데 정치적인 술책이 등장하게 된다. 그 경우에도 일반 의지가 없어지는 것은 아니다. 다만 개별자들은 그것을 피해

공동체의 합의가 무너지게 될 때 '술수의 정치'는 대두된다. '술수의 정치'는 개별자의 이익으로 사회 전체의 이익을 대신한다

갈 뿐이다.[4]

우리 논의의 관점에서 중요한 것은 법이 없는 세상이 가능한가 하는 것일 것이다. 루소의 생각에 사회의 집단 의지가 분명할 때, 위에서 말한 바와 같이, 공동의 복지에 대한 의견에는 이의가 있을 수 없다. 거기에서 법은 거의 필요가 없다. 그리고 행동의 격률은 분명하다. 루소가 말하는 이러한 공동체는 유교의 전통에서 이상화되어 있는 법이 필요 없는 덕치의 세상에 비슷하다.

그러나 다른 한편으로, 위에서 말한 바와 같이, 이렇게 설정되는 합일의 공동체가 반드시 민주주의적 사회 질서를 나타내는 것일 수 없다. 그리고 거기에 개인의 관점에서 자유가 존재하지 않는다. 진정한 민주주의 체제란 공동의 질서와 함께 개인의 다양함을 수용할 수 있는 정치 질서이다. 민주적 질서의 이 양극을 받아들이는 한 가지 방식은 서로 다른 개인의 이익을 인정하고 서로 타협함으로써 성립할 수 있는 평형상태를 상정하는 것이다. 타협의 평형상태를 가정하는 정치 체제는 여러 가지일 수 있다. 사적 이익의 갈등을 초월하는 데

---

4 사회계약론 IV 권 1장 참조. cf. Jean-Jacques Rousseau, Du Contrat social (Paris: Editions Sociales, 1971), pp. 168~170.

에는 절대 군주제가 필요하다는 홉스로부터 개인 이익에 대한 합리적이고 공정한 고려를 정치와 법의 기초로 설명하고자 한 존 롤스—대체적으로 사회민주주의자적 입장을 가지고 있다고 할 수 있는 존 롤스의 이론까지를 여기에 포함할 수 있다.

그러나 이러한 타협의 체제는 윤리 도덕을 필요로 한다고 할 수 없다. 그 점에서, 타협의 질서는 반드시 든든한 질서라고 할 수 없다. 그것은 일시적인 휴전의 질서를 의미할 뿐, 만인의 전쟁은 언제든지 다시 시작될 수 있다. 그것은 평화와 합일과 평등을 확실한 근거에 놓는 질서가 아니다. 여러 이익 간의 타협을 조정하는 질서이다.

9. 자유와 덕성

루소에게 민주 국가의 근본은 자연스러운 공동체에서 자연스럽게 존재하는 사회적 합일이다. 이에 대하여 존 스튜어트 밀에게 민주주의의 의미는 공동체에 우선하는 개인의 옹호에 있다. 그리고 그에게 개인은 그 개성에 의하여 하나가 아니라 다양하게 존재할 수밖에 없다. 그에게 개인의 자유는 거의 절대적이어서, 자의

(licence)에 가깝다. 그것은 타인의 동등한 권리를 침해하는 한도에서만 제한될 수 있다.

이것은 밀의 근본적 주장이지만, 이렇게 단순화하여 말한 것은 미국의 법철학자 로널드 드워킨이 문제 삼은 미국의 저명한 보수주의 역사학자인 거트루드 히멀파브(Gertrude Himmerfarb)의 『자유론(On Liberty)』의 주조로서 요약한 것이다.[5] 여기에서 그것을 이야기하는 것은 히멀파브는 밀의 주장을 비판적으로 보기 때문이다. 그리고 다시 드워킨은 히멀파브를 비판하여, 밀이 그가 말한 바와 같은 극단적인 개인주의자가 아니라고 말한다. 밀의 주장과 그에 대한 비판을 함께 생각하는 것은 자유주의적 민주주의와 그 문제점을 함께 보는 것이다. 그리고 그것은 법과 윤리의 관계를 다시 살피게 한다.

핵심은 극단적인 개인의 자유가 허용될 수 있는가 하는 것이다. 히멀파브는 그것의 불가능함을 말하고, 드워킨은 밀의 주장도 사실 히멀파브로부터 아주 먼 것은 아니라고 한다. 다만 어느 쪽이나 자유에 못지않게 덕성의 필요를 말하지만, 그 덕성의 종류 그리고 그에 이르

5　여기의 논의는 힘멀파브의 밀 비판을 다시 비판한 로널드 드워킨(Ronald Dworkin)의 논문을 주로 참조한 것이다. cf. Ronald Dworkin, "Liberty and Liberalism," Taking Rights Seriously (Harvard University Press, 1978)

는 길이 다른 것이다.

다시 히멀파브 교수의 설명에 따르면, 밀은 "개인들이 그들의 개인적인 욕망과 충동과, 성향과 의지를 높이 사고 그 개발을 장려하고, 이러한 것들을 모든 선의 근원이고 개인과 사회의 행복을 위한 동력"이라고 하면서, 개인 이상으로 귀중한 주체가 없고, 개인이 모든 지혜와 덕성의 담지자이고, 사회 정책의 유일한 목적이 개인의 자유라고 하는 철학을 지지하였다.[6]

이러한 극단적인 개인의 자유에 대한 옹호로 밀의 견해를 요약하는 것은, 로널드 드워킨의 반박에 의하면, 밀의 의도를 오해하는 것이다. 밀의 개인의 자유의 옹호는 한정된 영역에 해당하는 것이다. 어떤 일을 개인 자신에게 위험하다고 하여 정부가 금지한다든가(현대적인 예를 들어, 헬멧을 쓰지 않고 오토바이를 타는 것과 같은 일) 당대의 도덕의 관점에서 동성애나 음란물을 출판하고 읽고 하는 행위를 금지하는 경우에 우선되어야할 것이 개인의 자유이다. 그러나 밀이 옹호하는 자유는 공공 안전이나 자원의 공정한 배분에 관계될 경우를 포함하지는 않는다.

---

6 Dworkin, p. 260. Himmelfarb, On Liberty and Liberalism: The Case of John Stuart Mill (Alfred A. Knopf, 1974)에서의 인용을 재인용.

밀은 『자유론』 이외의 저서에서는 교육을 통하여 인성을 훈련하여 개인적인 충동과 목적을 억제하고 사회적인 목적이 그에 우선하게 하여야 한다는 것을 인정하였다. 드워킨은 밀의 사상의 이러한 부분을 강조하고, 그가 근본적으로 사회주의자였다고 말한다. 『자유론』 이외에서의 밀의 인성 교육에 대한 논의는 히멀파브도 인정하는 바라고 드워킨은 말한다. 그러나 밀이 개인의 모든 측면의 자유로운 발전을 되풀이하여 강조한 것은 사실이다. 그의 관점에서, 그것은 독일 인문주의자 훔볼트가 주창한 전인적인 발전의 이상으로 완결되는 것이었다.

중요한 것은 이 전인적 이상이 결국 도덕적 함의를 갖는다는 것이다. 그러나 그것은 직접적인 의미에서 사회적 성격을 갖는 것이 아니라 개인의 발달의 결과라는 것이다. 그리고 그러한 우회는 결국 사회적인 덕을 더욱 강하게 하는 의미를 갖는 것이었다. 밀의 생각에는 "자연스러운 감정이 가장 강한 자가 교양으로 닦인 감정도 강하게 갖는다." 즉, "개인적인 충동을 생생하고 강하게 하는 민감성의 원천이 또한 덕을 뜨겁게 사랑하게 하고, 엄격한 자기 절제를 가능하게 하는 원천이다."

그러니까 다시 한 번 모든 것의 근원은 본능적 욕망

법, 윤리 그리고 생활 세계의 규범

을 포함한 주체의 에너지에서 나온다. 사회도덕도 마찬가지이다. 도덕이 중요하다고 하여도, 그것은 그때그때 사회를 지배하는 도덕적 이념에 순응하는 데에서 진정한 것이 되지 아니한다. 사회의 도덕적 규율은 개인적인 자각으로 내면화된 것이어야 한다.[7]

이러한 생각은 인간성 전체를 긍정하면서, 그것의 전인적 완성을 말하고, 또 거기에서 진정한 도덕이 나온다는 것을 말한 것이다. 그러나 모든 것의 원천으로서의 내면적 동력을 강조하는 것은, 보다 외면적일 수밖에 없는 도덕적 윤리적 행위의 사회적 효용을 충분히 고려하지 않은 것이라고 할 수 있다. 작은 공동체에서의 법과 정치의 바탕이 되는 성원 간의 합일은 깊은 전인적 성숙 그리고 그것에 따르는 도덕적 의무감에서 나온다기보다는 자연스러운 사회적 상호 교환에서 나오는 것이라고 할 것이다. 루소는 앞에서 말한 바 농부들의 합의를 말하면서, 여러 가지 알기 어려운 기술을 요구하는 "세련(raffinements)"은 경멸하는 것이 마땅하다고 말한다. 또는 동양에서 강조한 예의의 경우를 생각하여도 그것은 반드시 내면적 성숙에 관계해서만 사회적 효능을

사회의 도덕적 규율은, 사회를 지배하는 도덕적 이념에 순응하는 데서가 아니라, 개인적 자각으로 내면화된 것에서, 본능적 욕망을 포함한 주체의 에너지에서 나온다

---

7 From On Liberty (Norton Critical Edition, 1975), Chapter 3. "Of Individuality as One of the Elements of Well-Being."

갖는 것은 아니다. 참으로 깊은 의미에서의 예의는 그렇다고 하겠지만, 위에서 말한 대로 예의가 표현되는 것이 안무(按舞)된 몸가짐이라면, 그것은 외면적인 표현만으로도 사회관계를 원활하게 한다.

예의범절은 단순히 몸가짐의 조련(調練)에서 이루어지는 것으로 이해될 수도 있다. 아동 교육에서 주로 강조되는 것이 예절을 위한 신체적 훈련인 것은 이것을 단적으로 말하여 준다. 그러면서 예의는 사회적 유통의 잔돈이 되고, 또 국가 전체의 의례에서 종교적인 의미를 갖기도 한다.

히멀파브는 19세기 영국의 가치 또는 덕의 항목을 논하면서, "사려분별, 절제, 근면, 바른 마음가짐, 책임감(prudence, temperance, industriousness, decency, responsibility)", 그리고 조금 더 소극적으로, "수치심, 책임감, 순결, 자력의존(shame, responsibility, chastity, self-reliance)"을 들었다. 이러한 것들은, 그의 설명으로, 신분이나 재산에 관계없는 보통사람의, 그리고 일상생활의 덕성이다.[8] 이러한 덕성은 사실 아리스토텔레스에서

---

8 "The Victorian Ethos: Before and After Victoria," Victorian England (London: Folio Society, 1999) 히멀파브는 보수적 사학자로 알려져 있으나, 인터넷에 나온 정보에 의하면, 영국의 진보 정당 노동당의 수상을 지낸 고든 브라운 (Gordon Brown) 수상이 그에게 공감하였다고 한다.

도 볼 수 있고, 이미 말하였지만, 동양 전통에서도 볼 수 있는 것이다. (가령 주변을 깨끗이 소제하며, 의복을 바르게 입고 손님 응대[應對]를 예의 바르게 하며, 언충신행독경[言忠信行篤敬], 말을 거짓 없게 하며, 행동하기를 진지하게 하는 것과 같은 퇴계의 성학십도[聖學十圖]에 들고 있는 덕성은 깊은 정신적 각성에서 나오는 것이라기보다는 사회적 교환에 필요한 덕성들이라고 할 수 있다.)

드워킨이 밀의 개인주의를 비판한 히멀파브를 다시 비판하면서, 밀도 사회적 덕성을 충분히 고려하였다고 하지만, 그가 생각한 밀의 사회적 덕성은 히멀파브가 말한 사회적 덕성과는 성격이 다른 것이다. 개성의 심화가 결국 보편적 인간성에 이르게 하고, 그것이 사회적 책임감을 강화하는 결과가 될 것이라는 것은 인간 발전의 이상을 말한 것이다. 이에 대하여, 히멀파브는 보통 사람의 사회성에 기초한 바른 마음가짐과 몸가짐을 말한 것이다. 이것들은, 그 자체로 높은 덕성이 되면서도, 주로 사회적 소통의 개체가 되는 덕성이다. 전통 사회에서의 덕성은, 위에서 말한 바와 같이, 이러한 것이다. 이에 대하여 밀이 말한 것은 낭만주의적 인간 이상이다. 이 이상은 반드시 사회관계에서 그 단초를 갖는다고 할 수 없다.

그러나 인간과 사회의 발전이라는 문제를 생각할 때, 두 덕성 중 어느 하나를 선택할 수는 없다. 이완된 윤리가 사회의 문제라면, 더 중요한 것은 히멀파브의 사회적 덕성이라고 할 수 있다. 그것은 보다 직접적으로 사회가 필요로 하는 것이다.

그러나 역설적인 것은 그러한 사회 규범이 자연스러운 삶의 방식이 되어 있을 때에만 그러한 사회적 덕성이 존재한다고 할 수 있다는 사실이다. 이에 대하여 황폐한 윤리의 세계에서 오히려 사회적 의미를 갖는 것은 개인의 인격적 완성의 추구라고 할 수 있다. 그때 개인은 사회 상태에 관계없이 깊은 인간 완성을 추구하고, 그 결과 자신의 독자적인 덕성에 충실할 수 있다. 밀이 말한 것처럼, 뜨거운 마음이 뜨거운 덕성의 추구를 가능하게 하는 것이다.

또 하나 생각하지 않을 수 없는 것은 사회적 행동 규범들이 없는 것에 더하여, 그것이 있는 것처럼 보이는 경우에도 그것은 내실을 상실할 수 있다는 사실이다. 어떤 혼란의 시대의 특징은 내면의 사회화이다. 여기에서 사회화란 모든 세속적 가치―부귀영화의 가치에 의하여 지배되는 사회에 동화되는 것을 말한다. 물론 이러한 사회에서도 정의의 명분이 반드시 사라지는 것은 아니

그러한 사회 규범이 자연스러운 삶의 방식이 되어 있을 때에만 그러한 사회적 덕성이 존재한다. 이에 대해 황폐한 윤리의 세계에서 사회적 의미를 갖는 것은 개인의 인격적 완성의 추구이다

다. 그러나 그것은 앞에서도 지적한 바와 같이 사사로운 이익의 거짓 정략의 노리개가 되기 쉽다. 밀이 말하는 바 개인적 성찰을 거치지 않은 순응적 사회도덕이 개인의 자유를 속박한다는 것도 틀린 말이 아니다. 되풀이하건대, 사회적 덕성들도 인간 존재의 사회성 구성의 요인이 되는 것이면서도 역설적으로 개인적 심성의 깊이에서 나오는 것이라야 한다. 혼란의 시대에서 도덕과 윤리는 개인의 실존적 결단에 의하여 뒷받침되어야 한다.

개인적 성찰을 거치지 않은 순응적 사회도덕은 개인의 자유를 속박한다

그리하여 위에 말한 두 가지 덕성의 선택은 더욱 복잡한 것이 된다. 전통적 덕성은 사회적 삶의 자연스러운 습관과 훈련에서 나온다. 밀이 말하는 도덕성은 심성의 깊이에서 우러나온다. 밀의 도덕성은 인간 능력의 완성에 이어져 있다. 그러면서 그것은 사회적 규범 그리고 규범 일반으로부터는 일정한 거리를 갖는다. 그러나 덕과 윤리의 사회 규범은 그보다는 직접적인 것일 수 있다. 철학적 이성의 성찰은 이 규범에 보다 직접적으로 도달하는 방법의 하나이다. 그것은 충동과 감정과 정열에 관계없이 도덕적 의무의 신성함에 대한 각성을 갖게 할 수 있다. 그리고 그에 충실하게 되는 것이다. 이것은 앞의 두 가지 덕성에 추가하여, 규범과 윤리에 이

사회적 도덕 일반과 개인적 자유에 근거한 자기 완성의 도덕을 넘어, 칸트의 철학적 이성은 도덕적 의무의 신성성에 대한 각성을 갖게 한다

르는 또 하나의 길을 나타낸다. 칸트가 『실천이성비판』에서 말하고자 하는 것이 철학적 이성이 드러내주는 도덕률의 절대성이다.

10. 별이 있는 하늘과 도덕률

그중에도 『실천이성비판』의 결론은 도덕적 윤리적 이성의 성격을 생생하게 또 극적으로 설명하는 부분이다. 그것은 놀이를 넘어서도 사뭇 시적인 호소력을 갖는다.

내 위에 있는 별들의 하늘과 내 안에 있는 도덕의 법칙

새로이 그리고 오래 생각할수록, 내 마음을 경이(驚異)와 외경심으로 채우는 두 가지 것이 있다: 그 하나는 내 위에 있는 별들의 하늘이고, 다른 하나는 내 안에 있는 도덕의 법칙(das moralische Gesetz)이다. 이것들은 내 시야 너머 어둠 속 또는 초월적인 것에서 찾거나 어림되는 것이 아니다. 나는 이것들이 내 앞에 있음을 보고, 그것을 내 존재의 의식에 연결시킨다. 전자는 외부의 감각 세계에서 내가 차지하고 있는 자리에서 시작하여, 그 자리와 이어지는, 세계 위의 세계, 체계 위의 체계—다 볼 수도 없는 거대함으로 확대되고, 나아가 그

주기적 운동, 시작과 지속의 끝없는 시간으로 확대된다. 두 번째 것은 볼 수 없는 내 자신 그리고 인격으로부터 시작하여, 나를 참으로 무한함 속에서, 그러나 오성(悟性)으로만 인지될 수 있는 세계 속에서 나를 볼 수 있게 한다. 이 세계에 대하여(그리고 눈에 보이는 세계에 대하여) 앞의 경우에서처럼 우연한 관계가 아니라 보편적이고 필연적인 관계에 있는 나라는 것을 나는 인식한다.[9]

이와 같이 칸트의 두 개의 경이로운 대상은 무한한 우주와 자아의 인격이다. 그러면서 참으로 근본적인 것은 앞의 것보다는 뒤의 것이라고 평가한다. 그것은 뒤의 주체적 능력이 무한한 세계의 보편적이고 필연적인 법칙성을 인식할 수 있기 때문이다. 그러한 의미에서 그것은 감각의 세계를 초월하여 진실로 무한에 이르는 힘을 보여준다고 할 수 있다.

칸트는 그의 느낌을 계속하여 설명한다. 첫 번째 감각 세계의 모습은 그 광대무변함으로 우리를 압도하고 동물적 생명체로서의 우리의 중요함이 아무것도 아니라는 것, 무(無)라는 것을 알게 한다. 사람은 이 한 점의 생

칸트의 두 개의 경이로운 대상은 무한한 우주와 자아의 인격이다

---

9   Immanuel Kant, "Beschluss," Kritik der praktischen Vernunft, hrs. Paul Natorp (Koenigliche Preussische Akademie der Wissenschaften, 1912), S. 162~163.

명을 다시 물질세계로 돌려주지 않으면 안 된다. 이에 대하여 두 번째의 주체적 능력은 나의 인격을 통하여 지성(Intelligenz)으로서의 나의 가치를 드높이고, 이 지성이 드러내는 도덕적 법칙은 나에게 동물적인 것으로부터, 감각 세계로부터 해방된 독자적 삶을 계시한다. 그리고 무한으로 뻗는 도덕률을 통하여 차생(此生)의 제한적 조건과 경계를 넘어 나갈 수 있게 한다. 반드시 분명한 의미로 해석하기는 쉽지 않으나. 칸트는 이렇게 도덕률을 통한, 지성과 인격의 무한에로의 도약을 설명한다.

여기서 다시 하나 주목할 것은 물질세계와 지적 세계에 대한 경이로운 느낌이 주의를 촉구하지만, 그것이 반드시 진리의 인식에 이르게 하는 것은 아니라는 것이다. 칸트는 우주의 장엄한 광경에 자극되어 연구를 시작하여도, 그것은 사이비 과학인 점성술로 끝날 수 있다고 말한다. 가장 고귀한 자연스러운 도덕에 대한 통찰에서 시작한 도덕적 추구도 광신적 열광이나 미신으로 끝날 수 있다. 어떻게 하여야 할 것인가?

칸트는 연구에는 방법이 있어야 한다고 하고, 그것은, 어느 쪽이거나 과학적이어야 한다고 말한다. 물질과 정신세계를 대조하여 말하고, 전자를 폄하하여 말하는 것이 칸트의 태도라는 사실에 주목하는 평자들이 있지만, 사실 칸트는 두 연구가 병행하여야 한다는 것을 시사한다고 할 수 있다. 그뿐만 아니라 정신이나 도덕의 연구에서도 불가결한 것이 물질세계의 연구에서 드러나는 이성적 방법이다.

한 발 자욱 한 발 자욱 조심스럽게 나아가는 이성적 방법만이 세계의 진실된 구조를 밝힐 수 있다. 이러한 방법을 통하여, 돌 하나의 낙하, 투석기(投石機)의 움직임을 물질요소와 에너지, 그리고 수학으로 운산함으로써 세계의 구조가 드러나게 된다. 이러한 관찰이 쌓여서 과학이 발달한다. 인간의 도덕적 자질에 대한 연구도 같은 방법으로 추구된다면 좋은 결과가 나올 수 있을 것이라고 칸트는 말한다. 도덕적 판단이 개입해야 하는 사례들이 있으니까, 이것들을, 수학으로 다루지는 못할 망정, 화학에서 하듯이, 기본적인 개념으로 분석하여 경험적인 것과 이성적인 것을 분리해내고, 각 분야의 순수한 형식을 가려내어 보여주어야 한다.

이 경우에 훈련이 부족한 조잡한 판단이나 황당한 천재성은 피하여야 한다. 이러한 것들은 좋은 결과를 약속하는 듯하지만, 방법의 결여와 자연 인식의 부족으로 하여 그것을 낭비하는 일이 된다. "한마디로 비판적으로 찾아내고 방법으로 추구된, 과학이 지혜의 가르침으로 나아가는 좁은 문이다…" 이때에 문지기가 되는 것이 철학이다. 칸트는 이렇게 말한다.

강조되는 것은 이성적 방법
패러다임이 되는 것은 과학
기억해야 할 것은 방법론적 추구도 숭고한 것 앞에서 느끼는 신비와 감동에서 출발한다는 사실

어디까지나 강조되는 것은 이성적 방법이다. 패러다임이 되는 것은 과학이다. 그러면서도 기억하여야 할 것은, 방법론적 추구도 숭고한 것 그리고 숭고한 것 앞에서 느끼는 신비 그리고 그 감동에서 출발한다는 사실이다. 우주의 광대무변함 그리고 인간의 이성적 능력의 무한함에 대한 열림에서 모든 사고가 시작하게 되는 것이다. (칸트의 이성적 사고의 정확성에 대한 신뢰는 플라톤의 이데아의 세계에 대한 경이에 비슷하다는 것을 지적하는 논자들도 있다.)

11. 윤리와 인간 상황

다시 한 번 이러한 도덕률의 근본에 대한 관찰이 법의 존립에 대하여 어떠한 관계를 갖는가? 인간의 삶에서 법의 위상이라는 우리의 주제와 관련하여 말한다면, 이러한 자연과 도덕률에 대한 이해가 인간적 삶의 규범성을 밝히고, 그것을 지켜내는 데 기여한다. 그리고 법

은 그것들이 구성하는 환경 속에서 자연스러운 삶의 지표로서 존재할 수 있다. 이것은 법에 관계되는 사람이 가져야 하는 이해에 속한다.

그런데 위에서 『실천이성비판』의 결론을 설명하면서 정작 마지막 부분에서 생략된 부분이 있다. 거기에서 칸트는 말하기를 자연이나 도덕률에 대한 과학적 연구 그리고 철학적 연구에 대하여 일반 대중은 별 관심이 없을 것이라고 한다. 그러나 그러한 연구에서 나오게 되는 "지혜의 가르침(Weisheitslehre)"에는 관심을 가질 것이다. 그것이 가르쳐 줄 수 있는 것이 지혜로 가는 바른 길을 알게 하고, 잘못된 길을 피할 수 있게 할 것이기 때문이다.

그러나 이렇게 말하는 것은 도덕의 과학과 철학이 건재한다는 것을 전제하고, 그것으로부터 지혜의 가르침이 나올 수 있다는 것을 말한다. 또는 건전한 사회에는 이 지혜까지도 사회적 관습으로 이미 존재한다고 할 수 있다. 그런데 이러한 것이 존재하지 않을 때, 어떻게 해야 할 것인가? 위에서 우리는 우리의 사회가 그 규범성에 있어서 황폐한 상태에 있다고 말하였다. 이것은 사회에 일어나고 있는 여러 사건들이 그렇게 생각하게 하는 것이기도 하고, 도덕에 대한 성찰의 전통이 없어진 것이 우리 사회라는 말이기도 하다.

어느 다른 사회에 비교해도 도덕적 성찰의 전통이 강했던 것이 한국의 전통 사회였고, 그것이 소멸된 것이 오늘날의 상황이다

　물론 어느 다른 사회에 비교해도 도덕적 성찰의 전통이 강하였던 것이 한국의 전통 사회라고 할 수 있다. 그것이 소멸된 것이 오늘날의 상황이다. 그것은 엄청난 사회변화로 인한 것이기도 하고, 어쩌면 지혜의 항목에 대한 가르침은 많았지만, 그것에 대한 과학적 철학적 반성은 충분하지 않았던 것이 그 원인이라고 할 수 있을는지 모른다. 그렇다면, 법이 이러한 것들에 의하여 뒷받침되어야 한다고 할 때, 필요한 것은 법에 관계되는 사람이 이러한 것들을 다 공부하지는 않더라도 여기에 대하여 기본적인 문제의식을 갖추는 일이다.

　이렇게 말하면서, 생각하지 않을 수 없는 것은 또 한 가지의 요구이다. 이 요구는 법에 관계하는 자가, 앞에서 말했던 바와 같이, 사회적 사표가 되어야 한다는 것이다. 이것은 법 관계자의 부담을 무한이 늘리는 것이다. 그러나 달리 보면, 그것은 부담을 줄이는 것이 될 수도 있다. 도덕의 의미를 알고 인격의 근본을 발견하고 삶을 규범적인 관점에서 파악하고 거기에서 지혜를 얻어야 한다고 할 때, 그것은 철학하는 사람이 되어야 한다는 요구로 들린다. 방금 말한 바와 같이 이것도 어느 정도는 부정할 수 없지만, 실제 사표가 된다는 것은 이

　　　　　　　　법, 윤리 그리고 생활 세계의 규범

론을 꿰뚫는 것보다도 실천 속에서 도덕의 현실을 드러
내 보여주는 것이다.

뿐만 아니라, 실천의 중요성은 이론적 관점에서도 다
시 등장하는 문제이다. 칸트에게 도덕적 윤리적 행동은,
그의 "지상명령(Kategorischer Imperativ)"에 표현되듯이,
가장 보편적인 원리를 말하는 것이다. 그것은 현실적 적
용에서 모호한 원리에 그친다고 할 수 있다. 이것은 칸
트의 도덕을 논하는 이론가들 사이에서도 제기되는 문
제이다. 즉 칸트의 도덕철학과 관련하여 일어나는 문제
의 하나는 이론이 아니라 실천으로서의 도덕은 어떻게
가능한가 하는 것이다.

칸트의 도덕철학에 관한 한스-게오르크 가다머의 한
논문은 이러한 문제를 생각하는 데에 도움을 준다. 이
논문은 1960년대에 발표된 것인데, 1990년대에 미국에
서 나온 칸트 정치 철학 논집에 실려 있다.[10] 이것은 짧
은 논문임에도 불구하고, 윤리에 관한 칸트의 생각을 서
양철학사, 특히 독일 철학자의 흐름 전체 가운에 자리하

---

10 Hans-Georg Gadamer, "On the Possibility of Philosophical Ethics," in
Ronald Beiner and William James Booth, Kant and Political Philosophy
(Yale University Press, 1993)

게 하려는 것이기 때문에 간단히 그 논지를 파악하기 어렵다. 그러나 윤리 도덕에 대한 이론적 지식이나 이해가 구체적인 상황에서 다시 문제를 가질 수 있다는 점에 대한 반성이 논문의 일관된 관심사인 것은 알 수 있다.

철학과 구체적인 실천과의 관계를, 조금 소박한 관점에서의 이야기이기는 하지만, 단적으로 드러내주는 것은, 가다머가 들고 있는 20세기 초의 독일 철학자, 막스 셸러 (Max Scheler)의 삽화이다. 도덕철학을 가르치는 그에게 학생 하나가 질문하기를 선생님은 자신이 내세우고 있는 윤리 기준에 맞는 삶을 살고 있는가 하고 물었다. 이에 대한 셸러의 답은, "방향을 지시하는 도로표지가 표지하는 곳으로 가고 있는가?" 하는 것이었다고 한다. 언행의 일치에 대한 요구를 담은 재미있는 질문이어서 교사로서 답하기 어려운 것이라고 하겠지만, 이론적으로도 답하기 쉽지 않은 질문이었다고 할 수 있다. 양심에 따라 산다는 사람의 행동이 반드시 객관적인 관점에서 도덕적이거나 윤리적이지 않은 경우도 없지 않기 때문에, 윤리적 행동의 여러 의미를 간단히 설명하는 것이 간단할 수는 없다.

이 가다머의 논문에서 제일 중요한 윤리 사상가로 이야기되어 있는 것은 아리스토텔레스이다. 아리스토텔레스에게도, 이 질문은 답하기 어려웠겠지만, 답이 불가능한 것은 아니었을 것이다. 위에서 제기한 문제는 이론과 실천의 관계에 대한 것인데, 이와 관련하여, 아리스토텔레스에서 들을 수 있는 것은 윤리에 대한 철학적 사고가 단순히 이론적 작업이 아니라는 점이다. 그것은 보다 복잡한 윤리 철학이나 정치 철학에서와는 달리 윤리의 정당성이 곧 일상적 행동에 나타나는 것으로 생각하는 경우, 언행일치는 보다 자연스러운 것이기 때문이다. 또는 이것은 윤리를 이론적 문제로만 보지 않는 경우에도 그렇다.

플라톤에서도 그러하지만, 희랍의 철학자들에게 철학적 사고는 좋은 삶을 사는 데에 있어서 종착점을 나타낸다. 그러니까 이론적 관점에서의 윤리적 사고 또는 철학적 관조는 그 자체가 삶의 한 형태이다. 그렇다고 모든 사람에게 그러한 이론적 관조의 삶(bios theoretikos)가 가능한 것은 아니다. 그것은 선택된 사람들의 최종적인 경지를 나타낸다. 관조의 삶을 사는 것은 그 자체가 윤리적인 삶의 절정이다.

그러나 윤리적 인간이 반드시 그러한 사람에 의하여 대표되지는 않는다. 일상적 삶에서 윤리적 인간이란 여러 가지 삶의 덕성을 부단히 자신의 삶에서 실천하려고 노력하는 사람이다. 이 경우에 그러한 노력은 자기 수련을 몸에 익히는 사람의 주된 목표이다. 그러나 여기에도 문제가 있다. 수련이 핵심이라면, 수련이 없는 보통 사람은 비윤리적 인간인가? 그에 대하여 이론적 윤리의 성찰은 어떤 의미를 갖는가? 칸트는 철학적 사고에서 확인될 수 있는 보편적 윤리를 말하였지만, 보다 민주적인 관점에서 보통 사람에게서 발견될 수 있는 윤리적 인간, 도덕적 인간을 인정하였다. 위에서 루소가 말한 농부들의 단순한 합일에 언급하였지만, 이것은 물론 그들의 윤리 의식의 순수성에 연결된 것이었다.

칸트는 루소가 말한 것에 동의를 표하여, 보통 사람의 단순하고 정직한 마음을 긍정적으로 보았다. 그러면서 그것이 "도덕적이고 이성적인 지식"일 수 있다고 생각하였다. 그렇다고 하더라도 더욱 엄격한 의미에서의 철학적 반성은 다른 차원에 존재한다. 가다머가 인용하는 칸트의 말로, 단순한 마음의 "순진함은 훌륭한 것이지만, 일관되기 어렵고, 잘못되기가 쉽다." 그렇다는 것은 느낌에 좌우되는 수도 많고, 너무 구체적인 사정에 휘말려 잘못된 판단을 할 수도 있기 때문이다. 그리하여 칸트의 보다 보편적 이성의 윤리적 성찰은, 단순한 경우나 복잡한 경우나, 구체적인 사안을 보다 일반화된 "도

"순진함은 훌륭한 것이지만, 일관되기 어렵고, 잘못되기가 쉽다"

법, 윤리 그리고 생활 세계의 규범

덕률의 시험"에 의하여 검증할 수 있다.

    윤리에 대한 성찰과 실천과의 관계에는 또 다른 보다 근본적인 문제도 있다. 보편적 도덕의 난점은, 이미 시사한 바와 같이, 문제가 언제나 구체적인 상황에서 발생한다는 것이다. 이 구체적인 상황에서, 키르케고르와 같은 실존주의자에게, 도움이 되는 것은 멀리 있는 추상적인 도덕철학이 아니라, "뚜렷하고 날카롭고 가슴을 아프게 하는 양심"이다. 사도 바울이 말한 것처럼, 죄는 율법을 위반하는 것보다는 율법에 복종함으로써 사랑의 의무를 저버리게 되는 것이다.

바울에 의하면 죄는 율법을 위반하는 것이 아니라, 율법에 복종함으로써 사랑의 의무를 저버리는 것이다

    길가에 상처를 입고 쓰러진 사람을 구한 것은 사마리탄 인이었다. 그는 율법에 따라서 행동하는 유태인이 아니라 자신의 직접적인 심성의 움직임에 따라 움직인 단순한 선의의 인간이다. 다른 한편으로 그것이 보다 보편적인 윤리를 지향하고 있는 것이라는 것도 사실이다. 유태인에게 길가의 부상자는 사마리탄 인일 수도 있고 아닐 수도 있지만, 유태인은 아니었다. 사마리탄 인은 유태인과의 적대 관계에 있는 사람들이었다. 보통의 유태인은 어떻든 그에 속하는 사람의 행동을 칭찬할 수는 없는 일이다.

이것은, 조금 다른 관점에서이지만, 구체적인 상황에 대한 주의는 법률 과정에서도 중요한 요소를 이룬다고 할 수 있다. (여기의 이야기는 가다머의 글의 범위를 벗어나는 것이다.) 말할 것도 없이, 인간사에는 법으로 판단할 수 없는 구체적인 사안들이 무수할 것이다. 이러한 경우에, 법이 어떻게 움직이어야 하는가 하는 것은 미국 시카고 대학교 법률대학원의 철학 교수 마사 너스바움이 가장 많이 제기하는 문제이다. 그는 법의 추상성이 가지고 있는 비인간성을 강하게 의식하고, 문학적 상상력이 법의 적용에도 필요하다는 것을 역설하였다.

문학 가운데도 소설은 사람의 개체로서의 삶을 구체적으로 다루는 문학 장르이다. 소설은 독자의 공감과 동정심을 크게 자극한다. 그러나 작품에서도 그러하지만, 그것의 의미를 확대할 때, 소설에서 움직이고 있는 심성은 "관측자로서의 거리"를 유지하고 있는 마음이다. 이 관점에서 소설에 내포되어 있는 것, 그리고 법률가가 거기에서 단련해야 하는 마음은 감성과 합리성을 융합한 것이다.[11]

다시 가다머의 글로 돌아가, 사마리탄 인의 이야기는

법률가가 단련해야 하는 마음은 감성과 합리성을 융합하는 것이다

---

11 너스바움의 주제는 졸저, 『깊은 마음의 생태학』(2014)에서 길게 다룬 바 있다.

보편 윤리가 가질 수 있는 또 하나의 문제점을 가리킨다. 가다머가 그 점을 지적하는 것은 아니지만, 사마리탄 인의 이야기에서 지나가는 사람들이 길가에 쓰러진 사람을 구하지 않은 것은, 유태인들이 자신들의 율법, 종족 또는 민족의 율법에 따라 행동한 것이다. 그것도 윤리 규범에 따른 행동이다. 이것은 가다머의 글에도 나와 있는 바, 윤리의 구체성—구체적인 항목들을 가지고 있는 윤리의 문제를 생각하게 한다. 여기에서 문제가 되는 것은, 위에서 언급한 개인적 양심, 그러면서 보편적 윤리의 명령이 되는 개인적인 윤리가 아니라 특정한 사회나 집단이 가지고 있는 윤리—그러니 만큼 반드시 보편적인 것은 아닌 윤리이다.

헤겔의 관점에서 윤리는 가족, 시민 사회, 국가에서의 구체적인 의무로서 구현된다. (이런 점에서, 삼강오륜[三綱五倫]과 같은 유교윤리도 이러한 것이라 할 수 있다.) 헤겔에게는 집단적 윤리가 깨어졌을 때, 개인적인 양심이나 보편적 도덕이 문제로 등장한다. (헤겔의 유명한 구분에서 도덕[Moralitaet]은 관습[Sitte]에 밀접한 관계를 가지고 있는 윤리[Sittlichkeit] 사회적 규범들이 파괴되는 데에서 필요해진다.) 이러한 문제는 윤리의 복합성을 이야기하는 것으로 그에 합당한 답을 요구하는 것이다. 그러나 이러한 경우에,

이미 사마리탄의 경우에 시사한 바와 같이, 보편적 이성의 성찰이 무의미한 것이라고 할 수는 없다. 또는 그것은, 오늘날과 같이 국내에서나 국제적으로나, 많은 집단적 윤리 규범이 서로 갈등하는 것을 볼 때, 보편 윤리의 필요는 거의 가장 절실하게 요구된다고 할 수 있다.

가다머에 의하면 진정한 의미에서의 보편적 윤리는 그 자체를 문제적인 것으로 보면서 보다 높은 원리를 찾는 데 있다

그러나 이에 관련된 가다머의 입장은 문제를 보다 복합적으로 생각하여야 한다는 것을 시사한다. 가다머는 보편적 윤리를 옹호한다. 그러나 그것을 무조건 지지하는 것은 아니다. 그것은 그가 진정한 보편성을 원하기 때문이다. 흔히 보편적인 원리로 생각하는 것은 반드시 그러한 것이 아닐 수도 있다. 그는 진정한 의미에서의 보편적 윤리는 그 자체를 문제적인 것으로 보면서 보다 높은 원리를 찾는 데에 있다. 보편적 윤리의 궁극적 타당성은 그것을 문제화함으로써 도달하는 결과이다.

그런데, 윤리의 보편성과 구체성의 대립을 생각하면서 또 하나 고려해야 할 것은 가다머가 언급하고 있는 막스 셸러(Max Scheler)의 '물질적 가치 윤리(die material Wertethik)'이다. 셸러는 윤리는 이성이 찾아내는 보편성의 형식에 있는 것이 아니라, 감정으로 알게 되는 실질적 내용의 가치에서 발견된다고 생각한다. 그러면서 그

윤리에는 이성의 보편적 형식으로서의 윤리와 함께 감성의 실질적 내용으로서의 윤리가 있다

법, 윤리 그리고 생활 세계의 규범

것은 외부로부터 주어지는 것이 아니라 선험적으로 사람의 감정을 결정한다. 물론 그것은 구체적 내용을 가지고 있는 만큼 개인에 따라서 다를 수도 있고, 특히 문화에 따라서 다를 수도 있다. 그러면서도 그것은 바탕에 보편성을 가지고 있다. 가령, 성스러운 것, 진리, 아름다움, 생명, 고귀함과 천박함, 쾌락과 고통 등은 차이가 있으면서도 거의 모든 사람이 긍정할 수 있는 가치이다. 칸트는 사랑을─물론 윤리적인 의미에서의 인간에 대한 보편적 사랑 또는 기독교적인 의미에서의 사랑을 말한다─사랑의 의무로 해석했다. 이에 대하여, 셸러는 사랑은 의무보다 높은 것이고, 그것은 사람의 감성에서 직접적으로 그리고 선험적 차원에 존재하는 본질적 특성이라고 말하였다. 이러한 가치들은 윤리적인 가치에서 시작하여 생명의 영역, 공리적 영역, 신성의 영역으로 뻗어 있고, 윤리적 삶은 이 모든 영역을 포괄하는 것으로 생각되었다.

　이러한 물질적 감정적 가치는 선험적으로 인간의 감정과 심성 속에 존재하고, 결국 이것이 이성에 의하여 보편적인 것이 될 수 있다는 것을 보여주려는 것이다. 셸러 그리고 그의 생각을 같이하는 사람들 사이에 있었던 이러한 시도는 인간 심성의 중요한 부분을 드러내주는 것이라고 할 수 있다. 그러나 감정에 뿌리박은 가치가 보편적 일치에 이르기는 쉽지 않은 것으로 생각된다. 그리하여 이성적 반성은 진정한 보편 윤리에 불가결의 요소가 된다고 할 수 있다. 가다머는, 여기에서 볼 수 있는 것은 "가치 의식의 직접성과 도덕의 철학의 완전한 분리"라고 말한다.

그러나 이에 대하여 이것을 하나로 하는 가장 중요한 또 하나의 도덕철학적 입장을 그는 아리스토텔레스에서 발견한다. 아리스토텔레스에게 핵심은 현실의 삶이다. 이 현실은 논리나 법에 의하여서 완전히 헤아려질 수 있는 것이 아니라, 경험적 판단에 의하여 저울질되어야 하는 것이다.

이러한 판단이 존재하는 영역이 윤리이다. 윤리란 에토스(ethos), 사회적으로 정립된 관습이다. 그렇다고 그것이 사적인 의미를 갖지 않는 것은 아니다. 개인적으로도 사람이 살아가는 데에는 일정한 규범이 없을 수가 없다. 그것은 한편으로는 개인의 경험과 판단, 다른 한편으로는 사회의 좋은 관습에서 생겨난다. 여기에서 생겨나는 것이 덕(virtue, arete)이다. 그 원리는 절대적 원리로서의 이성(logos) 또는 철학적 진리(sophia)라기보다는 구체적 상황에서 판단을 내릴 수 있는 삶의 지혜,

좋은 관습으로서의 윤리 혹은 덕은 이성(logos) 또는 철학적 진리(sophia)라기보다 삶의 지혜—프로네시스(phronesis)에 가깝다

법, 윤리 그리고 생활 세계의 규범

프로네시스(phronesis)이다. 가다머가 드는 예로서, 술을 마시는 사람의 경우, 과음이 아니라 적절한 한도 안에서 마시는 것이 좋다는 것을 아는 것은 이러한 삶의 현실적인 지혜이다.

여기의 지혜가 그러한 것처럼, 중요한 것은, 절제(moderation)의 덕이다. 아리스토텔레스에게 중요한 여러 가지 덕에는 용기, 정의, 관용, 중용 등이 있고, 우정, 명예나 즐거움과 같은 것도 여기에서 제외되지 않는다. 덕은 논리적으로 추상화된 개념으로 터득되는 것이 아니라 성장의 과정, 경험, 학문적 성찰, 사회관계 등을 통해서 얻어지고 행동의 습관이 되는 것이다. 그것이 드러나는 것도 구체적 상황, 대부분의 경우, 일상적 삶에서이다. 그리하여 덕이 자리한 곳은, 가다머가 설명하는 바와 같이, 반드시 "영웅적 윤리의 이상과 거기에 열거되는 '가치의 항목'이 아니라, 무엇이 '적절'한가, 무엇이 '적정'한가, 무엇이 '선하고 바른가'에 대한 판단과 같은, 표 나지 않지만 틀리지 않는(바른 이성에 따른) 구체적 윤리 의식이다."[12] 그것은 영웅적 행동에서만 나타나는 것이 아니라 성숙한 인간의 자연스러운 행동양식

지혜가 그러한 것처럼, 중요한 것은 절제이다

덕이 자리하고 있는 곳은 일상에서 나타나는 성숙한 인간의 자연스러운 행동양식이다

---

12 Ibid., 362.

이다. 또는 영웅적 행동도 '영웅적 착시(heroic conceit)'가 아니라 일상 행동의 연장선상에서 자연스럽게 나오는 것이다. 사마리탄의 선행과 같은 것이 그러한 것이다.

윤리적으로 정당한 행동은 반드시 어떤 목적을 이룸으로서만 정당화되지 않는다. 그 '적절성'은 이루어진 일에 못지않게, 그러한 행동을 하는 사람의 삶, 그의 사람됨에 들어 있다. 그러한 행동들의 연속이 사람 자체를 형성한다. 장인이나 다른 유용한 일들에도 윤리가 들어 있다고 말하는 것은 그것이 일상적 행동방식임을 말하는 것이다.

또 한 가지, 주목해야할 것은, 윤리적 행동은 자기 형성의 작업이면서, 그 행동의 반경에 있어서 정치 공동체 안으로 뻗어 나가게 된다는 점이다. 그것은 사회 속에서 결과를 낳게 마련이다. 뿐만 아니라 덕이 있는 인격을 형성하고 개인의 가치와 판단에 형성적 영향을 주는 것이 사회가 되는 것은 당연하다. 희랍인에게 폴리스는 불가결의 삶의 조건이었다.

위에서 말하였지만, 아리스토텔레스에게 윤리적 행동은 교육과 인격적 성숙의 열매이다. 그러니까 윤리적으로 원숙한 행동을 누구에게서나 기대할 수 있는 것은 아니다. 여기에 대하여 칸트는 점진적 성숙보다 이성적 각성을 중시했다. 그리하여 윤리적 이상은, 루소에게 그러한 것처럼, 교육이나 사회적 신분에 관계없이 누구에게나 깨우쳐질 수 있는 이상이었다. 칸트의 커다란 업적은, 가다머의 평가로는, 윤리적 이상을, 철저한 이성적 사고로 순수하고 절대적인 것으로 정화(淨化)한 것이다. 그럼으로써 실용적 목적과 윤리적 목적을 혼합하여, 그것을 위한 여러 가지 작전을 궁리해내고, 그러면서 이성의 자만심을 드러내는 계몽주의 시대의 이념을 순수하게 한 것이다.

아리스토텔레스도 변하지 않는 정당한 이성적 기준이 없다고 생각한 것은 아니다. 다만 그는 그것을 구체적인 상황 속에서 확인하고 실천하여야 한다고 생각하였다. 다시 말하여, 그에게 "사물 자체의 성질과 본질에 있어서 정당한 것"이 없었던 것은 아니다. 가다머의 생각에도 철학적이고 이성적인 사고를 통하여 드러낼 수 있는 변함없는 윤리적 명령이 있다. 그러나 그러한 노력은 그러한 노력 자체가 삶의 조건에 의하여 조건 지워지는 것이라는 것을 인정해야 한다. 그리하여 그러한 철학적인 윤리의 이상은 존재하지 않는 것이 아니라 스스로를 다시 생각해봄으로써 새로이 확인되어야 하는 어

윤리적 이상을 실현시키기 위한 노력은 그러한 노력 자체가 구체적 삶의 조건에 의하여 조건 지워지는 것이라는 것을 인정해야 한다

떤 것이다.

12. 결론을 대신하여

아리스토텔레스의 현실적 지혜는 일상생활 속에서 실현할 수 있는, 그리고 사회의 관습으로 확립이 될 수 있는 모델을 보여준다. 그것은 나날의 학습과 경험과 삶에서 구현된다. 이러한 실용적 삶의 지침의 철학은 희랍 또는 서양에만 존재하지 않는다. 동아시아의 전통에서 신사(慎思) 독행(篤行)으로 이루어내야 하는 윤리적 행동도 이러한 것이었다. 다만 거기에서 나열되는 덕목(德目)은 지나치게 고정되어 있는 것이어서, 그것이야말로 새로운 철학적, 이성적 사고에 의하여 갱신되어야 하는 것이었다고 할 수 있다.

그런데, 앞에서 말했던 것처럼, 모든 윤리적 이상과 현실이 사라진 것이 오늘의 세계이다. 칸트의 판단으로는, 이성적 성찰이 방법적 조심스러움을 잃어버릴 때, 점성술, 광신적 열광 등이 나오고, 가다머의 말로 '영웅적 착시'가 나온다. 윤리적 규범이 사라진 곳에서 이러한 것들이 나오게 되는 것은 당연하다. 그것은 역설적으

법, 윤리 그리고 생활 세계의 규범

로 윤리적 규범에 대한 갈망이 버릴 수 없는 인간의 소망이라는 사실을 보여준다고도 할 수 있다. 그러나 그것은 한편으로는 철저한 이성적 성찰에 의하여, 다른 한편으로는 인격적 성숙과 구체적 상황에서의 일상적 경험과 실천으로 실현되어야 하는 소망이다.

윤리적 규범에 대한 갈망은 버릴 수 없는 인간의 소망이다

그런데, 위에서 강조한 바와 같이, 이러한 것이 가능하게 하는 것은 건전한 사회적 삶의 존재이다. 그러한 곳에서는 특별한 입장이 별로 필요하지 않다고 할 수 있다. 그런데 이것이 사라졌을 때, 어떻게 해야 할 것인가? 그러한 상황에서 개인적인 결단이 필요하지 않을 수 없다. 그리고 그러한 결단에 이르는 데에는 이성적 수련이 필요하고 감성의 선험적 내용에 대한 자각이 있어야 한다. 그리고 다시 여기에 이르는 데에는 어떤 정신적 체험의 충격 또는 그에 대한 예감이 필요한 것이 아닌가 한다.

칸트가 말한 두 개의 지표, 별이 있는 하늘과 이성적 주체로서의 이성에 대한 자각은 그러한 체험을 대표한다.

하나는, 앞에 말한 것을 다시 말하건대, 광대무변한 우주가 주는 압도감, 그리고 다른 하나는 인간 정신의 신비이다. 그것은 한편으로 이성적 사고의 개체적 이해를 넘어가는 무한한 가능성이라고 할 수도 있고, 다

른 한편으로는 우주현상과 인간의 사고에 개입되는 플

정신의 신비에 대
한 깨우침

라톤적 이데아의 세계의 신비라고도 할 수 있는 정신의
신비에 대한 깨우침이다.

　법은 이러한 것들이 이루는 사회문화의 일부로서 존
재한다. 거기에서 그것이 차지하는 자리는 가장자리라
고 할 수 있다. 또 그러니 만큼 분명하게 인지될 수 있는
윤곽을 갖는다. 가장자리라고 한 이유는 삶의 규범이 문
제가 될 때, 법이 등장하게 되기 때문이다. 법은 범죄를
징벌하여 사회의 기본적인 질서를 유지하고, 인권 또는
시민적 권리를 옹호하고 그것을 모범으로 시민의 자유
를 지키고, 이러한 모든 결정을 내리는 국가기구의 주권
의 범위와 한계를 정의하는 민주사회의 기본적인 기구
이다.

　주목할 수 있는 것은 적극적이라기보다는 소극적인
기능을 가지고 있다는 점이다. 법이 범죄를 다루는 것은
선행을 권장하는 것보다 악행을 처벌하고 방지하는 데
그 목적이 있다. 권리의 옹호의 경우에도 그것이 침해의
위험에 놓이기 때문이다. 시민들이나 관권이나 인간의
인간됨을 존중하는 관행이 확립된 사회라면, 권리를 위
한 투쟁은 물론 그것을 법적으로 옹호할 필요가 생기지

아니할 것이다. 법에 따라서만 국가 권력이 사용되어야 한다는 것은 권력 남용의 위험에 대한 반대 명제이다.

이와 같이 법은 사회적 삶의 규범을 정의하는 것이면서도 그 규범의 한계를 분명히 하고자하는 법치 국가 체제의 가장자리에 있다. 그런데 가장자리가 옹호하고 있는 중심이 비어있다면, 어떻게 해야 할 것인가? 법 없이도 살 수 있는 사람이라는 말이 있지만, 법이 없어도 되는 곳이 바로 사회 규범을 잃지 않는, 인간의 덕이 없어지지 않는 사회이다. 사회가 온전한 상태에 있지 않을 때, 법도, 앞에서 말한 바와 같이, 온전한 상태에 있을 수는 없다고 하겠지만, 다른 한편으로 그것은 인간의 삶이 갖지 않을 수 없는 규범성을 가장 분명하게 대표하는 부분이다. 그럴 때, 법의 책임은 어느 다른 사회 조건 하에서보다도 무거운 것이 된다.

법관이 된다는 것은 법만이 아니라 삶의 규범과 그 구체적인 상황에 대한 깊은 성찰과 깨달음을 얻고, 법 없는 사회에 법을 알리고, 규범이 없는 사회에 규범의 필요를 깨닫게 하고, 삶의 의미—주어진 대로의 삶을 넘어가는 삶을 깨닫게 하는 무거운 책임을 떠맡는 사람이 된다. 거기에 많은 학문과 수양이 필요한 것은 말할 필요도 없다. 사법정책연구원에서 법만이 아니라 여러

법은 인간의 삶이 갖지 않을 수 없는 규범성을 가장 분명하게 대표하는 부분이다

법관이 된다는 것은 (…) 주어진 대로의 삶을 넘어가는 삶을 깨닫게 하는 무거운 책임을 떠맡는 사람이 된다는 것을 의미한다

가지 학문, 인문 사회 과학 그리고 문학과 자연과학과의 다양한 관련을 연구하고자 하는 것은 엄청난 계획이면서도 필요한 일이라고 하겠다.

법, 윤리 그리고 생활 세계의 규범

- 인문학의 근본에 들어 있는 것은 인간에 대한 물음이다. 대체로 그 것은 답이 없는 물음일 뿐이다. 전통에서 전범을 찾는다는 사실 자 체가, 삶에는 그 다양한 모습이 있을 뿐 정답이 없다는 것을 말한다. 양심 또한 그러하다.

- '불편한 양심의 인간'인 모어는 다면적인 인간이면서도 한결같은 인 간, 겸손하고 엄숙한 사람이면서 부드럽고 농담 잘하고 삶을 즐기는 사람이었다.
  주자의 용어를 빌려서 말하면, 주일무적수작만변(主一無適酬酌萬變)의 인간이었다.

- 모어는 자신의 믿음을 다른 사람에게 강조하지 않으며, 다른 양심의 믿음과도 대결하지 않는다. 모어의 믿음은 사람의 사회적·정치적 관 계는 오로지 법으로만 처리되어야 한다는 것이다. 하지만 양심의 인 간은, 스스로를 지키지 않을 수 없는 까닭으로—자신의 내면과 외면 의 일관성을 유지해야 하기 때문에—죽음을 무릅쓸 수 있다. 모어가 왕과 의회의 결정에 동조하지 않는 것은 모어 자신의 자존심이나 원 한이나 취향하고는 관계가 없다. 모어는 오로지 자기 자신이기를 원 하는 것이다.

인문적 사고
: 양심에 대한 다면적 고찰

- 모어가 싫어하는 것은 자기 과대화의 망상이다. 양심의 이름으로 현실에 개입하는 것을 주저하는 모어는 스스로에게는 양심의 세계를 강조하면서도, 현실에서는 '법적 절차를 통하여' 바로 잡아야 할 일이 많다고 지적한다. 그래서 모어의 양심의 정치적 저항은 탐욕과 분노와 질시와 오만의 결과가 아닌 겸허와 순결과 인내와 의로움과 사려의 소산이다.

- 양심은 자아의 본질로, 아무도 간섭할 수 없고 어떤 정치권력도 관여할 수 없는 내면의 실체이다. 아무도 간섭할 수 없는 양심이 사람마다 다를 수 있고, 이 다름을 '밖으로부터' 전혀 간섭할 수 없다면, 양심은 '공공의 선으로서의 정치와 때로 모순적 관계에 놓이게 되는 것은 아닌가? 모어가 주장한, 법이 마음속의 생각을 처벌의 대상으로 삼을 수 없다는 것은 오늘에 와서 민주주의의 당연한 기준이 되었다. 일반적인 생각과는 달리, 양심과 같은 마음속의 생각이 아닌 이해관계로 삶을 접근할 때, 오히려 삶에서 '자기 정당성에 근거한 무자비한 잔인성'이 줄어든다. (양심의 인간은 특히 그 양심이 이데올로기적일 때 다른 양심의 인간에 대해 잔인하다.)

- 법의 테두리 안에서는, 악마도 법의 보호를 받을 수 있어야 한다.

인문적 사고 : 양심에 대한 다면적 고찰
로버트 볼트의 『모든 계절의 사람』의 경우

1. 서론 : 오늘의 현실과 인문과학의 물음

인문학 또는 인문과학이 위기에 처해 있다는 의식과 주장은 이제는 상당히 오래된 이야기가 되었다. 그러나 다른 한편으로는 인문강좌가 번창하고 그에 대한 사회적인 요구가 커져 가는 것을 본다.

이러한 복합적인 현상은 오늘날의 우리 상황에 대한 징후를 나타내는 것으로 생각할 수 있다. 인문학의 위기는 말할 것도 없이, 그것이 실리에 도움이 안 된다는 사실에 관계된다. 대학에서 전공이나 학과를 선택할 때에 그것이 미래의 취업에 연결되기 어렵다는 사실은 인문과학에 속하는 여러 과의 선택을 기피하게 하고, 대학 내에서의 위치를 약화시키는 요인이 된다. 이것은 물론 사회의 향방을 생각하는 데에 있어서도 실리적인 관점이 유일한 지표가 된다는 사실에 이어져 있다. 오늘날 경제 또는 경제 발전은 사회와 국가의 현재와 미래를 생각하는 데에 유일한 척도이다. 세계적으로도 국가의 위상을 재는 데에 GNP, GDP 이상으로 중요한 지표가 존재하지 않는 것이 오늘의 세계이다.

그러나 이것이 현실이다. 그리고 경제 지표는 사회의 중요한 발전을 나타낸다. 그렇다 하더라도 인간의 삶의 모든 의미가 이것으로 측정될 수 없다는 생각이 드는 것도 자연스러운 일이다. 국가적으로도 '국격'과 같은 말이 등장하는 것은 경제만으로 사회가 평가될 수 없다는 느낌을 표현한다. 문화적으로 보여줄 수 있는 것이 없는 한, 참다운 의미에서 선진국이 되거나 다른 나라 또는 인간 공동체에 모범이 되는 나라가 되지 못할 것이라는 생각들이 있는 것이다. 빈곤이 일반적인 사회 조건일 때를 벗어난 다음, 국제적으로나 국내적으로도 보다 넓은 관점에서 다양하면서 종합적인 삶의 가능성에 대한 갈망이 일게 되는 것은 당연하다. 그리고 진정한 선진국은 이 가능성을 보다 현실적으로 구현한 국가라는 생각이 생긴다. 국가의 이미지는 국제관계에서 중요한 것일 뿐만 아니라, 개인의 정체성을 구성하는 요소의 하나이다.

경제 발전과 더불어, 개인적인 차원에서도 사람들에게 소득이나 수입 또는 자산이 삶의 유일한 의미라는 사실에 그대로 동의하기가 쉽지 않게 된다. 그러면서도 많은 사람에게 돈은 삶의 동기가 된다. 그러나 그것의 추구가, 흔히 말해지는 것과는 달리, 반드시 나쁜 것이라고 만은 할 수 없다. 한 가지 관점에서만 이야기하여도, 그것은 여러 가지 의미에서 자유를 확보해주는 수단이 된다. 돈을 버는 일에 접근하는 것은 누구에게나 허용된다. 그것은 민주주의 실현의 현실적 도구이다. 다만 그것이 누구에게나 일단의 수준을 넘은 다음에도 계속적으로 같은 의의를 갖는다고 할 수는 없다.

경제를 통하여 삶의 안정의 조건이 일단 확보되면, 문제가 되는 것은 어떠한 삶이 참으로 보람 있는 삶인가 하는 물음이다. 이 물음은 특히 일정한 직업에 삶이

많은 사람에게 돈은 삶의 동기가 된다. 그리고 돈의 추구가 흔히 말해지는 것과는 달리, 반드시 나쁜 것이라고 할 수 없다

고착되지 않는 젊은 사람에게 중요한 의미를 갖는다. (자본주의적 민주국가에서 거의 모든 사람은 욕망 분열증 환자가 된다. 그것을 심하게 경험하는 것이 젊은이다. 그리하여 그들에게 이 물음은 특히 중요한 것이 된다.)

그리하여 인문학이 이러한 물음에 대한 답을 제공해 줄 수 있다는 생각이 일어난다. 그러나 직접적인 관점에서 인문학이 답하여 줄 수 있는 것이 무엇인지는 확실하지 않다. 더구나 기대되는 것이 성공한 삶이나 행복한 삶에 대한 처방을 내는 것이라고 한다면 더욱 그렇다. 인문학이 이러한 요구에 답한다면, 그것은 전통에서 끌어낼 수 있는 전범(典範)들을 보여주는 일이 되겠지만, 그것은 행복과 성공의 전범이 아니라 삶의 좋고 나쁜 여러 현실을 되돌아보고, 거기에서의 선택의 고민을 보여주는 사례에 그치기 쉽다. 전통에서 전범을 찾는다는 사실 자체가, 삶에는 그 다양한 모습이 있을 뿐, 정답이 없다는 것을 말한다.

> 전통에서 전범을 찾는다는 사실 자체가, 삶에는 그 다양한 모습이 있을 뿐 정답이 없다는 것을 말한다

일반적으로 말하여, 학문적 탐구의 의의는 사실과 사실의 논리적 해명에 있다. 마음에 분명하게 감지되는 보감(寶鑑)—보석과 같은 거울을 제시하는 것이 학문의

일차적인 목적일 수는 없다. 보감을 편집할 수 있다고 하더라도, 보감도 사실적 탐구에 기초하지 않고는 옳은 것이 될 수는 없다. 인문학의 여러 다른 분과는 여러 다른 관심사와 다른 방법을 가지고 있지만, 줄여서 말한다면, 인문학의 근본에 들어 있는 것은 인간에 대한 물음이다. 대체로 그것은 답이 없는 물음일 뿐이다.

2. 볼트의 『모든 계절의 사람』: 양심

언론의 계속적인 보도가 그러한 때문이기도 하지만, 우리의 관심도 알게 모르게 최근의 세월호 사건을 쉽게 놓아버리지 못한다. 그것은 많은 젊은이의 죽음과 그에 대한 가족들의 위로할 길 없는 슬픔에 동정하는 때문이기도 하고, 사건이 드러내 보여준 우리 사회의 부정적인 측면으로 인한 것이기도 하다. 많은 사람들이 비극의 큰 책임이 사회의 비윤리성에 있다는 사실을 절감한다.

비윤리성의 밑에 들어 있는 것은 사회적 부패이다. 그 원인은 물론 돈과 권력이다. 그것이 모든 인간적인 책임을 묵살하게 하는 것이다. 그러나 인간 사회에서 윤리성, 윤리적 선택의 필요가 없는 사회는 없다. 사람의

비윤리성의 밑에 들어 있는 것은 사회적 부패이다. 그 원인은 물론 돈과 권력이다

삶은 그만큼 혹독한 현실로 가득하다. 다만 좋은 사회에서는 그것을 그렇게 크게 생각할 필요가 없을 것이다.

다른 과제들이 없다는 것은 아니지만, 이러한 것들을 생각해보는 것은 인문과학이 할 수 있는 일의 하나라고 할 수 있다. 그러나 이것을 지나치게 이론적으로 접근하여 말하는 것도 지루한 되풀이가 될 듯하여, 여기 발표에서는 구체적인 작품을 골라 이 주제에 대한 암시를 얻어 볼까 한다. 인문과학 또는 인문학은, 그리고 특히 문학은, 자연 과학이나 사회과학과는 달리, 이론적 추구를 견지하면서도 구체적인 사례에 대한 관심을 버리지 않는 것을 그 특징으로 한다.

예술 작품은 사실이나 사건의 재현이면서, 이것을 일정한 인과관계, 동기관계, 또는 형상적 상호관계 속에 배치한 구상력의 산물이다. 작품을 논한다는 것은 불가피하게 작품이라는 구체적인 사실을 두고 그것에 대한 보다 추상적이고 개념적인 분석을 시도하는 일이다. 작품을 읽지 않는 경우, 그에 대한 논의는 더욱 추상적인 것으로 들릴지 모른다. 이 점을 이해하여 주시기 바란다.

여기에서 생각해보고자 하는 것은 로버트 볼트(Robert

Bolt, 1928~1995)의 『모든 계절의 사람(A Man for All Seasons)』이다. 이것은 1957년 BBC 라디오의 라디오 각본으로 쓰였다가 TV 각본이 되고, 1960년에 런던에서 처음으로 연극으로 공연되었다. 그 후에 영화도 되어 많은 상을 받았고 우리나라에서도 연극으로 공연된 바 있다. (우리나라에서의 제목은 「사계절의 사나이」였다. "사나이"는 주인공의 나이 그리고 주제의 심각성을 생각할 때, 어울리지 않는 것 같아, 번역의 제목을 바꾸어 보았다.)

3. 연극의 주제

주제를 한마디로 요약하는 것은 또 다시 추상화의 잘못을 저지르는 것이지만, 이 작품의 주제는 양심이란 무엇인가, 양심적으로 산다는 것은 무엇인가라고 할 수 있다. 양심이라는 말은, 우리 사회에서도, 주로 김대중 대통령의 구호적인 표현, '행동하는 양심'이란 말 때문에도 그렇다고 하겠지만, 우리의 상황을 이해하는 데에 중요한 말이라고 할 수 있다. 볼트의 작품은 이 말을 깊이 있게 이해하는 데에 도움을 준다고 할 수 있다.

이야기로서 이 작품의 주제가 되는 것은 16세기 영국의 문인, 종교가, 법률가, 정치인 토마스 모어(1478~1535)의 삶에서 그의 높은 정치적 사회적 지위에도 불구하고 헨리 8세에 의하여 처형되기까지의 사연이다. 모어는 법률가였던 아버지의 아들로 태어나 자신도 법률가가 되어 결국 우리 식으로 말하면, 검찰총장, 대법원장, 그리고 귀족원의장을 겸하는 자리라고 할 수 있는 Lord Chancellor가 된다. (연극에 나와 있는 그 자신의 설명으로는 그가 이 자리를 맡게 된 것은 그 스스로 원해서라기보다는 왕의 강권으로 인한 것이다. 그리고, 그의 다른 설명으로는, 적절하지 못한 사람이 그 자리를 맡게 되는 것을 피하기 위하여도 직책을 맡았다고 한다.)

모어는 당시의 기준으로 학문이 깊어 르네상스 인문주의자로 꼽히면서 동시에 신앙심이 깊어 금욕적인 삶을 실천한 사람이다. 그는 한때 수도승이 될 생각을 했으며, 그것을 포기한 후에도 귀족의 복장이나 관복 아래에 중세적 고행의 표적이었던 말총 셔츠를 입어 그 고통을 견디고 스스로의 몸에 대한 채찍질을 수행하였다. 그리고 당대의 관행이었던 뇌물을 일절 사절하였다. 뇌물로 가져온 은잔을 구직을 원하는 한 방문객에게 쉽게 주어버린 사건은 연극에서도 중요한 모티프로 나온다. 그가 직을 그만둔 후 가난에 시달리면서, 소찬을 먹고, 마른 풀을 모아다 난방을 하는 것과 같은 일도 그의 금욕적인 삶을 보여주는 사례들이다.

그러나 그가 일방적으로 엄격한 사람인 것은 아니다. 연극의 제목 「모든 계절의 사람」이라는 말은 다면적인 인간이면서 동시에 한결같음을 지키는 인간이라는 사실을 가리키는 것으로 생각된다. 동시대인 로버트 휘팅턴의 표현으로, 그는 겸손하고 엄숙한 사람이면서, 부드럽고 농담도 잘하고 삶을 즐기는 사람이었다는 뜻이다. 그러나 그의 인격적 핵심이 정신적 강직함에 있었던 것은 틀림이 없다. 주자의 용어를 빌려서 말하면, 주일무적수작만변(主一無適酬酌萬變)의 인간, 사정에 적응하여 변화하면서도 한결같은 인간이지만, 조금 더 부드럽고 겸허한 사람이라고 할 수 있다.

양심의 문제가 크게 부각되는 것은 헨리 8세의 왕비 책봉에 관계된 시비로 인한 것이다. 헨리는 처음에 아라곤의 왕녀 캐서린과 결혼하였으나, 그녀의 시녀 직을 가지고 있던 앤 볼레인과 결혼하고자 한다. 헨리의 이유는 왕위를 계승할 아들이 필요하다는 것이지만, 진심이

모어는 다면적인 인간이면서도 한결같은 인간, 겸손하고 엄숙한 사람이면서 부드럽고 농담 잘하고 삶을 즐기는 사람이었다

무엇인지 분명치는 않다. 새 결혼을 위해 그는 캐서린과의 결혼이 무효라는 결정을 법황으로부터 받고자 한다. 돌아간 그의 형의 미망인, 형수와 결혼한 것은 합법적인 결혼이 아니라는 이유이다. 그러나 그는 법황의 재가를 받아내지 못한다. 이에 따라, 그는 영국교회의 로마로부터의 독립을 선언하고 자신이 영국 교회의 수장이라는 것을 선언한다.

이와 함께, 많은 중신들에게 이것을 지지하는 선서문에 서명할 것을 요구한다. Lord Chancellor의 자리에 있던 모어는 서명을 거부한다. 그러나 서명을 거부한다고 해서 그가 왕의 결정을 정면으로 반대하는 것은 아니다. 그것은 그의 내심의 생각일 뿐이다. 그는 그의 반대에 그 나름의 정당한 논거가 있다고 생각한다. 그 논거는 기독교의 교회 질서 그리고 그것을 뒷받침하고 있는 정신적 권위가 세속 권력의 위에 있다는 생각이다. 그 생각을 지키는 것은 그의 양심을 지키는 일이다. 물론 그는 이러한 주장을 처음부터 입 밖에 내어 주장하기보다는 단지 서명을 거부할 뿐이다. 그러나 그의 반대의 심각성은 외면으로부터도 느껴질 수 있는 것이다. 그의 서명 거부 그리고 암묵 속에 시사되는 그의 생각을 왕과 신하들은 받아들일 수 없다.

그러나 왕의 재혼 반대와 서명 거부에도 불구하고 그 이유를 분명하게 말하지 않는 한, 법적으로 잘못을 저지른 것이 아니라는 것이 그의 생각이다. 현실을 움직이는 것이 그러한 이론적 판별이 아니라고 할 때, 사실 지금의 관점에서도 그의 주장은 궤변에 가까운 것으로 돌릴 수 있다. 우리가 그렇게 느끼는 것은 당대의 보다 타협적인 인물들과 마찬가지로, 그의 순수성 또는 엄밀한 판별력으로부터 멀리 떠난 세계에 살고 있기 때문일 수도 있다. 여기에서 볼트의 연극을 되돌아보는 것은 이 점을 되돌아보는 일이다.

4. 마키아벨리즘 / 작은 사실 속의 큰 주제

연극은 물론 모어를 정신적 영웅으로 내세우는 것이라고 할 수 있으나 그 장점은 말하자면, 모어의 양심의 행동과 그 상황적 환경—이론 또는 현실적 환경을 병치하여 그려낸다는 것이다.

연극의 첫 시작은 모어와 그의 친지라고 할 수도 있고 단순히 젊은 방문객이라고 할 수도 있는 리처드 리치의 대화로 시작한다. 대화는 추상적인 주제를 두고 두 사람이 주고받는 토의이다. 연극의 서두에서 대화는 이미 시작되어 있는 것인데, 관객이 듣게 되는 리처드의 첫 발언은 "사람은 누구나 부르는 가격이 있지요"라는 말이다. 돈, 지위, 여자, 토지와 건물 등이 가격이다. 사람은 누구라도 이러한 것으로 매수될 수 있다는 말이다. 아니면, 처음에 고통을 준 다음, 그것으로부터의 해방을 약속하는 것이 대가가 될 수도 있다. 그러니까 "고통을 주고도 사람을 살 수 있는" 것이다. 이 말을 듣고, 모어는 "누가 자네에게 마키아벨리를 읽게 했나?" 하고 묻는다. 그것은 나중에 모어를 사형에 처하는 데에 중요한 역할을 하고, 여러 정략적 사고에 뛰어난 것으로 그려지는 토마스 크롬웰이 추천한 것이다. 마키아벨리를 악랄한 법술(法術)의 정략가로만 보는 것이 옳은가는 더 따져보아야 하겠지만, 리치가 말하는 바와 같은 이해의 법술이 많은 사회에서 삶의 지배적인 숨은 문화를 이루고 있는 것은 부정할 수 없다.

이 연극에서 리치는 주로 세속적인 입신양명(立身揚名)을 원하는 인물로 그려져 있다. 결국 그는 높은 지위에 올라간다. 그는 자주 모어를 찾아오지만, 그것은 그를 통하여 직장을 구하고자 하기 때문이다. 나중에 그는 모어를 재판에 회부하고자 하는 사람들을 위하여 그에 대한 정보를 수집하는 일을 하고, 재판에서는 모어에게 사형 판결이 내려지게 하는 데 자료가 되는 위증을 한다.

여기의 주제는 이 연극에 대한 비평적 분석을 시도하려는 것이 아니지만, 이 첫 부분에서는 약간 자세한 설명을 하여 인문학 또는 인간학의 테두리에서 예술과 문학이 무엇을 하는 것인가를 생각해보기로 한다. 추상적 이론에 대하여 연극을 포함하여 서사적 문학의 이점은 간단하게 이론으로 말할 수 있는 주제를 구체적인 상황을 통하여 보여 주는 것이다. 그러면서 추상적인 주제를 잊지는 않는다. 그리하여 이 추상화될 수 있는 주제는 인간적 현실 속에서 여러 가지로 검토될 수 있는 기회를 얻게 된다. 이런 체험적 테스트는 주제의 전개, 인물 묘사에도 나오지만, 하나하나의 묘사에도 스며들게 된다. 여기서 잠깐 샛길에 들어 살피고자 하는 것은 이 연극의 첫 부분의 작은 묘사가 드러내는 그러한 세부 사항이다.

문학은 이론으로 말할 수 있는 주제를 구체적 상황을 통해 보여준다. 그러면서 추상적인 주제를 잊지 않는다

연극의 첫 부분은 간단하면서도 여러 사람들의 현실에 대한 감각과 태도를 암시적으로 보여준다. 이 연극에는 한 사람의 설화자 그리고 해설자가 있는데, 그 이름은 영어로는 The Common Man으로서 "보통사람" 또는 "서민"이고 주로 이야기의 맥락을 설명해주면서, 하인, 높은 집안의 집사, 배심원 등의 역할을 한다. 그는 심부름도 하고 팁도 받고 하면서 주로 자신의 본래의 성질을 죽이고, 살아가는 일에 관심을 두고 있는 평범한 사람이다. 정치나 세상에 대한 큰 의견은 없다. 또는 그 표현을 삼간다. 그것이 그에게 주어진 훈련이고 그의 삶의 전략이다. 첫 부분에 나오는 그의 말로는, 그런 의견을 말하려면, '화려한 의상'을 입고 '수놓은' 입으로 말해야 한다. 그러면서도 그는 자신의 시대, 16세기가 '서민의 세기'란 것을 안다. 사실 여기에 보태어 모든 세기는 서민의 세기라는 말도 나온다. (사실 어떤 체제도 국민의 지지 없이 오래갈 수가 없다는 것은 맞는 말이다.)

"보통사람"이 군소리를 뇌까리는 사이에 주인공들이 위에 말한 추상적 토론을 벌이는 장면이 나온다. "서민"은 토마스 모어 경에게 포도주를 가져온다. 모어가 좋은 포도주인가 물어본다. 그는 "축복받으소서, 저는 모릅니다"라고 말한다. 축복받으라는 것은 그렇게 물어주시니

감사하다는 뜻일 것이고, 물론 마셔보지 않았으니 포도
주가 맛이 있는가 없는가는 알 수 없는 일이다. 그보다
중요한 것은, 포도주를 주인 앞에서 평가하는 것은 아랫
사람으로서 건방진 일이 된다는 것이다. 그러나 모어가
이러한 것을 물어본 것은 그가 하인까지도 인간으로서
대하는 사람이라는 사실을 나타내는 것이다. 다른 한 가
지, 그 물음은 모어가 포도주의 좋고 나쁨─범상한 삶
의 기쁨을 알고 사는 사람이라는 것을 보여주는 것이다.

신분이 낮은 하인
도 인간으로서 대
하는 사람이면서
범상한 삶의 기쁨
을 알고 사는 사람

이 첫 부분은 이 서민 집사와 리치의 관계에서도─사
람의 관계가 잠깐의 마주침에서도 그러하듯이─복잡한
감정이 개입된다는 것을 보여준다. 집사에 대한 리치의
인사도 다른 이야기를 하다가 우발적으로 하는 말이 되
어 있고, 집사도, 저자가 무대 지침(stage direction)으로
말하고 있듯이, "경멸적으로" 그리고 "무시하는 태도
로" 답례하는 것으로 되어 있다. 그것은 리치의 사회 신
분이 아직은 높지 않은 까닭으로 그러는 것일 수도 있
고(그가 자주 마주치게 되는 그러한 대접이 그로 하여금 한사
코 사회적 신분 상승을 추구하게 하는 것이라고 할 수도 있다),
리치의 집사를 대하는 태도가 신중하지 못하기에, 집사
가 그에 대한 보복으로 그렇게 건방지게 구는 것일 수
도 있다.

5. 양심의 현실 시험

이러한 것들은 인간 체험의 현실을 재현하는 연극이기 때문에 보여줄 수 있는 일들이다. 그러나 다시 조금 더 심각한 차원으로 돌아가, 앞에서 마키아벨리즘을 거론했지만, 그것은 조금 더 중요한 상황 판단에도 작용하는 것일 수 있다. 모어는 추기경 울시의 부름을 받아 그를 방문하는데, 거기에서 주고받는 말 가운데, 울시의 발언에는, 비록 이름이 나오는 것은 아니지만, 마키아벨리의 정치사상이 표출된다고 할 수 있다.

울시의 물음에 답하여 모어는 법황으로부터 캐서린 왕비와 결혼 무효의 허가를 받기가 어려울 것이라고 말한다. 이에 대하여 울시는 모어가 "도덕적 사시(斜視)"로 인하여 정치인으로서의 신분을 망각하고 사태를 바르게 보지 못한다고 말한다. 왕이 원하는 것은 아들을 얻는 것이다. 지금의 왕은 헨리 7세에 이어 튜더(Tudor)가로는 2대 째의 왕일 뿐이다. 왕위를 계승할 아들이 없다면, 튜더 왕조는 끝이 나고 모어 자신도 그렇게 원하고 있는 평화가 나라에서 사라지게 될 것이다. 많은 사람들이 느끼고 있듯이, 교회에는 개혁하여야 할 것이 많다. 그러나 가장 중요한 것은 왕세자를 얻는 것이다. 모어는 지금 오로지 "개인의 양심"으로 이 모든 문제에 대한 대책을 가로막으려 한다.

울시는 이러한 사정을 설명하면서 모어로 하여금 마음을 바꾸게 하려 한다. 이에 대하여 모어는 답한다. "정치를 맡은 사람이 공적인 의무를 위하여 자신의 개인적 양심을 버린다면, 나라를 급하게 혼돈에 빠지게 하는 것이 된다." 그리고 그때는 "기도하는 도리밖에 없게 된다." 울시는 기도로 나라를 다스릴 수는 없다고 말한다. 그리고 자기를 이을 사람들의 이름을 열거한다. 그러면서 모어의 이름도 말한다. 그러자 모어는 그들이 울시를 계승한다면, 자기 자신이 일을 맡는 것이 낫겠다고 한다. 연극의 다른 곳에서도 모어는 울시가 말하는 바 그 관직을 맡을 생각이 없다고 한다. 그러나 동시에 그는 공익을 위하여 다른 좋은 방법이 없다면, 그 의무를 떠맡을 수밖에 없다는 것을 인정하는 것이다. 울시의 마지막 말은, "지상의 현실로 내려오라"는 것이다. 모어는 지상의 현실로 내려오고, 그 안에서 그의 양심을 시험하게 된다.

비슷한 역사와 인간 현실의 딜레마는 이 연극에서 울시와의 대화 다음에 나오는 왕과의 대면에서도 다시 확인된다. 그것은 동시에 울시의 경우보다는 더 섬세한 인간적 호소를 담은 것이라고 할 수 있다. 모어의 현실 시험은 인정(人情)에 의한 테스트를 포함한다.

울시가 사망한 다음 그 후계자가 된 모어를 왕이 찾아 온다. 이때 왕과 모어 사이에 정치와 양심의 문제에 관한 논의가 다시 한 번 전개된다. 논의의 요지는 울시와 모어의 논의와 큰 차이가 없다. 왕이 왕비의 혼인의 문제에 대하여 자기편에 서줄 것을 호소하자, 모어는 그 문제에 관하여 자신의 입장의 변경을 요구하지 않는다는 조건하에서 Chancellor의 직책에 취임할 것에 동의한 것이라는 사실을 상기시키고, 자기의 팔을 칼로 끊어낼 망정, 자신은 "분명한 양심"으로 사는 것을 택한다고 말한다. 이에 대하여 왕은 울시와 마찬가지로, "당신의 양심은 당신 개인의 문제이고, 당신은 나의 Chancellor 이다"라고 말하면서, 왕의 신하로서, 국가적 직책을 맡은 공인으로서, 자신의 의무를 다할 것을 촉구한다. 그리고 일종의 협박으로 신하로서의 불복종을 허용할 수 없다고 한다. 달리 말하면, 이 모든 것이 권력의 질서로 뒷받침되어 있음을 다시 생각하게 하는 것이다.

그러면서 왕의 호소는 동시에 여러 면에서 되풀이된다. 그는 성서의 「레위기」를 인용하여 형제의 아내의 나체를 보는 것이 불륜이라는 것을 말한다. 캐서린과 혼인한 것은 자신이 죄를 진 것이기는 하지만, 결혼은 마땅히 무효가 되어야 한다고 말한다. 모어는 이에 대한 반론으로 다른 내용의 말이 나오는 「신명기(申命記)」를 언급한다. 왕은 다시 모어의 동의가 필요한 것은 그가 "정직한 사람"이기 때문에, 또는 더 정확히는 "정직한 사람으로 알려져 있기" 때문이라고 말한다. 혼인 무효의 건을 추진해야 하는 것은 그의 왕으로서의 의무이다. 조정에는 왕이 왕이기 때문에 그의 말을 따르는 사람이 있고, 자칼(jackal)처럼 제 욕심을 위하여 사자인 왕을 따르는 사람이 있다. 그러나 필요한 것은 모어와 같은 진정한 심성을 가진 인간의 지원이다. 모어는 자기는 왕의 의도에 반대하면서도 왕을 "존경"한다고 말한다. 이에 대하여 왕은 그러한 "존경"은 그에게 "사막의 물"처럼 존귀하다고 말한다. 그만큼 정치판은 순수하지 못한 타산의 세계이다.

왕은 모어와 논의를 전개하면서 또 다른 인간적 호소를 한다. 그는 왕의 권력이나 의무를 말하고 성경을 논하다가 음악에 관한 이야기를 한다. 그는 무대에 등장하면서 음악과 학문을 즐기고 사냥이나 선유(船遊)와 같은 야외 활동을 즐기는 사람이라는 것을 보여준다. 모어의 딸과 라틴어로 말을 주고받는 것은 그가 호학지사(好學之士)라는 것을 보여주는 것이다. (모어는 딸 마가레트의 교육에 정성을 들였다. 이것이 모범이 되어, 영국에서 남성과 같은 수준의 여성 교육이 일반화되기 시작하였다고 말하여진다.) 그리고 그가 원하는 것은 모어의 정원과 같은 곳에서 한가하게 삶을 보내는 것이라고도 말하기도 한다. 그는 왕으로서의 의무를 말하고, 모어에 대하여 권력의 강제력을 행사할 수도 있다는 것을 암시하는 한편으로, 이론적 논의, 도덕과 윤리의 삶, 인문적 지식 또는 기예(技藝)의 향유, 오락, 평상적인 삶 등에 대한 향수를 통하여 모어의 동의를 끌어내고자 하지만, 그것은 모어의 양심에 부딪쳐 아무런 효과도 얻지를 못한다.

울시와 모어의 대화에서 드러나는 울시의 태도에는, 왕의 낚시 사냥 취미를 말하면서, "진흙에서 노는 것을" 좋아한다고 할 때처럼, 다분히 냉소적인 태도가 들어 있다고 할 수 있고, 대체로 그 말씨 등에는 세상사가 순수한 도덕으로는 접근할 수 없다는 냉소적 또는 비극적 입장이 들어 있다고 할 수 있다. 그러나 그의 말의 핵심은 궁극적으로 정치의 안정과 국가의 평화라는 점이다. 이것을 위하여서는 어느 정도의 냉소주의와 비극적 인식이 불가피한 것이다. 왕과 모어의 대면에서 중심이 되는 것도, 심리적 동기의 착잡함에 관계없이, 왕의 현실주의와 모어의 양심이다.

마키아벨리즘은 현실의 냉혹함이 불가피하게 하는 정치의 필요이다. 정치 공간에서의 행동은 현실주의를 요구한다. 그러나 양심을 버리는 것은 개인의 문제이면서 동시에 모어가 말하는 것처럼, 국가를 혼란에 빠지게 하는 결과를 가져올 것이라는 인식도 틀린 것은 아니다. 역사적으로 보아도 이 두 선택 가운데 어느 것을 옳은 것이라고 해야 할지는 분명치 않다. 이것은 역사를 단기적으로 보느냐 또는 장기적으로 보느냐에 따라서 다를 수 있다. 또 참다운 인간적 사회의 형성에 무엇이 중요한 것이라고 생각하느냐에 따라서 다르다고 할 것이다. (거기에다 개인의 삶에서 어떤 선택이 참으로 뜻있는 것인가 하는 물음에 대한 답에 따라서 선택이 달라질 것이다. 그리고 이 개인적 선택은 결국 시간적 공간적으로 집단의 삶의 구성에 중요한 의미를 갖는다.)

이 모든 관점이 성립하고 그 관점에 따라서 다른 판단이 가능하다고 하더라도, 그리고 길게 보아 양심의 중요성을 인정한다고 하더라도, 기도로써 나라를 다스릴

수 있겠는가 하는 울시의 물음은 반드시 의미가 없는
것이 아니다. 정치적 책임과─그것도 다른 관점에서의
양심의 문제라고 할 수 있다─개인적 양심 간에 일어날
수 있는 모순은 피할 수 없는 삶의 변증법의 한 계기이
다. (현실을 충분히 고려하는 양심의 원리를 베버는, '확신의 윤
리'에 대하여 '책임의 윤리'라고 하였다.)

6. 현실 역사의 진행 : 양심과 현실 정치의 변증법

16세기 영국의 역사의 테두리 안에서 볼 때, 결국 왕
의 결혼 또는 득남을 두고 일어난 정치투쟁 그리고 로
마 교회와 갈등에서 승리하는 것은 헨리 8세이다. 그리
고 그것은 중요한 사회적 국가적 의미를 갖는다. 그것을
계기로 영국 교회는 로마 교회에서 독립하고, 이것은 현
재까지도 지속되는 영국 사회의 기본 제도가 된다. 헨리
8세 사망 후 100년 후 가톨릭교회에 대한 충성과는 다른
방향에서의 올리버 크롬웰의 공화정으로 대표되는, 로
마 종교개혁 그리고 사회 정치 제도 혁명이 있었지만, 헨
리 8세의 영국 교회는, 그의 동기가 어디에서 나온 것이
든지 간에, 영국에 있어서 기독교의 지속적인 제도적 표

현이 된다. 그리고 그것은 중용과 타협을 기조로 하는 전형적인 영국 사회와 정의의 원형이 된다고 할 수 있다.

정치를 떠나서 보아도, 모어의 양심은 극히 비현실적이라고 하지 않을 수 없다. 그리고 그의 판단은 양심과 현실—두 가지의 선택에 대한 잘못된 인식에서 나온, 자기변호를 위한 사고의 오류에서 나온 것이라는 해석이 가능하다. 모어의 판단은 현실 정치에 맞아 들어가지 않는다는 의미에서도 잘못되었다고 할 수 있지만, 양심을 따라 살겠다고 하면서 사실적으로 그에 맞지 않는 왕과 의회의 결정에 따르겠다는 것은, 양심이나 현실 어느 쪽에 대하여서도 책임을 지지 않으려는 행동으로 볼 수 있고, 그러니 만큼 적어도 반드시 정직한 태도가 아니라고 할 수 있다. 캐서린과의 결혼 무효를 추구하는 정책에 있어서 의견을 달리하면서 승복하고, 또 법령으로 제정된 새로운 왕비 앤 볼레인의 자식이 왕위를 계승한다는 것과 왕이 영국 교회의 수장이라는 점을 받아들이겠다고 하면서, 이 모든 점을 규정하는 법령에 서명 또는 그에 따른 선서를 거부하겠다는 것이 그의 태도인 것이다.

그러면서, 서명 거부에 대한 이유를 밝히지 않는 한

벌을 할 수 없다는 것이 그의 소신이다. (캐서린의 결혼 무효가 가능한 것이 아니라는 것은 왕에게—왕에게만 직접 개진한 의견이다.) 그는 "침묵"에 근거하여 사람을 재판할 수 없고, "사람의 마음 깊이"에 있는 것으로 증거를 삼을 수 없다고 주장한다. 그러나 이것은, 어떻게 하여서든지 간에, 사회적 정치적 현실이 된다는 관점에서 볼 때, 또 그 자신 그것을 모르는 것은 아니라고 할 때, 그의 선서 거부의 정당성 옹호는 궤변이라고 하지 않을 수 없다. (이것은 모어 자신의 잘못이 아니라 볼트의 해석의 잘못으로 부각되는 것일 수 있다. 이 점을 해명하는 데에는 모어와 그의 시대에 대한 정확한 사실적 연구가 필요할 것이다.)

7. 양심의 실존적 의미와 인간적 의미

이렇게 말할 수는 있지만, 다른 한편으로 모어의 양심의 행위가 반드시 현실적으로도 무의미한 것이라고 할 수는 없다. 헨리 8세의 시대는 험악한 시대였다. 조정의 형편만 보아도, 볼트의 연극에 나오는 인물 중, 모어가 처형되는 것은 물론 울시는 처형되기 직전에 사망하고, 그를 계승한 정략가 크롬웰도 처형된다. 헨리가 결

혼한 왕비는 여섯인데, 그중 둘은 이혼하고 둘은 처형되고 하나는 죽고 한 사람만이 살아남는다.[1]

금전의 위력은 위에서 언급한 볼트의 연극의 서두의 논의에 나오는 것인데, 거기에서 리치가 말하는 바, 호가(呼價)하는 적절한 값을 지불하면 되지 않는 일이 없다는 견해는 통속적 마카아벨리즘 시대 정신을 나타낸다고 할 수 있다. 편재하는 돈의 힘은 연극 서사의 큰 항목이 되는 것은 아니지만 여러 작은 암시에서 볼 수 있다. 리치는 이 극에 나오는 인물로서 거의 유일하게 오랫동안 출세가도를 달리고 치부에 성공하는 사람이다. 이에 더하여, 헨리 8세의 치세는, 역사의 TV 대중 풍자 역사물 「가공할 역사(Horrible histories)」에 포함될 만한 가공할 시대라고 할 수 있고, 또 모어가 말하는 것처럼, 정신적 혼돈의 시대라고 할 수도 있을 것이다.

궁극적인 역사의 향방이 어떻든지 간에 이 가공할 시대를 어떻게 살아야 하는가? 가공할 만한 일들에 당하여 취할 수 있는 것은 자기 희생을 각오하고 양심을 천명하는 방법밖에 없다고도 할 수 있다. 이것은 그러한

---

1 헨리의 혼인 관계가 하도 복잡하여, 그것을 외우기 위한 말로 "divorced, beheaded, died, divorced, beheaded, survived"라는 연쇄 단어들이 있고, "King Henry the Eighth,/To six wives he was wedded./One died, on survived,/Two divorced,/two beheaded"라는 운율도 있다.

양심이 개인적 실존의 차원에서 가질 수 있는 의미를 말한 것이다. 그것은 깊은 인간적 호소력을 가진 것이면서도 삶의 비극성을 증언하는 것이다. 그러나 인간 역사에 발전이 있다고 한다면, 이 비극성을 인정하면서도, 그것을 넘어갈 수 있는 현실 제도를 향하여 나아가는 것을 발전이라고 할 것이다.

거기에서 비극적 양심의 증언은 중요한 의미를 갖는다. 그것은 실존적 강박에서 나오는 것이면서, 그것을 넘어가는 보편적 의미와 현실적 의미를 갖는다. 모어의 양심의 행위는 도덕적, 윤리적 존재로서의 인간에 대한 증언이다. 그것은 변할 수 없는 인간에 대한 진실의 하나이다. 그러니 만큼 그것은 참으로 장기적인 인간의 역사에서 지극히 현실적인 의미를 가질 수 있다. 모어의 양심의 행위는, 적어도 상징적의 차원에서, 양심의 자유 그리고 그것을 허용하면서도 유지될 수 있는 법치의 제도에 대한 초석의 하나가 되었다고 할 수 있다. 그가 주장하는 것처럼, 법이 마음속의 생각을 처벌의 대상으로 삼을 수 없다는 것은 현대 민주주의에 와서 당연한 기준이 된다.

모어가 주장한, 법이 마음속의 생각을 처벌의 대상으로 삼을 수 없다는 것은 현재 민주주의에 와서 당연한 기준이 되었다

8. 자아의 근본으로서의 양심
그리고 여러 가지의 양심

양심은 무엇인가? 그것은 개인에게 무엇을 의미하며, 사회적으로 무엇을 의미하는가? 양심은 각자의 마음에 존재한다. 그것은 다른 사람이 헤아릴 수 없는 것이다. 그렇다면 그것은 사회적으로 의미가 없을 뿐만 아니라 갈등의 원인이 될 수 있다. 사람마다 다를 수 있는 것이 양심이라는 것인데, 그 다른 양심에 따라 행동한다면, 사회는 혼란에 빠질 수밖에 없을 것이다. 또는 더 나아가 양심과 양심이 부딪혀 일어나게 되는 전투장이 될 것이다. 볼트도 이러한 문제점을 의식하지 않는 것은 아니라고 할 수 있다. 그는 이 연극에서 그가 말하는 양심을 정의하고자 한다.

모어가 정식 재판을 받기 전에, 왕의 주무대신인 토마스 크롬엘은 Lord Chancellor의 직책을 그만두고 어려운 삶을 살고 있던 모어를 소환하여 당대의 긴급한 문제들, 영국 교회의 수장으로서의 왕의 위치, 왕의 새 왕비 앤 볼레인과의 결혼 등에 대한 그의 견해를 확인하려 한다. 이것은 이미 의회에서도 동의하고 대학들과

성직자들에게도 통고되고 국론 전체가 받아들이고 있는 것이다. 그는 이렇게 세론의 흐름을 말한 다음에 다른 맥락에서 그가 왕의 결혼을 반대하고 불길한 예언을 되풀이하다가 처형된 수녀 엘리자베스 바튼과 편지 교환이 있었다는 것으로서 역모(逆謀)의 혐의가 있다는 것을 이야기한다. 그리고 왕이 모어에게 베푼 큰 은혜에도 불구하고 왕의 의사와 반대로 간다는 데 대한 왕의 개인적인 노여움을 전달하여 모어로 하여금 마음을 달리가질 것을 촉구하려 한다. 그러나 그는 이 모든 시도에 실패한다.

이러한 에피소드가 있은 다음, 크롬웰이 리치에게 그의 심정을 토로하는 장면이 있다. 그는 왕도 "양심의 인간"이다. 그러니 만큼 다른 종류의 양심을 말하는 모어를 처치할 수밖에 없다고 말한다. "왕이 어떤 사람을 죽인다면, 그것은 왕에게는 그 자가 나쁜 사람이고, 양심의 인간으로서의 왕에게 처치할 '의무'를 주는 그러한 사람이었기 때문이다…." 그리고 크롬웰과 같은 신하의 책무는 왕이 나타내고 있는 양심을 지켜드리는 일이다. 이렇게 말하면서, 리치가 이러한 자기의 말뜻을 잘 알아듣지 못하는 것은 그가 "양심의 인간이 아니기 때문"이라고 한다.

이러한 크롬웰의 말은 양심에 두 개의 다른 것이 있다는 것, 그리고 그 두 양심이 공존할 수 없다는 것을 말하는 것이다. 그리고 양심의 독재적 성격을 말하는 것이다. 물론 이것은 거꾸로 독재적 의지가 자기 정당성의 근거로서 양심을 내세우는 것으로 해석할 수도 있다. 동시에 주목할 수 있는 흥미 있는 사실이 있다. 그것은, 리치의 경우에서 보듯이, 삶을 이해관계에서 접근할 때, 오히려 삶 일반에서 자기 정당성에 근거한 무자비한 잔인성, 무자비함이 줄어든다는 기이한 현실이다. 양심의 정치야말로 가장 잔인한 정치가 될 수도 있는 것이다.

(일반적인 생각과는 달리) 삶을 이해관계에서 접근할 때, 오히려 삶 일반에서 '자기 정당성에 근거한 무자비한 잔인성'이 줄어든다

양심에는 이에 비슷하면서도 반드시 정치적 수단에 결부되지 않는 양심이 있을 수 있다. 즉 그것은 지식인의 원칙에서 나오는 원칙으로서의 양심이다. 이것을 대표하는 것은 모어의 사위 윌리엄 로퍼이다. 그는 그의 소신을 위하여 모든 것에 도전하고 모든 것을 무릅쓸 용의가 있는 사람으로 자처한다. 볼트는 이러한 양심, 지적 소신을 냉소적으로 본다.

모어의 사위 로퍼는 모어의 집안보다는 더 유서가 깊은 집안의 출신이다. (연극의 대사에 따르면, 모어 집안이 양

은[洋銀] 그릇 장사를 할 때, 이미 변호사 직업을 가지고 있던 집안이다.) 처음에 로퍼가 등장할 때, 그는 모어의 딸과의 결혼 허가를 받고자 한다. 그러나 모어는 이것을 허가하지 않는다. 그것은 집안 배경과 같은 것 때문이 아니라 그가 영국 교회의 급진적 혁신을 바라는 열렬한 루터주의자이기 때문이다. 두 번째 그가 무대에 등장할 때, 그의 입장은 조금 바뀌어있다. 이제는 교회의 부패를 내부로부터 개혁하는 것이 보다 나은 방법이라고 생각한다. 그러면서 그는 모어에게 자신이 의회의 의원이 되라는 제안을 받았다고 하면서, 그것에 대하여 모어의 의견을 듣고자 한다. 그런데 모어의 딸 마가레트로부터 시간이 너무 늦었으니 나중에 모어를 만나는 것이 좋겠다는 말을 듣는다. 그와 같이 늦은 시간은 "불편한" 시간이라고 하면서 만류하는 말을 듣는 것이다. 그는 "불편"이라는 말을 듣고 말한다. "나는 불편한 양심(a man of inconvenient conscience)의 인간"이라는 것이다. 그것은 시간의 불편함도 상관하지 않지만, 그다음의 설명에 의하면, 자신은 그때그때의 편의에 맞추어 사는 사람, 이해관계와의 타협을 너무나 쉽게 하는 사람과는 철저하게 구분되어야 하는 소신의 인간이라고 한다.

＇불편한 양심의 인간＇

그는 모어와 교회의 문제를 논하면서, 한편으로 교회

는 개혁되어야 하고 다른 한편으로 제도로서의 교회는 수호되어야 하지만, 그 제도 자체를 파괴하려는 조신(朝臣)들은 철저하게 없어져야 한다고 말한다. 모어는 가부를 말하지 않고, 조정에서의 자신의 위치를 생각하여 말을 조심하라고 종용한다. 이에 대하여, 로퍼는 모어가 조정에 들어가서 사람이 바뀌고, "편의"에 타협하며, 아부하는 것도 꺼려하지 않는 사람이 되었다고 말한다. 그리고 그는 모어의 입장이 자신을 위한 궤변으로 가득하다고 평한다.

모어는 로퍼의 소신을 전체적으로 심각하게 받아들이지 않는다. 그것은 자신의 딸을 매혹하는 수단일 수는 있다. 그가 내세우고 있는 것은 "원칙들(principles)"이다. 그것은 항해의 지침이 된다. 그것은 시류와 더불어 움직이고, 비바람이 심하면, 닻을 내리고 적절한 천후를 기다리는 데에 의지할 수 있는 방편이 되기도 한다. 다른 장면에서 모어는 로퍼가 이 년 전에는 열렬한 교회 옹호자이었는데, 그 사이에 열렬한 루터주의자가 되었지 않았느냐고 한다. 또 다른 장면에서 로퍼는 교회 내에서 개혁주의자가 되어있다. 모어는 말한다. "나는 자네에게 내 목숨을 맡길 수는 있지만, 그 '원칙들'은 신뢰할 수 없네."

결국 이것은, 믿을 수 있는 것은 사람됨이고 머리로 생각하는 원칙이나 원리가 아니라는 말일 것이다. 그렇다면, 양심을 믿을 수 없다면 세계는 무엇에 의지하여야 하는가? 모어에게 의지할 수 있는 것은 자기의 소신이나 직선적인 판단이 아니라 법이다. 즉 사회 공간 내에서의 사람 사이의 관계를 규정해야 하는 것은 법인 것이다.

　로퍼와의 대화 사이에 리처드 리치가 모어의 집에 들른다. 모어가의 사람들은 리치가 정보수집을 위하여 크롬웰의 첩자로 찾아온 것을 안다. 리치는 집사가 스파이라고 암시한다. 이것은 모어도 안다. 그러나 그는 그것을 그대로 놓아둔다. 리치는 자신의 행위가 옳지 않는다는 것을 알고 마음이 착잡한 상태에 있다. 그가 첩자가 된 것은 직장의 문제와 관련된 것이기 때문에, 그는 모어에게 비서로 채용하여 줄 것을 간청한다. 그러나 모어는 그의 사람됨으로—지금까지도 굽힘 없는 도덕적 원칙의 인간이라는 것을 보여주지 않았기 때문에 그럴 수가 없다고 한다. 개인적으로 어려운 사정은 부정한 행위를 불가피하게 한다. 그에 따른 감정적 괴로움이 없지는 않고, 그것을 알아줄 수 없는 것은 아니다. 그러나 분명한 사실은 리치의 방문의 목적이 정보 수집이라는 것이다. 그 자리에 있던 로퍼는 모어에게 그를 당장 체포하여야 한다고 말한다. 그러나 모어는 단지 사람이 "나쁘다(bad)" 하여 그를 체포할 수는 없다고 말한다. 하느님이라면 그것에 대하여 판단할 수 있을는지 모르지만, 자기는 그것을 판단할 자격이 없다. 로퍼는 그것은 궤변이라고 한다. 모어에게 그것은 궤변이 아니라 "단순한" 이치이다. 그것이 자기의 마음을 뒷받침한다.

하느님이 아닌 인간인 '나'는 무엇이 옳고 그른지가 아니라 무엇이 법이 허용하는 것이고 법이 허용하지 않는 것인지를 알 뿐이다

하느님은 무엇이 옳고 그른지를 알 수 있다. 그러나 인간인 자기는 그것을 알지 못한다. 옳은 것, 또는 바른 것(right)이 아니라 법이 허용하는 것(legal), 허용하지 않는 것이 있음을 자신은 알 뿐이다. 인간의 세계에서 옳고 바른 것은 물결처럼 변한다. 그러나 법의 세계는 "빽빽한 숲"과 같다. 자기는 옳고 그름의 물결을 항해하여 가는 방법을 모른다. 그러나 법의 숲에서는, 법률가로서 그는 삼림관리인과 같다. 그는 법의 숲에서 살아남는 방법을 안다. 자신의 경우에 그러한 바와 같이, 모든

법의 테두리 안에서는, 악마도, 법의 보호를 받을 수 있어야 한다

사람은 법의 테두리 안에서는, 악마도, 법의 보호를 받을 수 있어야 한다. 이러한 모어의 주장에 반박하여 로퍼는 악마를 잡기 위해서는 모든 법의 나무를 베어낼

용의가 있다고 말한다. 그에 대하여, 모어는 악마가 너를 잡으려 한다면—법의 나무가 모두 베어져 없어지고 악마의 바람이 불어닥치면, 너는 어디에 숨을 것인가 하고 묻는다.

크롬웰과 왕의 경우, 양심은 독재권력의 명분이다. 로퍼의 경우, 이론에 뿌리박은 양심은 제도와 법을 넘어 악을 바로잡을 수 있는 힘으로—확대하여 말하면, 제도와 법을 바로잡을 수 있는 혁명적 폭력으로 이어질 수 있다. 이러한 가능성을 거부하는 모어에게, 그래도 그가 양심의 인간이라면, 양심은 무엇을 의미하는가?

볼트의 극이 전개하는 상황 속에서 더 구체적인 답을 찾아야겠지만, 일단 그의 견해로 보이는 것을 요약해본다. 그의 관점에서, 양심은 자신을 유지하는 지주(支柱)이다. 양심을 지킨다는 것은 자신을 일관되게 유지한다는 것을 말한다. 그러나 그것이 외면과의 관계에서 일정한 자신의 모습을 보여준다는 것을 말하는 것은 아니다. 핵심은 자신을 위하여 자신의 내면과 외면의 일관성을 유지하는 일이다. 거죽의 모습을 자신의 속 모습과 달리 보이게 하여서는 아니 된다. 간단히 말하면, 여기에서 정직은 이 일관성과 일체성의 가장 중요한 기준이다.

그렇다고 마음속에 있는 것을 그대로 이야기하여야 한다는 것은 아니다. 양심에 어긋나게 행동하는 것은 마음속에 있는 것과 달리 행동하고 말하는 것이다. 그러한 말이나 행동이 요구되었을 때, 옳은 대응은 침묵하는 것이다. 법은 이 침묵의 권한을 인정하여야 한다. 그러나 그렇지 않은 경우가 있고, 그러한 경우 양심의 인간은 스스로를 지키지 않을 수 없는 까닭으로 죽음을 무릅쓸 수 있다.

양심의 인간은, 스스로를 지키지 않을 수 없는 까닭으로 (자신을 위하여 자신의 내면과 외면의 일관성을 유지해야 하기 때문에), 죽음을 무릅쓸 수 있다

당대의 정치 상황과의 관계에서 모어의 심정과 입장을 가장 솔직하게 털어놓는 것은 그의 벗, 노포크 공작과 이야기를 나눌 때이다. 그는 타협을 권하는 노포크에게 답하여 말한다. 지금의 교황이 나쁜 사람인 것은 인정하지만, 교황은 사도 베드로부터 계속된 자리를 물러 받았으며 신의 대리자이다. 그러기 때문에 왕과 교황의 싸움에서 왕의 편을 들 수는 없다. 이에 답하여, 노포크는 근거가 분명치 않은 그러한 이론을 가지고 당신이 가진 모든 것 그리고 나라 자체를 버리려고 하는가 하고 말한다.

모어의 답은 물론 이론일 뿐이다. 그러나 중요한 것은 그가 그 이론을 믿는다는 사실이다. 그리고 더 중요

한 것은 믿는 것이 바로 자기 자신이라는 사실이다. 그러니까 교황이 사도 계보의 승계자라는 것은 이론이고, 이론이라는 것은 그것이 틀린 것일 수도 있다는 것을 인정하는 것이지만, 그는 자기가 그것을 믿기 때문에 달리 행동할 도리가 없다는 것이다. 이것은 단순히 오만한 자기주장처럼 들린다. 그리하여 자기가 믿기 때문에 그것을 진실로 받아들여야 한다면, 다른 사람도 물론 자신의 진실을 믿어야 한다는 것이 되고, 그것은 왕이 자신의 양심을 왕의 강제 권력에 일치 시키는 것에 비슷할 수 있다. 그리하여 모어나 노포크가 그 주장의 "모호함"을 인정하는 것은 자연스럽다.

그러나 모어는 자신의 믿음을 다른 사람에게 강조하지 않으며, 그것으로 다른 믿음에 대결하지도 않는다. 그것은 그가 왕의 권력에 맞설 힘이 없는 까닭일 수 있다. 그러나 그러한 차이가 정치나 법의 문제가 되어서는 아니 되고, 사람의 사회적 정치적 관계는 오로지 법으로만 처리되어야 한다는 것은 그의 진정한 믿음일 것이다. 법은 증거로 제시할 수 있는 행동이나 언어에 의하여서만, 사람을 처벌할 수 있다. 말하지 않는 것, 행하지 않는 것을 다루는 것은 불가능하다. 그리하여 모어는 이 문제에 대하여서는 침묵으로 일관하여 자신을 변호할

모어는 자신의 믿음을 다른 사람에게 강조하지 않으며, 다른 믿음과도 대결하지 않는다

모어의 믿음은 사람의 사회적·정치적 관계는 오로지 법으로만 처리되어야 한다는 것이다

수 있다고 생각하고자 한다. 그리고 물론 왕의 신하로서 왕이 원하는 일을 할 수 없기 때문에, 그는 최고 법관으로서의 그의 직책을 내어놓는다.

9. 양심의 현실 시험

'침묵하는 양심' 그러나 그의 침묵하는 양심에 대한 시험은 공식적으로 그를 찾아온다. 의회는 왕이 교회의 수장(首長)임을 선언한 법을 통과시킨 데 이어, 왕위 계승에 관한 법을 통과시키고, 모든 사람에게 그에 대한 선서를 요구하게 된다. 모어는 왕위를 계승할 왕손을 인정한다는 데 대하여서는 동의할 생각이 있으나, 그 법에 포함된 바, 왕의 그 전 결혼의 무효를 인정하지 않는 법황은 그러한 결정을 내릴 권리를 가지고 있지 않다는 표현을 받아들일 수 없기 때문에 선서를 거부한다. 이 거부는 그의 체포와 처형으로 귀결된다.

모어는 선서하고 목숨을 구하는 것이 옳지 않겠느냐는 권고를 여러 사람—그의 아내, 이제 사위가 된 로퍼, 그의 친구이며 재판관의 역을 맡게 되는 노포크에게서

받는다. 모두가 현실과 타협하라는 것이다. 그러나 그는 권고를 받아들이지 않는다.

모어의 딸 마가레트는 "'하느님은 입으로 표현된 말보다도 마음속에 간직한 생각을 더 높이 생각하신다'고 말해오시지 않았는가"라고 말하면서, 마음은 자신 안에 두고 그 마음과는 다른 내용의 법에 선서를 하면 되지 않겠느냐고 말한다. 그러나 모어는 마음에 있는 것과 말로 하는 것이 서로 다를 수 없다고 대답한다. 선서는, 큰 일이든, 작은 일이든, 하느님에게 말하는 것이다. 그것이 거짓일 수는 없다. 침묵할 수는 있지만, 말을 한다면 그것은 거짓일 수가 없는 것이다. 그리고 그것은 스스로의 일체성을 지키는 일이다. "선서를 한다는 것은, 손에 물을 쥐는 것과 같다. … 손가락을 연다면, (흘러가버린) 자신을 다시는 찾을 수 없을 것이다."—이렇게 말한다. 모어는 노포크와 대화하면서, 자신을 물을 좋아하는 개, 워터스파니엘에 비교한 바 있다. 이 개가 물을 좋아하듯이 사람은 자신과 하나가 되고자하는 본성을 가지고 있다. 자기가 왕과 의회의 결정에 동조할 수 없는 것은 자기 본성이 그러하기 때문이다. 그것은 프라이드나 원한이나 취향하고는 관계가 없다. 오로지 그는 자기 자

모어가 왕과 의회의 결정에 동조하지 않는 것은 모어의 자존심이나 원한이나 취향하고는 관계가 없다
모어는 오로지 자기 자신이기를 원하는 것이다

신이기를 원하는 것이다. 딸의 호소에 대한 모어의 대답은 이러한 그의 느낌을 다시 확인하는 것이면서, 이번에는 그것을 더 분명하게 그의 신앙—자아의 정신적 바탕에 연결한 것이다. (그의 말에는 "영혼은 자기를 말한다"라는 발언도 있다.)

마가레트는 다시 모어의 보통 사람으로서 겸손하게 살려고 하는 마음을 들어, 타협을 거부하는 것은 영웅이 되겠다는 것인가 하고 말하여, 타협을 호소하고자 한다. 모어가 싫어하는 것은 자기 과대화의 망상이다. 그러나 어떤 상황에서는 "영웅이 된다는 위험을 무릅쓰고라도" 꿋꿋하게 자신의 양심을 지켜야 한다고 모어는 딸의 호소에 답한다. (그는, 연극의 다른 부분에서, "순교자"가 된다는 것이 허영에 관계된다고도 말한 바 있다.)

모어가 싫어하는 것은 자기 과대화의 망상이다. 그러나 어떤 상황에서는 "영웅이 된다는 위험을 무릅쓰고라도" 자신의 양심을 지켜야 한다고 모어는 생각한다

모어는 그 자신의 생각으로 또는 행동으로도 영웅적인 인간이 아니다. 그는 가족에 대하여 깊은 사랑과 배려를 가지고 있고, 친구의 우정을 아낀다. (그는 우정을 위하여 노포크를 일부러 화나게 하여 멀어지게 함으로써, 그의 마음을 가볍게 해주려 한다.) 그는, 그의 고통스러운 처지에도 불구하고, 가족이 감옥으로 가져온 음식과 포도주를 기껍게 받는다. 그러면서도 그는 작고 큰일에서 한결같

은 양심의 인간이다. 그는 면회를 연장하기 위하여 간수에게 뇌물을 주지 않을 것을 가족에게 청한다.

양심의 이름으로 현실에 개입하는 것을 주저하는 것이 모어이기는 하지만, 현실에 바로잡아야 할 일이 많다는 것을—아마 법적 절차를 통하여 바로잡아야 할 일이 많다는 것을 여러 군데에서 지적하고 있다. 딸의 호소를 안타까운 마음으로 물리치면서, 그는 현실의 타락상에 대하여 총체적인 발언을 한다. "높은 덕이 유리한 것이라면, 보통의 양식이 우리를 선한 사람이 되게 하고, 탐욕을 갖는 것이 우리를 성인이 되게 할 것이다."

그러나 우리가 살고 있는 세상은 그러한 선과 이점이 병행하는 곳이 아니다. "탐욕과 분노와 질시와 오만과 나태와 육욕과 어리석음이 겸허와 순결과 인내와 의로움과 사려보다는 훨씬 이로움고, 인간이 되기 위해서는 이런 것들에서 하나를 선택하지 않을 수 없기 때문에, 영웅이 된다는 위험을 무릅쓰고라도 꿋꿋하게 버텨야 하지 않을까 한다." 모어는 자신의 입장을 이렇게 설명한다.

그런 다음 그는 그를 재판하는 특별위원회에서도, 자신의 견해를 거침없이 개진한다. 사람을 침묵 때문에 처

양심의 이름으로 현실에 개입하는 것을 주저하는 모어는 그러나 현실에는 '법적 절차를 통하여' 바로잡아야 할 일이 많다고 지적한다

벌하는 것은 옳지 않은 법적 절차이다. 일반적 격률은 "침묵하는 자는 동의하는 것(qui tacet consentire)"이라는 것이다. 그의 침묵을 해석하려면, 부정으로가 아니라 동의로 받아들이는 것이 맞다. 동시에 그는, 사형 직전에는, 자기의 소신을 분명히 하는 것을 주저하지 않는다. 사람은 다 죽는다. 그것은 임금을 포함한다. 죽음은 임금에게도 경의를 표하거나 정중한 태도를 보이지 않는다. 그리고 그를 엄격한 판단에 회부한다. 그것은 자신들의 경우도 마찬가지이다.

신하의 충성은 임금에도 바치는 것이지만, 그보다 높은 정신의 원리에 바치는 것이다

최고의 수장은 임금이 아니라 정신의 수장이다. 신하의 충성은 임금에도 바치는 것이지만, 그보다 높은 정신적인 원리에 바치는 것이다. 양심의 인간에게 제일 중요한 충성은 다른 무엇보다 양심에 대한 충성이다. 또 그것이 임금을 돕는 일이다. (양심이라는 말을 듣고 크롬웰은 죄인들이 흔히 변명을 위하여 사용하는 것이 그 말이라고 평한다.) 병든 나라를 그대로 두는 것이 어찌 임금을 돕는 일이겠는가? 그리하여 그는 죽음의 각오가 되어 있다. 그리고 그 죽음이 어찌 편안할 것을 희망할 수 있는가? 예수가 쓴 잔을 들며 목숨을 거두었다면, 오늘의 사람이 어찌 편한 죽음을 기대할 수 있는가?

그러나 이렇게 말하고 다시, 모어는, 너무 편하게 죽

음으로 가는 것이 자신이지만, 신이 그를 거두어들이기를 바란다고 말한다. 대역죄에 대한 형벌은 능지처참(陵遲處斬)이지만, 형벌을 가하면서도 모어에게 동정과 공감이 없지 않았던 사람들의 결정으로 모어는 참수형(斬首刑)을 받게 된다. (그러나 볼트의 연극에서는 이것은 이야기되지 않는다.) 연극은 보통사람이 다시 등장하여, 살아 있다는 것이 얼마나 좋은가, 그리고 목숨을 부지하기 위해서는 문제를 일으키지 않는 것이 제일 좋은 일이 아닌가 하는 말을 하는 것으로써 막을 내린다.

모어의 양심은 이렇게 끝을 맺는다. 그것은 최종 결과의 관점에서는, 즉 비판의 신랄함 그리고, 비록 스스로 정치적 저항을 하지는 않지만, 그것을 선동할 수 있는 성격의 선언들을 포함한다는 점에서, 다른 양심의 행동, 가령, 로퍼의 이데올로기적 혁명정신과 별로 다르지 않다고 할 수 있다. 다만 그의 양심은 상황의 전개 속에서 피치 못할 대응책으로, 다시 말하여, 현실 자체가 가하는 반성적 경로를 통하여 현실 행동으로, 나아가게 된다는 점에서 다르다고 할 수 있다. 그리고 그것은, 그 자신의 덕성의 목록을 빌려 말하건대, 탐욕과 분노와 질시와 오만의 결과가 아니라 겸허와 순결과 인내와 의로

모어의 양심의 정치적 저항은 탐욕과 분노와 질시와 오만의 결과가 아닌 겸허와 순결과 인내와 의로움과 사려의 소산

움과 사려의 소산이라는 점에서 다르다고 할 수 있다.

10. 양심의 인간과 역사

모어의 양심은 그의 비극적 종말로 현실 시험을 통과한다고 하겠지만, 다시 한 번, 다른 양심에 비하여 그것이 사회의 삶에 얼마나 효율적인 결과를 가져왔는가를 생각해볼 필요가 있다. 위에서 언급한 대로, 모어는 가톨릭 교회의 부패와 교황의 잘못들을 인정한다. 그러면서도 교회의 개혁은 제도 내에서 이루어져야 한다고 생각한다.

그가 견지하는 입장은, 모든 개혁은 제도 안에서 그리고 법률의 한도 안에서 또는 법에 따라 이루어져야 한다는 것이다. 외면적인 제도의 안정은 유지되면서, 안으로부터의 개혁만이 그가 받아들일 수 있는 것이었다고 할 수 있다. 그러면서 이 개혁이 가능하게 되는 것은, 그것이 어떤 우회를 거치든, 양심의 존재로 인한 것이다. 그가 사형에 처해지기 전에, 볼트의 연극에서 양심이 수사 대상이 되어 사람들의 마음에서 양심이 없게된다면, 그것은 신과 교회 그리고 인민의 삶을 그릇된 길로 가게 하는 것이라고 한다. 직접적 현존으로서의 그러면서 그것을 초월하는 양심의 확인이 모어의 또는 볼트의 테마이다.

그러나 이와 더불어, 연극에서는 언급이 되어 있지 않지만, 모어 자신 Lord Chancellor의 지위에 있을 때, 루터의 주장에 따라 교회의 개신을 주장한 신도들을 박해하는 일을 주도했었다는 것도 기억하는 것이 필요할 것이다. 그가 이것을 어떻게 스스로에게 설명했는지는 분명치 않다. 그것은 그의 생각이 바뀌었다는 것을 말하는 것인지, 아니면 사람의 삶이 그러하듯이, 그 자신의 삶의 모순을 넘어서지 못한 것인지는 더 연구해보아야 할 일이다.

그러나 어떤 경우에나 사람이 현실의 모순을 완전히 넘어 서는 것은 극히 어려운 일이라고 할 것이다. 그리고 어떤 경우에는 모순의 현실을 받아들이는 것은 현실의 명령이라고 할 수도 있다. 이것을 받아들이지 않으려는 고집은, 말하자면, 소아병은 오히려 인간 현실의 다른 왜곡과 허위를 만들어낸다. 그러나 현실의 동력학이 어떻게 진행되든지 간에, 지적인 작업의 의무는 이것을 그대로 존재하는 것으로 내버려두는 것이 아니라 그것을 인정하고 그 동력학을 밝히는 것이다.

사람이 현실의 모순을 완전히 넘어서는 것은 지극히 어려운 일이다

위에서 우리는 현실의 움직임은, 적어도 영국 교회의 로마로부터의 독립이라는 점에서는, 모어가 생각하는 방향과는 다른 방향으로 갔다고 하였다. 그러면서도 양심의 자유와 법치의 원리는 점진적으로 영국 정치 제도의 기본으로 자리 잡았다. 정신의 힘이 완전히 무력한 것은 아니라고 하겠다.

1935년에 법황 비오 11세는 모어를 성인으로 시성(諡聖)하였고, 2000년에 요한 바오로 2세는 다시 그를 "정치 지도자와 정치가의 수호성인"으로 선언하였다. 1980년에는 영국교회에서도 모어를 교회의 주요 행사의 월력에 올리고 그가 참수당한 7월 6일을 기념일로 정하였다. 모어는 인간의 양심이 "사람이 하느님과 단독으로 있으며, 그 목소리가 울리는 무한한 성소(聖所)"라는 것을 증언하였고, 그의 순교는 "사람의 사람됨에 봉사하는 것을 최고의 의무로 생각하는 정치 체제의 영감의 샘물"이 되었다. 2000년의 법황의 선언문은 모어의 역사적 위치를 이렇게 정의하고 있다. (그러면서 이 선언문은 모어의 신교도 박해는 당대 문화의 제약에서 오는 것이라는 것을 인정한다.)[2]

---

2 Apostelic Letter issued motu proprio Proclaiming Saint Thomas More Patron of Statemen and Politicians/Pope John Paul ii for

11. 인문적 사고

이제 모어와 볼트의 이야기는 이것으로 끝나지만, 다시 한 번, 이것이 '인문학 또는 인문과학의 일에 대한 고찰'이라는 관점에서 시작된 것이라는 것을 잠깐 상기하지 않을 수 없다. 그것과 위의 모어—볼트의 이야기가 어떻게 관계되는가에 대한 의문이 있을 수 있기 때문이다.

위에서 살펴본 모어의 양심의 문제는 사회와 정치에 널리 관계되는 문제임은 말할 것도 없다. 그러나 모어와 볼트에서 핵심이 되는 것은 자기의 양심과 자신과의 관계이다. 이 관계로 하여 그 양심의 존재방식은 거기에 대조시켜본 양심의 다른 존재 방식과 다른 것이다. 다시, 요한 바오로 2세의 글을 상기하건대, 양심은 "사람이 하느님과 단독으로 있으며, 그 목소리가 울리는 무한한 성소(聖所)"이다. 여기에서 하느님의 임장(臨場)은 신앙의 문제이기 때문에, 누구에게나 다 해당되는 것은 아닐 것이다.

그러나 볼트의 연극에서 모어는 당초에 양심이 단독자로서의 인간의 내면의 무한한 성소라는 점을 강조한

양심은 단독자로서의 인간이 지닌 내면의 무한한 성소

Perpetual Remembrance. http:/vatican.va/holy father/john paul ii/motu proprio...

양심은 자아의 본질로, 아무도 간섭할 수 없는, 정치권력도 간섭할 수 없는 내면의 실체이다

다. 나중에 가서야 그것은 교회의 신의 절대적인 권위에 대한 그의 소신에 연결된다. 그러니까 양심은 그 자체로 자아의 본질이 된다고 할 수 있다. "영혼이 자아이다(The soul is the self)"라는 그의 발언은 조금 더 종교적인 시사를 가진 것이면서도 이것을 말한다고 할 수 있다. 그럼으로 하여 그것은 전적으로 사람의 마음(the heart)에 속하는 것으로 아무도 간섭할 수 없는 또 정치권력도 간섭할 수 없는 내면의 실체이다.

아무도 간섭할 수 없는 양심은 사람마다 다를 수 있고, 이 다름은 '밖으로부터' 간섭할 수 없다면, '공공의 선'으로서의 정치와 때론 모순적 관계에 놓이게 되는 것은 아닌가?

그러나 이렇게 말하는 것은 큰 위험을 동반하는 주장이 될 수 있다. 아무도 간섭할 수 없다는 것은 그것이 사람마다 다를 수 있고, 그러니 만큼 이 다름에 대하여 밖으로부터의 간섭이 존재하여서는 아니 된다는 것이다. 그러나 정치가, 교황의 선언문에 나와 있듯이, 공동체에의 "선"을 위해서 존재한다고 한다면, 여기의 선은 공동선일 수밖에 없고, 공동선은 같은 양심의 관점에서 규정되는 것이어야 할 것이다. 그러면서도 양심이 아무도 간섭할 수 없이 아무도 알 수 없는 마음 깊이에만 숨어 있을 수 있는가?

인문적 사고는 모순을 생각하는 데에 깊이 연루된 사고이다

그러나 양심은 이러한 모순 속에 존재한다고 할 수 있다. 인문적 사고는 이러한 모순을 생각하는 데에 깊이 연루되어 있는 사고이다. 그렇다는 것은 그러한 사고는

한편으로 있는 인간 현실을 있는 그대로 밝히는 학문적 노력이고, 다른 한편으로는 그것의 정신적 의미를 그 깊이 속에서 캐어보고자 하는 노력이라고 할 수 있기 때문이다.

인간은 존재의 사실적 조건과 스스로의 희망 또는 욕망 사이에서 삶의 길을 찾아야 한다. 그의 욕망은 세속적인 것과 함께 보다 높은 자기실현의 소망을 포함한다. 이 소망은 도덕적 실천에 이어질 수 있다. 그리하여 이 소망은 자유와 당위의 양극 사이에서 움직인다. 바로 이 두 극, 자유와 당위의 일치가 칸트의 『실천이성비판』의 주제라고 할 수 있다.

양심의 존재방식도 같은 모순과 긴장을 포함한다. 그것은 전적으로 개인의 자유와 심성의 문제이다. 그러하여 양심을 존중하고 그것에 인간사를 맡긴다는 것은 그것을 미지와 불확실성에 맡긴다는 것을 말한다. 그러면서 전제 또는 희망은 이 자유로운 추구 속에서 이루어지는 양심의 추구가 모든 사람이 동의할 수 있는 윤리에 이를 수 있다는 것이다.

양심이 없는 사회가 좋은 사회일 수는 없다. 그러나

> 인간의 욕망은 세속적인 것과 함께 보다 높은 자기실현의 소망을 포함한다
> 이 소망은 도덕적 실천에 이어지며, 이때 실천은 '자유와 당위의 양극 사이에서 움직인다

양심은 그 자체로도 중요하다. 그러나 자유와 당위의 양극 사이에서 양심은 여러 형태를 갖는다. 그리고 그것은 현실의 다양한 전개 속에서 여러 다른 모습을 보여준다. 그러면서 그것은 보편적 의미를 갖는다. 모든 개체는 그 자신으로 절대적인 가치를 갖는다. 유일무이한 개체성이 개체적 존재를 정의한다. 그리하여 그것은 한없이 다양할 수밖에 없다. 그러면서 그 개체성은 보편적 의미를 갖는다. 이 모순이 그렇게 이해하기 어려운 것은 아니다. 뛰어난 인간이란 그 개체성 속에 인간의 보편적 가능성을 구현한 개인을 말한다.

오늘날 개인이 사회적으로만 정의되는 것으로 생각하는 것은 이러한 인간 존재의 동력학을 잊어버린 결과이다. 이것은 한편으로는 외면화된 양심과 도덕의 밖으로부터의 강박으로 인한 것이다. 다른 한편으로 오늘의 세속적 세계는 세속적 성공의 야심의 우리 속에 사람을 가두어 두려한다. 그리하여 무엇보다도 중요한 것은 스타―부귀영화의 스타가 되는 것이다. 양심도 스타의 표지가 될 수 있다. 모어에서 보는 바와 같이, 탐욕과 분노와 질시와 오만의 결과가 아니라 겸허와 순결과 인내와 의로움과 사려의 삶의 한 부분으로서의 양심이 아니면, 그리고 충실한 삶의 경로를 거쳐 확인되는 양심이 아니

모든 개체는 그 자신으로 절대적인 가치를 갖는다 그러면서 그 개체성은 보편적 의미를 갖는다

면, 그렇다는 말이다.

양심이 그 자체를 위하여 존재하듯이, 사람은 자기의
삶을 위하여 존재한다. 사람은 자신의 삶의 크기가 크든
지 작든지 그 크기 안에서 인간적인 삶을 성취할 수 있
다. 그러나 사람이 하는 일은 자신의 삶의 일이면서, 불
가피하게 사회의 살림살이의 일부를 이룬다. 그리하여
자신의 삶은 자신의 안에서 또 보다 넓은 인간의 노동
의 틀 안에서 일정한 자리를 갖는다. 이 모든 일에는 그
나름으로, 먼 별처럼 빛나는 양심의 빛이 있고, 양심의
달인이 있다. 다만 이 빛은, 모어의 경우에 보듯이, 특별
한 사건적 계기가 있어서, 비로소 구체화한다.

양심이 그 자체를
위하여 존재하듯,
사람은 자기의 삶을
위하여 존재한다.
그러면서 불가피하
게 사회의 살림살
이의 일부가 된다

모든 사물은 그 자체로 의미를 갖는다. 그러면서 그
것은 사물 전체에서 의미를 갖는 것이라야 한다. 그것
은 양심이 자아의 원리이면서, 무한히 깊은 성소(聖所)
가 되어 존재의 깊이로 열리고, 개인이 개인이면서 보편
적 인간성으로 열리는 것과 같다. 사람의 지적 노력에서
우선 중요한 것은 사물 자체로 돌아가는 것(zur Sache
selbst)이다. 적어도 그것이 사람의 의식과 인지작용의
정식이다.

사물은 그 자체로
의미를 갖는다. 그
러면서 그것은 사
물 전체에서 의미
를 갖는 것이라야
한다

그리고 사물에로의 회귀가 의식적 노력의 일부라면,

그것은 언어로 표현되어야 한다. 그러나 어떻게 사물과 언어가 일치할 수 있는가? 그것은 인간 의식 내에서의 사건에 불과하다. 사물은 그 자체로도 그러하지만, 세계 안에 있다는 사실만으로도 언어를 넘어가고, 언어는, 그것이 일정한 질서—인간이 이해할 수 있는 질서 속에 있는 만큼, 사물을 넘어간다. 그리하여 사물을 생각하고 세계를 생각한다는 것은 늘 새로운 노동이 될 수밖에 없다. 진정한 인간적 사고는 개념적 언어의 경직성 안에 머물러 있을 수 없다.

'있는 그대로' 보고자 하는 관조는 심미적 요소를 지니고 있다

　사물로 돌아간다는 것은 그것을 그저 바라볼 뿐이라는 뜻일 수 있다. 그리하여 바라봄은 심미적 성격을 띤다. 심미적이라는 것은 사물에 즉하면서도 형상적 인식을 내장한다는 뜻이다. 모든 의식의 노력은 관조를 포함하지 않을 수 없기 때문에, 심미적 요소를 가지고 있다고 하겠지만, 관조적 체험의 표현에 더 충실하려는 것이 문학이나 미술 또는 음악과 같은 예술이다.

　그러나 아름다움은 사물과 세계 그리고 인간에 대한 선입견이 아니다. 정원의 아름다운 꽃은 그 나름으로 아름답다. 그러나 잡초도 아름다울 수 있다. 잡초인가 아닌가는 사람이 하나의 관점에서 만들어낸 좁은 구분에

불과하다. 그러면서 이 구분은 타당하다. 그리고 조심스
럽게 가꾼 꽃은 그 나름의 존귀함을 갖는다. 릴케는, 시
인의 임무는 "찬양"이라고 한다.

> 시인이여, 그대는 어떤 일을 하는가? 나는 찬양합니다.
> 죽어 가는 것, 망측한 것들, 기괴한 것들,
> 그것을 어떻게 견디는가, 어떻게 받아들이는가? 찬양합
> 니다.
> 그러나 이름 없는 것, 익명의 것들,
> 시인이여, 그것도 말을 걸어오는가? 나는 찬양합니다.
> 의상을 걸치고 가면을 쓰고도 진실될 수 있는가? 찬양
> 합니다.
> 고요와 소란, 별과 폭풍, 모두 어떻게 그대를 알아보는가?
> 그것은 찬양하기 때문입니다.
>
> (O, sage, Dichter, was tu tust?—Ich ruehme.)

관조는 모든 것을 있는 그대로 보고자 한다. 보는 눈
은, 그리고 생각하는 마음은, 아름다움만이 아니라 추함
을 본다. 그리고 정지상태만이 아니라 동력학 속에서의
움직임을 응시한다. 과거의 문학, 미술, 음악은 이러한
관조의 순간이 현현하는 것들에 대한 기록이다.

그렇다고 이러한 관조의 순간이 행동의 중지를 나타

관조의 순간이 행
동의 중지를 나타
내는 것은 아니다.
김을 매던 농부가
때때로 들녘과 하
늘을 보듯, 관조의
순간은 행동과 반
성의 삶의 연속선
속의 한 계기이다

내는 것은 아니다. 김을 매던 농부가 때때로 들녘과 하늘을 보듯이, 그것은 행동과 반성의 삶의 연속선 속의 한 계기이다. 그 순간은 되돌아간 삶의 흐름 속에서 구체적 순간과 전체의 참 모습을 생각하게 한다. 그리고 인간의 노동이 이 진리의 일부가 될 수 있다는 것을 느끼게 한다. 이러한 것들을 생각하는 데 도움을 주는 것이 인문적 사고이다.

- 부의 추구의 자유는 근본적인 인간성의 요구로서 자유의 한 표현이다. 하지만 이 자유를 사회적 물질주의 추구와 등가라고 생각하는 것은 그것의 참된 의미를 놓치는 일이다. 서구의 근대 역사가 보여주는 것은 정신적 추구의 해방이 물질적 추구의 해방과 동시에 이루어진다는 사실이다. 애덤 스미스의 국부론은 치부론이 아니다. 삶의 사회적 질서는 시장의 논리에 일치하는 자유주의적 논리만으로는 지탱될 수 없다.

- 공적인 차원에서의 도덕적 명령을 절대화하면 그것은 쉽게 개인적 이익을 도장하는 공허한 명분이나 수단이 된다. 이때 도덕적 명분은 권력과 탐욕의 장에서 쉽게 발견되는 공동 통화(通貨)이다.
오늘 우리의 사회는 명분적 도덕이 자아를 부풀리기 위한 수단이 되고 도덕적 언설의 범람과 도덕적 타락이 상호 자극하면서 진정한 인간적 도덕의 기준을 찾을 수 없게 되었다.

사회적 도덕 : 이념과 사실적 조건

- 강한 신념의 인간들이 부딪치는 곳에서 대결은 불가피하다. 우리는, 비천한 동기가 아니라 고귀한 인간적 동기에서 나오는 높은 도덕적 선택이 야기하는 갈등이 존재한다는 사실을 인정해야 한다. 갈등은 인간 현실의 불가피한 현실이다.

- 도덕적 선택은 그때그때의 정치 투쟁을 회피할 수 없게 한다. 그 어느 쪽도 정당성을 가질 수 없고 어느 선택이 옳은 것인지 분명할 수가 없다. 그의 고뇌가 그의 도덕성을 표현할 뿐이다.
  그러한 고뇌의 존재 여부는 그 사회의 품격을 결정하는 한 요인이 될 것이다.

- 어떤 도덕적 모순은 차라리 모순으로 남겨두는 것이 필요하다. 도덕은 어려움을 어려움으로 인정할 것을 요구한다.

- 좋은 사회란 진실의 사회라기보다는 인간적 현실의 여러 요소가 균형을 이룬 사회이다.

사회적 도덕 : 이념과 사실적 조건

1. 정의의 문제·도덕의 문제

최근에 한국 출판계에서 특이한 현상의 하나는 미국의 정치철학자 마이클 샌델의 저서 『정의란 무엇인가』가 베스트셀러 리스트에 오를 정도로 많이 팔렸다는 것이다. 여기에 본인도 놀랐다고 하지만, 그 책이 반드시 대중적인 책도 아니고, 그렇다고 참으로 깊이 있는 책인가 하는 것도 확실치 않기 때문에 이 점에서도, 그 책의 인기는 놀라운 일이라고 할 것이다. 도서 시장에 작용하는 여러 요인들을 생각하여야 하겠지만, 이것은 이 시점의 한국인에게 주요 화두가 되어 있는 것이 정의라는 사실에 관계된 일이지 않을까 한다.

정의의 문제는 모든 데에서 일어나는 것이지만, 특히 요즘 그것에 대한 관심이 높아지는 것은 빈부 격차의 문제, 경제발전의 과실에 대한 분배의 문제가 모든 사람에게 큰 관심사가 되고 있기 때문이다. 그런데 이 현실적인 문제의 밑에는 정의에 대한 전제가 들어 있다. 그리고 정의가 단순히 만인의 만인에 대한 전쟁을 의미하지 않는다면, 또 그 아래에는 인간의 사회적 삶의 근본으로서의 도덕의 문제가 들어 있다.

이 글에서 생각해보고자 하는 것은 이 책을 출발점으로 하여 분배나 정의보다는 도덕의 문제이다. 그것은 조금 추상적인 문제이지만, 현실적으로 더 절실하게 생각하는 분배나 정의나 공정성 그리고 다른 여러 사회적 규범의 기초가 되는 것이기 때문이다.

2. 도덕적 결단과 판단·시장 논리와 이익의 관점

샌델 교수의 책의 장점은 정치적 사회적인 문제 또는 철학적인 주제들을 직접적으로 논하기보다는 그것을 배경으로 두면서도, 논의를 보통 사람들이 화제로 삼을 만한 일들을 중심으로 전개한다는 것이다. 책의 초안이 된 것은 대학 강의안이라고 하는데, 과연 그때그때 학생들이 논의 대상으로 삼을 만한 당대의 사안들이 논의의 중심이 되어 독자는(물론 여기서 독자란 미국의 독자를 뜻한다고 하겠지만), 신문의 칼럼을 읽는 듯한 가벼운 마음으로 필자의 논의를 좇아갈 수 있다. 그렇다고, 방금 말한 것처럼, 그러한 사례 중심의 이야기가 그것에 그치고 중요한 정치적 사회적 철학적 문제들에 무관계한 것은 아니다. 이러한 방법은 물론 그와 함께 모든 사안을 일상적 번쇄사로 환원하는 미국 철학계의 풍토에도 관계되어 있다.

책의 첫 부분은 사회에서 문제가 될 만한 어떤 문제를 보아도 그것은 도덕적 결단을 전제로 하는 것이어서 간단한 세속적 이익의 관점에서만 말하여질 수 없다는 것을 보여준다. 도덕은 원하든 아니하든 사회적 결정에서 빼어놓을 수 없는 준거가 된다. 이것은 이 책을 보는 사람이든 보지 않는 사람이든 동의하지 않을 수 없는 사실이라고 느껴진다. 그러나 그것에 대한 철저한 이해는 상식선을 넘어가는, 인간 존재에 대한 철저한 성찰을 요구

도덕은, 원하든 아니하든 사회적 결정에서 빼어놓을 수 없는 준거가 된다

사회적 도덕 : 이념과 사실적 조건

한다. 이 책이 결하고 있는 것은 이러한 인간존재의 깊이에 대한 반성이지만, 당대의 문제적 사례들에 대한 판단은 그 나름의 타당성을 가지고 있는 경우가 많다고 할 수 있다. 그리고 적어도 우리 사회의 풍토에서, 젊은 독자에게 도덕과 윤리의 문제가 스스로 권위를 주장하는 당위적 명령에 의하여 정당화될 수 없다는 것, 여러 가능성에 대한 탐색과 분석이 필요하다는 것을 보여준다는 점에서, 이 책이 중요한 기여를 한다고 할 수 있을 것이다.

'인간존재의 깊이에 대한 반성'의 결여

샌델의 정의론은, 사람의 삶의 사회적 질서는 자유주의적 논리—시장의 논리에 일치하는 자유주의적 논리만으로는 지탱될 수 없다는 것을 주장한다. 사회 질서에는 정의가 필요하고, 정의의 밑에는 결국 도덕의식이 들어 있어야 한다. 그는 이러한 주장을, 앞에서 비친 바와 같이, 많은 당대적인 화제를 통하여 해설하고자 한다.

삶의 사회적 질서는 시장의 논리에 일치하는 자유주의적 논리만으로는 지탱될 수 없다

책의 첫머리에 나오는 사례는 다음과 같다. 2004년 멕시코 만에서 불어온 허리케인이 플로리다 주의 여러 곳에 커다란 피해를 가져오게 되었다. 이로 인하여 피해 현지의 생필품과 기구의 가격 그리고 용역비 등이 폭등하였다. 더위를 식히는 데에 필요한 얼음주머니가 평소의 2달러에서 30달러가 되고, 지붕 위에 쓰러진 나무 두 그루를 치우는 데에 한 업자는 2만 5000달러를 요

구하였고, 250달러의 발전기가 2000달러가 되고 허리케인을 피해 들어간 호텔의 방값이 평소의 40달러에서 160달러가 되었다.

이러한 사태는 여러 사람들의 분노를 샀다. 플로리다에는 가격폭리처벌법이 있어서, 상식을 벗어나는 폭리를 단속하는 제도가 있었다. 폭리를 얻고자 한 업자들은 이 법에 의하여 처벌되었다. 그러나 어떤 자유주의 경제학자들은 이 처벌은 물론, 그것을 허용하는 법 자체도 부당하다는 논리를 폈다. 샌델이 인용하고 있는 한 경제학자에 의하면, 가격은 수요와 공급의 시장 원칙에 의하여 형성되는 것이다. 허리케인 이전의 가격들도 이러한 시장 원칙에 의하여 형성된 것이고, 절대적인 의미에서 적정한 것이라고 말할 수는 없다. 뿐만 아니라 허리케인 후의 비정상적인 사태는 저절로 시장에 의하여 조정되게 마련이다. 소비자는 소비를 억제할 것이고, 공급자는 재화와 용역을 늘리게 될 것이다. 이러한 주장에도 불구하고, 플로리다 주 정부는 폭리처벌법을 옹호하였다. 주민의 생존이 위협받는 상황에서 업자들의 "비양심적"인 가격폭리를 방치할 수는 없다는 것이었다.[1]

---

[1] 마이클 샌델 저, 이창신 역, 『정의란 무엇인가』(김영사, 2010), pp. 12~16.

샌델 교수는 이러한 플로리다 비상사태의 예를 들고
난 다음, 시장이 허용하는 모든 가격이 정당한가? 또 그
것에 대하여 정부가 다른 관점에서 개입하는 것이 정당
한가 하는 질문을 내놓고 있다. 적어도 이 대목에서는
그는 여기에 대하여 간단한 답을 제시하지는 않는다. 그
러나 책의 전체적인 논리에서 그가 말하고자 하는 것은
분명하다. 그것에 따르면 정부의 개입은 정당하다. 이것
은 물론 이 경우만이 아니고 자유주의 경제 전체에 대
하여 말할 수 있는 것이다. 플로리다의 경우는 조금 과
장되고 희화화된 것이지만, 사실 자유주의 경제 전체를
예시한다. 샌델 교수는 전체적으로 자유주의 지상(至上)
의 경제에 대하여 비판적인 입장을 취하고 있다.

그런데 여기에서 주목하고자 하는 것은 그러한 입장
자체보다도, 아무리 시장 논리가 지배하는 사회라고 할
지라도 구체적인 상황에 부딪치면 사람들은 그에 대한
도덕적 판단으로 돌아가게 마련이라는 사실이다. 그것
이 어떤 종류의 것이든, 도덕적 문제는 인간이 부딪치
는 모든 사회 문제에 있어서 피해 갈 수 없는 바탕을 이
룬다. 그것을 피해 가든 아니하든, 그것은 우리의 상황
판단에 잠복해 있기 마련이다.

도덕적 문제는 인
간이 부딪치는 모
든 사회 문제의 피
해 갈 수 없는 바탕
이다

3. 개인의 이익·개인의 자유 / 공공성·인간의 자유

그런데 시장의 논리에는 도덕적인 전제나 고려가 들어 있지 않은 것인가? 시장의 자유를 옹호하는 사람들의 입장에서 말하면, 그것을 옹호하는 것은 무조건 그러하는 것이 아니다. 그것은 시장의 자유가 개인적으로나 사회적으로 결국 인간의 삶에 기여한다는 것을 전제로 한다. 그러한 점에서 그것도 인간의 삶에 대한 도덕적 이해에 관계되어 있다. 이것은 아마 미국 사회에서보다도 우리에게 쉽게 상기되는 일일 것이다. (사실 샌델 교수도 이 관련을 충분이 깊이 있게 논한다고 할 수는 없다.) 그렇다는 것은 위에 언급한 플로리다의 상황에 대한 도덕적 판단은 우리나라에서는 미국 사회에서보다도 더욱 당연한 것으로 받아들여질 것이기 때문이다. 단순한 생각에는, 도덕이 우회적으로 작용하는 경우가 있다는 것이 도대체 수상한 것으로 여겨진다. 그러나 그것을 인정하지 않는 것은 도덕의 문제를 떠나서도 도덕을 왜곡하는 결과를 낳을 수 있다.

지나치게 직접적인 도덕의 강조는 도덕을 명분화할 뿐이다

많은 경우 지나치게 직접적인 도덕에 대한 강조는 도덕을 명분화한다. 우리 사회가 도덕을 떠나지 않고 있는 것은 고무적인 일이지만, 이것은 명분의 옹호에서 그렇

사회적 도덕 : 이념과 사실적 조건

다는 것이고, 실제에 있어서 사회가 더 도덕적이라는 것
은 아니다. 인간의 삶에는 개인적인 이익과 공적인 이익
의 부분이 있다. 엄연한 두 영역의 존재를 인정하지 않
고 그 영역을 분명하게 밝히지 않을 때, 그것은 여러 가
지 문제를 일으키게 된다. 공적인 차원에서의 도덕적 명
령을 절대화하면, 그것은 쉽게 개인적 이익을 도장하는
공허한 명분이 되고 또 그 수단이 된다. 그리하여 도덕
은 그 진정한 의미를 잃어버리게 된다.

인간의 삶에는 개인적인 이익의 부분과 공적인 이익의 부분이 있다

공적인 차원에서의 도덕적 명령을 절대화하면 그것은 쉽게 개인적 이익을 도장하는 공허한 명분이나 수단이 된다

그러나 개인 이익의 추구만이 유일한 삶의 원리가 될
때, 사회가 사회로서 유지될 수 없다는 것은 너무나 자
명하다. 자유주의 경제학자는 앞에서 말한 바와 같이 수
요 공급의 일정한 균형 이외에 재화의 합리적 배분, 궁극
적인 합리적 투자와 자원 이용의 적절성을 기하게 하는
것이 시장의 원칙이라고 말한다. 어떤 경우에나 자유주
의 경제학의 시조인 애덤 스미스의 저서의 이름이 치부
론(致富論)이 아니라 국부론(國富論)—여러 나라의 국가
적 차원에서의 부를 지칭하는 것이라는 것을 상기하여
야 할 것이다. 그리고 이것은 물론 부하여지는 나라에 사
는 사람들의 행복을 증진하게 될 것이다. 그러니까 시장
의 자유는 개인의 치부와 국가 전체의 부의 증대라는 두

애덤 스미스의 국부론은 치부론이 아니다

요구를 동시에 정당화하는 역설을 담고 있는 생각이다.

이 역설에서 개인의 부의 추구와 전체적인 이익은 하나라고 하지만, 개인의 자유가 절대적인 것일 수는 없다. 부를 축적하는 행위는 개인적인 행위이면서 그것 또한 일정한 공공질서를 요구한다. 부가 자유롭게 추구될 수 있어야 한다고 하더라도 그것이 폭력과 부정직과 사기에 의존하는 것이 될 수는 없다는 것은 어느 사회에서나 받아들이는 원칙이다. 도덕적으로 부당하다는 것을 고려하지 않더라도 그것은 시장의 법칙인 자유 자체를 파괴하는 결과를 가져올 것이다.

그리하여 일정한 범위의 공공 영역의 유지는 개인의 이익을 위하여서도 필요한, 그러면서 그것을 넘어가는 요구 사항이 될 수밖에 없다. 이러한 공공성을 생각한다면, 국가 또는 사회의 구체적인 실체로서의 여러 개인들의 부의 내실에 대한 문제가 일어나게 된다. 즉 개인적 부의 증진이 어떻게 사회 전체의 균형에 이어지는가 하는 문제가 생기고, 이것은 부의 배분의 문제로 이어진다. 이러한 문제에 대한 답에는 최대 다수의 최대 행복의 추구를 공공 투표로 하는 공리주의론이 있을 수 있고, 또 극단적으로는 모든 사람을 위한 평등한 분배의 강제적 시행을 목표로 하는 공산주의가 있을 수 있다.

물론 이 경우에 공리주의의 행복은 경제적 부와 등가(等價)가 된다. 그리고 그것은 그 나름의 통제의 질서를 가지게 된다. (미셸 푸코가 『감시와 처벌』에서 통제 사회의 대표적 상징으로 들고 있는 '판옵티콘'—모든 사람을 한눈에 감시할 수 있게 설계된 감옥은 공리주의자 벤담의 생각에 들어 있는 것이다.)

그러나 위에 말한 사회 전체에 도움을 주는 부와 경제에 관련된 이론 또 그에 대응하여 성립되는 공공연한 또는 은밀한 통제의 필요 등에도 불구하고, 시장의 자유가 보다 근본적인 관점에서 인간 존재에 대한 일정한 이해에 연결되어 있다는 것도 사실이다. 부의 추구의 자유는 가장 근본적인 인간성의 요구로서의 자유의 한 표현일 뿐이다. 다만 이 자유를 "내 마음대로 하는 자유", "내 멋대로 하는 자유" 그리고 사회적으로 물질주의적 추구와 등가라고 생각하는 것은 그것의 참된 의미를 놓치는 일이다.

샌델 교수가 설명하고 있는 것처럼, 칸트에 있어서 이 자유는 곧 윤리적 삶의 선택의 자유가 되고, 다시 역설적으로 윤리적 의무로 이어진다. 의무는 자유에 반대되는 것으로 생각될 수 있다. 다만 칸트가 강조하는 것

부의 추구의 자유는 근본적인 인간성의 요구로서 자유의 한 표현이다. 이 자유를 사회적 물질주의 추구와 등가라고 생각하는 것은 그것의 참된 의미를 놓치는 일이다

은 이 의무가 자유 의지로서 선택된 것이라는 것이다. 강제적으로 부과되는 의무가 윤리적인 의미를 가질 수는 없다. 물론 마땅히 해야 할 일이라면 강제되어도 좋다는 생각이 없는 것은 아니다. (가령 우리나라에서 종교적 토대를 가진 학교에서 종교적 신앙을 강요하는 것을 당연한 것으로 보는 경우 같은 것이 그것이다. 이것은 윤리의 기초로서의 자유를 손상하는 일일 뿐만 아니라 신앙의 순수함을 해치는 일이다.) 물론 주어진 인간 현실 속에서 윤리의 강요가 불가피할 경우가 있음도 인정하지 않을 수 없으나, 그것은 극히 조심스러운 일이다. 그것은 윤리보다는 사회적 관점에서 법률적인 규정에 의하여 이루어지는 것이라야 할 것이다.

칸트와 같이 엄격하게 생각하지 않아도, 인간의 자유가 참으로 물질적 이익이나 세속적인 행복의 추구를 의미하지 않는다는 것은 공리주의자로 분류되는 존 스튜어트 밀의 생각에 충분히 잘 나타나 있다. 그에게 자유는, 샌델 교수도 지적하고 있듯이, 인간성의 정신적 가능성에 대한 추구나 인격적 완성을 위한 수련으로써 완전한 것이 된다. 문제는 이러한 것들의 전제로서의 자유가 너무 쉽게 경제적 이익의 추구에 일치한다는 데에 있다. 말할 것도 없이 정신의 자유에도 물리적 조건이

있지만, 그것이 모든 것인 것처럼 받아들여지고, 그 전
횡하에서 소비와 사치의 문화의 자유가 자유의 전부로
생각된다는 것이다. 그러면서도 서구의 근대 역사가 보
여주는 것은 정신적 추구의 해방이 물질적 추구의 해방
과 동시에 이루어진다는 사실이다.

정신과 물질의 해방은 모든 것을 각자에게 맡겨 둔다
는 것인데, 물질적인 추구는 내적인 추구가 아니라 현실
세계 안에서 이루어져야 하는 것이기 때문에, 불가피하
게 사회 공간에 일정한 성격을 부여하게 된다. 그리하여
사회 조직의 재편성의 요구가 일어난다. 그렇다면 사회
가 아니라 정신적 추구를 통하여 사회 질서를 바로잡는
방도는 없는 것일까? 결국 사람의 행동의 원천은 내면
적 동기이기 때문에, 그것으로 사회적 균형의 방책이 생
겨날 수 있을 것으로 생각할 수도 있다. 그러나 그것은
그것대로 문제를 갖게 되는 것이 인간 존재의 난경으로
생각된다. 그리고 사실상 정신적 추구는 자연스럽게 물
질적 추구에 개입되고, 또 그 반대로 물질적 추구는 정
신적 추구에 영향을 미치게 마련이다.

서구의 근대 역사
가 보여주는 것은
정신적 추구의 해
방이 물질적 추구
의 해방과 동시에
이루어진다는 사
실이다

4. 정의에 대한 확신과 갈등

정신적 추구는 궁
극적으로 윤리적
인 의미를 갖는다

정신적 추구는 궁극적으로 윤리적인 의미를 갖는다.
그것은 삶의 성격과 목적을 규정한다. 그것은 저절로 삶
의 규범으로 이어진다. 이러한 윤리 규범들은 쉽게 강제
력을 갖는 사회적 규범이 된다. 또 삶의 목적과 규범에
대한 규정은 모든 사람이 하나로 합칠 것을 요구할 수
있다. 그것은 각자가 자유롭게 선택하는 규범과 규정들
에 충돌한다. 그것이 반드시 윤리 규범과 일치하는 것이
라고 할 수는 없지만, 종교적 확신이 가져올 수 있는 폭
력적 결과는 오늘날 이슬람교에서 도출된 광신적 종파
의 테러리즘이나 잔혹한 사회 규범들의 제도 등에서 볼
수 있다.

그러나 특정한 종류의 종교나 윤리가 가져온 인간적
억압은 우리의 유교적 전통에서도 그리고 근대 이전의
서양의 기독교 전통에서도 볼 수 있는 것이다. 세속화된
지금에 와서도 도덕적 신념이 갈등을 가져오는 예는 흔
히 볼 수 있는 일이다. 가령 미국에서라면, 샌델도 들고
있는 예로서, 낙태의 권리나 동성 결혼의 문제에 관련된
논란도 이러한 예라고 할 수 있다.

정치적 이념은 반드시 종교적인 것은 아니면서, 궁극

적으로는 삶의 목적과 형식에 대한 해석에 연결된다. 오늘날 정치적 이념은 이 이념을 모색하는 정신적 추구를 대체하고 그에 비슷한 확신과 독단의 근원이 된다. 현대 사회에서 더 많이 보게 되는 사회적 균열은 정치적 견해의 차이, 확신의 체계가 된 정치적 이념으로 인한 것이다. 자본주의와 사회주의의 대결도 그러하지만, 미국의 경우에 세금제도 또는 복지제도에 대한 정치적 견해의 차이는 자못 심각하다. 이것은 우리나라에서도 마찬가지이다. 위에서 필자는 우리나라에서 정의의 문제가 국민적 관심사가 된 것이 샌델 교수의 책의 인기의 한 요인이 아닌가 하고 추정한 바 있다.

　정의에 대한 확신은—물론 일방적인 해석의 정의론이라고 하겠지만—우리의 정치를 폭력까지는 아니라도 극단적인 대결에로 몰아간다. 집단의 존재방식에 대한 정치적 믿음도 삶의 근본을 확인하려는 노력의 한 표현일 수 있다. 여러 측면에서 강조되는 집단의 정체성은 그것을 인간 행동의 최고의 규제 원리로 정립하려는 시도에 연결된다. 민족, 역사, 통일에 관한 많은 테제들이 그러한 의미를 갖는다. 그리고 그것은 사회적 갈등과 대결의 원인이 된다. 이러한 정치적 소신들은 결국 어떤 종류의 사회적 삶이 정당한 것인가, 사람의 삶의 궁극적

의의는 어떠한 것인가에 대한 일단의 답변이다.

여러 믿음의 차이—거기에서 일어나는 심각한 갈등의 가능성과 현실을 넘어서는 방법은 없는가? 바로 자유주의의 답변은, 이미 시사한 바와 같이, 인간의 삶에 대한 도덕적 이해—일정한 이념에 의한 이해를 사회의 공적 질서의 기초로 삼아서는 아니 된다는 것이다. 비판이 있을 수밖에 없는 것이면서도, 자유주의의 경고는 이 점에서 무의미한 것이라 할 수 없다. 사회의 공동체적 합일이 사회적 삶의 근본이라고 한다면, 그리고 이 사실의 긍정이야말로 인간의 삶에 대한 가장 근본적인 도덕이라고 한다면, 인간의 정신적, 윤리적, 도덕적 추구를 무조건적으로 환영할 수 있는 것은 아니다.

필요한 것은(…) 최소한의 사회적 협약이고, 그 협약은 평화 공존의 질서 외에 삶의 목적을 빈 것으로 놓아두는 것이다

필요한 것은 이러한 추구를 가능하게 하는 최소한의 사회적 협약이고, 그 협약은 평화 공존의 질서 외에 삶의 목적을 빈 것으로 놓아두는 것이다. 이 점에서, 사회적 협약의 한 결과로서의 물질적 자기 이익을 추구하는 자유—일정한 사회적 규제 아래에서 이익을 추구하는 자유는 목적으로서의 삶을 규제하려는 것이 아니라 각자가 자기 나름으로 생각하고 추구하는 목적과 가치를 실현할 수 있는 수단의 확보를 가능하게 하자는 것이라고 할 수 있다. 그러나 그것이 사회적 갈등의 원인이 되

고, 하나의 인간 공동체로서의 사회를 붕괴 직전에까지 밀고 갈 수 있다는 것은 오늘의 자본주의 사회가 너무도 역력하게 보여주는 사실이다. 또 우려할 것은 수단이 목적을 대치하게 되는 사회에서 인간의 삶의 정신적 차원—개인의 행복한 삶을 위해서는 물론 조화로운 사회적 삶을 위해서도 필수적인 정신적 차원이 완전히 상실될 수 있다는 사실이다.

다시 말하여, 위에 이야기한 것은, 생존의 가장 중요한 근본이 사회적 평화인데, 이것을 확보하는 한 방도가 갈등과 분열의 원인이 되는 삶의 가치와 도덕적 의의의 문제를 제외하는 것이다. 그러나 그것은 다른 경쟁과 분열의 원인이 되고 삶의 가능성의 협소화를 가져온다. 그리하여 보다 극단적인 갈등을 무릅쓰면서도 삶의 도덕적 의의를 포기할 수 없다는 생각이 다시 일어나게 된다.

서구의 계몽주의 시대 이래 부분들을 하나로 조화하는 원리는 이성의 원리이다. 사람들의 물질적 이해관계를 조정하는 것은 합리적 원칙이다. 인간의 도덕 행동에도 같은 원칙이 있을 수 있는가? 이익의 세계와 도덕의 세계를 이성적으로 조정하는 도리는 없는 것인가? 많은 자본주의 비판이 지적하는 것은 합리화가 바로 자본주의 사회의 내적 분열을 가져오는 도구라는 것이다. 물질적 이익세계의 조정 수단으로서의 합리성이, 위에서도 말한 바와 같이, 정신적 추구를 불가능하게 하고, 결국 사회적 분열을 가져온다는 것이다. 그러나 정신적 추구 자체에 이성적 원리는 없는 것일까?

5. 이성의 보편적 원칙

칸트는 인간의 도덕적 삶에도 이성의 원칙이 있을 수 있다고 생각한다. 그것을 그는 실천이성이라고 부른다. 자연의 세계를 지배하는 것은 자연의 합리적인 법칙이다. 마찬가지로 도덕의 세계에는 사람이 따르지 않을 수 없는 실천이성이 있다. 따르지 않으면 아니 된다는 점에서, 이 법칙은 의무가 된다. 그러나 이 실천이성의 의무는 자연 상태에서 불가피하게 따라야 하는 법칙과 달리, 인간이 스스로 동의하는 법칙이다. 이러한 동의는 완전히 자유로운 인간으로부터 나온다.

여기에서 나오는 법칙을 칸트는 "지상명령"이라 부른다. 이 법칙은 도덕적이면서도 극히 합리적인 것이다. 그것은 자연 세계에서 발견되는 바와 같은 보편성을 인

실천이성의 의무는 자연 상태에서 불가피하게 따라야 하는 법칙과 달리 인간이 스스로 동의하는 원칙이다

간 세계에도 도입하는 것을 근본으로 한다. 「도덕형이
상학의 기초」에 나와 있는 유명한 공식은 "지상명령"을
다음과 같이 정의한다. 즉 "당신의 행동이 보편적 법칙
이 되게 할 격률(格率)에 따라서, 그 격률을 의도하는 바
와 같이 행동하라"[2]는 것이다. 이것은 얼른 듣기에 사람
을 일방적으로 정해진 전체주의적 계획에 순응하게 하
는 데에도 적용할 수 있는 행동 원칙처럼 들린다. 그러
나 이것은 지상명령과 관련하여 칸트가 정립한 또 하나
의 원칙, "당신 자신에게 있어서나 다른 사람에게 있어
서나, 인간성을 자체적인 목적으로 대하고, 결코 수단으
로 대하지 말라"[3]는 원칙에 의하여 그러한 가능성을 막
아낸다고 할 수 있다. 더 간단히 말하여 모든 사람은 목
적이고 수단이 아니다. 그러므로 전체주의적 목적의 수
단이 되어서는 아니 된다. 목적으로서의 사람의 위엄에
중요한 부분은 스스로의 목적을 자신의 의지로 취할 수
있는 자유이다. 도덕적 의무는 이 자유의 실현의 한 이
상적 표현이다.

칸트가 밝히려한 보편적 원칙으로 사람들이 제가끔

---

2 Grounding for the Metaphysics of Morals, trans. James W. Billington
   (Indianapolis: Hacket Publishing Co,, 1981), p. 421.

3 Ibid., p. 429.

선택하는 그리고 다른 사회가 다르게 설명하는 도덕적 가치와 목적을 하나로 통합할 수 있는가? 또는 적어도 그것들의 차이에서 오는 갈등을 해결할 수 있는가? 한 없이 복잡한 사회적 현실에 관계되는 규범의 문제가 이 러한 간단한 공식 속에 포함될 수 있다고 할 사람은 없 을 것이다.

그러나 적어도 그것이 여러 다른 도덕적 주장을 조정 하고 평가하는 기준이 될 수는 있을 것이다. 그러니까 인 간의 자유와 위엄과 보편성을 말하는 실천이성의 원리 들은 일단 사회 현실의 합리적 구성을 위한 법칙이라기 보다는 그것을 검토하는 비판적 기준으로 취할 수 있을 것이다. 현실 속에는 그 안에 작용하는 사회도덕의 이념 이 있다. 이 현실과 이념은 일거에 주어지는 것이 아니라 역사적으로 형성된다. 실천이성의 보편적 원리는 현실 의 세부와 전체를 검토하는 시금석으로 작용한다.

물론 여기에 쓰이는 이성의 보편적 원칙도 자동적으 로 주어지는 것으로 생각할 수 없다. 그것은 개인의 경 우에 반성적 노력의 결과로 자각되는 원리이고 의무이 다. 그것은 주어진 여건과 노력에 의하여 한정된다. 그 러면서도 언제나 그것을 넘어가는 원리로 존재한다. 그 것은 현실 속에 있는 현실 초월의 원리인 것이다.

현실 속에 작용하 는 사회도덕의 이념 은, 일거에 주어지 는 것이 아니라 역 사적으로 형성된다

이성은 현실 속에 있으면서, 그것을 초월한다. (…) 이 성은 현실 속에 있 는 현실 초월의 원 리이다

사회적 도덕 : 이념과 사실적 조건

사회적 현실의 경우에도 이것은 마찬가지이다. 이성은 현실 속에 있으면서, 그것을 초월한다. 이 현실 초월의 움직임이 궁극적으로 인간의 보편적 자유와 도덕성을 사회 현실로써 구현될 수 있게 한다. 이것은 자연 법칙이 언제나 자연의 법칙이면서 역사적 발전을 통하여 비로소 자연 법칙으로 그리고 기술의 수단으로 드러나게 되는 것과 비슷하다고 할 수 있다. 실천이성의 원리는 추상적이고 공허하다. 그것은 역사 속에서 구체적인 내용을 얻는다.

6. '상생의 계약' / 사회적 협약 / 사회적 유대감

되풀이하건대, 개인의 자유와 존엄 그리고 그것의 보편적 적용을 요구하는 이성의 원리는 생성적 원리라기보다 비판적 원리이다. 그것은 그것을 위하여 어떤 현실적 조건이 있어야 하는가를 말하여 주지 아니한다. 개인의 자유와 존엄을 지키는 권리를 보장하는 것이 사회의 필수사항이라는 주장으로 연결될 수는 있지만, 이것은 권리 침해가 없어야 된다는, 적극적 내용보다는 소극적 수호를 말하는 것이라 할 수 있다. 그러면서 또 한 가지

주목할 것은 이것이 보편적인 규정이 되기 위해서는 사실과 이성의 혼합된 작용이 들어가는 현실화 과정이 필요하다는 것이다. 이것이 입법의 절차이다. 입법을 통하여 최소한의 권리도 사회 전체에 통용되는 현실적 규범이 된다.

입법은 어떤 합리적 규정에 대한 동의를 말한다. 그러나 이 동의는 단순한 동의가 아니다. 자연 법칙과는 달리 인간의 행동에 관한 사회적 규정은 여러 사람의 동의에 의하여 현실성을 얻는다. 그러나 이 동의에는 다시 두 가지 관점에서 강제력에 의한 보장이 있어야 한다. 이것은 사람들이 단순히 동의할 뿐만 아니라 동의를 보편화하고 법칙적 필연성을 갖게 하겠다는 의지를 나타내는 것이다. 그러니까 여기에도 의식화되는 것이든 아니든, 이성의 의무의 수락이 개입되는 것이다. 동의 사항은 집단의 강제력에 의하여 현실 세계의 시간적 연속성 속에 삽입된다. 이 입법은 또 적용의 범위에 있어서, 예외를 규정하지 않는 한, 모든 사람에게 보편적으로 적용될 수 있어야 한다. 그러니까 모든 사람이 동의하고 그것의 현실 연속성을 수락하는 것이다. 그러지 않고는 행위 영역으로서의 사회 공간은 자유로운 행동을 방해하는 장해물로 가득한 것이 될 것이다.

자연법칙과 달리 인간 행동에 대한 사회적 규정—입법—은 여러 사람의 동의에 의해 현실성을 갖는다. 그리고 이 동의에는 강제력에 의한 보장이 있어야 한다

사회적 도덕 : 이념과 사실적 조건

그러나 여기의 '모든 사람'이란 현실로서의 모든 사람이라기보다는 가상의 모든 사람이다. 이것은, 샌델 교수가 말하는 것처럼 하나의 사회계약을 말하면서 사실보다는 "상상의 계약"을 말한다. 상상이란 다시 그것이 이성의 보편적 원칙에 의해서 정당화될 수 있을 것이라는 것을 말한다.[4] (베네딕트 앤더슨의 "상상된 공동체"라는 민족국가를 정의하는 말에서의 "상상"도, 앤더슨의 의견이 그렇다고 할 수는 없지만, 같은 의미로 해석할 수 있다.) 사회 협약 또는 개인의 계약과 같은 것도 오늘의 일을 미래의 규칙으로 확대하려는 합리화의 행위이다. 이러한 것들은 다시 한 번 인간의 현실 이해와 행동에 얼마나 깊이 이성적 요소가 작용하는가를 느끼게 한다. 이것은 일단 최소한의 권리 수호를 위한 입법을 말한 것이다.

그러나 이러한 권리도 입법만으로 확보되기 어려울 것이다. 그것은 더 넓은 사회적 문화에 의하여 뒷받침됨으로써 비로소 확실한 것이 된다. 여기에는 인간의 삶에 대한 보다 넓은 이해가 있어야 하고, 그것에 대한 사회적인 통념이 성립하여야 한다. 이것을 피에르 부르디외는 '하비투스', 사회 관습이라고 불렀다. 이것을 조금 더

---

4 샌델, p. 193.

의식화할 때, 그것은 사회 입법이 된다.

오늘의 민주사회에는 권리에 대한 동의 이외에 인간적 존엄성을 유지하는 여러 현실적 조건—고용, 건강, 교육 등의 조건이 사회적으로 충족되어야 한다는 생각이 일반화되어 있다. 이것은 인간의 삶에 대한 보다 넓은 도덕적인 이해를 사회 제도 속에 포괄하고자하는 시도를 나타낸다. 최소한도의 권리 수호는 개인들의 이익의 조정에 입각한 것이라 하겠지만, 이러한 상호 인정에도 이미 삶에 대한 도덕적 이해가 개입되어 있다.

사회적 협약은 나의 삶이 살 만한 것이라는 것, 삶 자체가 살 만한 것이라는 것을 인정함으로써 가능해진다. 또 이것을 확대하는 데에는 '사회적 유대감'이 중요한 역할을 한다

사회적 협약은 나의 삶이 살 만한 것이라는 것, 또 그에 이어 삶 자체가 살 만한 것이라는 것을 인정함으로써 가능해진다. 그러나 인간의 존엄성의 개념은 최소한의 삶의 값에 대한 인정을 조금 더 적극적으로 확대한다. 이것을 사회 일반으로 확대하는 데에는 사회적 유대감(social solidarity)이 중요한 역할을 한다. 어떤 집단은 거의 본능적으로 소속감을 불러일으킨다. 집단적 유대감은 적대적으로 또는 배타적으로 파악되는 다른 사회에 대한 방어의 필요에서 나올 수도 있다. 그러나 방어의 목적이 최소의 생존을 넘어 참으로 살 만한 삶을 뜻할 때, 사회적 유대감은—적어도 그 참다운 의미에 있

사회적 도덕 : 이념과 사실적 조건

어서는— 삶에 대한 도덕적 긍정을 통하여 확실한 것이 된다. 그럼으로써 그것은 사회의 테두리를 넘어가고, 모든 인간의 존엄성 존중으로 나아가게 된다.

되풀이하건대, 자기의 삶의 보존의 필요에 대한 인정은 한 단계 높은 의식에서 삶 자체의 값을 인정하는 것으로 고양된다. 생존과 높은 의미의 삶, 이 두 가지의 필요는 개인들로 하여금 생존의 사회적 조건으로 사회적 전체성을 인정하지 않을 수 없게 한다. (그러면서, 이러한 보편 의식보다도 본능적이라고 할 유대감이 여기에 작용한다.) 다른 한편으로 삶의 가치에 대한 보편적 인정은 그것의 유지와 고양을 도덕적 의무가 되게 할 수 있다. 즉 살 만한 삶의 이념은 삶의 조건의 개선을 의무화한다. 이것은 역설적으로 내 자신의 삶으로부터 여러 가지 희생을 요구하는 것이 될 수도 있다.

이러한 과정은 물론 단순히 의식의 과정일 수는 없다. 이것은 이것을 위한 사회적 물질적 조건의 확보를 요구한다. 그러나 또 주목할 것은 이러한 의식의 과정이 이성적 능력과 함께 감각과 감정의 훈련을 필요로 한다는 사실이다. 칸트가 수용하기를 거부하였던, 스코틀랜드의 도덕 철학자들이 말한 바 이웃에 대한 동정심이

자신의 생존과 보다 높은 의미의 삶, 이 두 가지의 필요는 삶의 사회적 조건으로서 사회적 전체성을 인정하지 않을 수 없게 한다. 삶의 가치에 대한 보편적 인정은, 삶의 가치의 유지와 고양, 즉 삶의 조건의 개선을 도덕적 의무가 되게 한다

나 선의는 이러한 과정에서의 감정적인 요소의 중요성을 말한 것이다. 그러나 가장 중요한 것은 물론 이 모든 것을 가능하게 하는 하부 구조가 되는 물질적 조건이다. 이 조건의 개선은, 인간이 세계 안에 살고 있는 존재인 한, 인간 존엄성의 확보에 가장 중요한 부분이 되지 않을 수 없다.

물질적 조건의 개선은 인간 존엄성의 확보에 가장 중요한 부분이 된다

7. 공동체주의

샌델의 정의론의 제5강은 칸트의 도덕론을 다룬 것이다. 이 부분에서 그는 약간의 비판에도 불구하고 대체로는 칸트의 실천이성 이론을 지지하는 것으로 보인다. 그리고 그다음 부분에서 그의 논의는 점차적으로 이것을 보다 내용 있는 것으로 수정할 것으로 예상된다. 그러나 그가 마지막에 이르게 되는 결론은 칸트적이라고 할 수 없다. 그가 지지하는 것은 그 자신의 말대로 '공동체주의(communitarianism)'이다. 자본주의의 여러 병폐를 비판적으로 보는 공동체주의는 자본주의가 상정하고 있는 바 개인과 개인 이익의 추구의 공리를 비판적으로 본다.

공동체주의 출발은 인간이 사회적인 존재라는 사실

이다. 인간을 동기 지우는 것은 그 사회성이고 사회적 질서 또는 정치 질서를 생각할 때, 원리가 되어야 하는 것은 인간의 사회성이 요구하는 도덕과 윤리의 고려이다. 그러나 이 입장은 도덕과 윤리가 이성적 원리에서 도출될 수 있다는 생각을 너무나 안이하고 추상적인 것으로 생각한다. 그리하여 이성의 원리로써 자본주의 사회의 비인간성을 시정할 수 있다고 생각하지 않는다.

전통적으로 마르크스주의는 자본주의에 대한 안티테제로서 제시된 것이면서도 그것의 역사적 의의를 인정하고 그것의 문제점을 넘어설 수 있다는 주장을 담은 사회 이론이다. 그 자본주의 비판의 한 관점은 자본주의가 합리성의 진전의 결과이면서 충분히 합리화되는 것을 거부하기 때문에 정의의 새 사회 질서의 구현을 방해한다는 것이다. 그러니까 사회의 역사적 발전에는 이성의 보다 철저한 개입이 필요하다고 주장한다. 이 필요가 이 이성을 대표하는 전위로서의 공산당의 독재를 정당화한다. 이성에 대한 비슷한 믿음은 다른 사회 이론에서도 볼 수 있다.

자본주의 비판의 한 관점은. 자본주의는 합리성의 진전의 결과이면서 동시에 충분히 합리화되는 것을 거부하기 때문이라고 보고 있다

샌델 교수에게 중요한 관심의 대상이 되는 것은 물론 공산주의 이론이 아니다. 그가 중요한 논의의 대상으로 삼는 것은 도덕적 동기를 가지고 있으면서도 그것을 현

실 이익의 합리적 사회 질서 속에 수용할 수 있다고 생각하는 존 롤스의 정의의 이론이다. 샌델 교수의 논의에서 맨 먼저 비판의 대상이 된 것은 공리주의 이론이었다. 이것은 물론 현실 자본주의에 대한 비판의 의미를 갖는다. 롤스는 그 도덕적 관심에 있어서, 그리고 이러한 관심에 이성적 구조를 부여할 수 있다고 생각하는 점에서, 칸트에 가깝다고 할 수 있다. 그러나 그의 이론은 이러한 이성이 이익의 사회관계 속에 작용한다는 것을 보여주려고 한다. 그리하여 샌델 교수가 그의 이론을 문제 삼는 것은 여러 갈래의 합리주의에 대한 비판의 핵심을 문제 삼으려 하는 것이라고 할 수 있다.

다시 말하여, 롤스 교수의 정의론은 사람들이 합리적 원칙을 수락할 수 있고, 그것을 통하여 이익의 타협에 이를 수 있다는 것을 전제한다. 롤스의 출발은 유명한 "무지의 장막"의 전제이다. 사람들은 자신의 상황과 이해관계를 전혀 알지 못하는 "무지의 장막" 뒤에서는 각자의 이익에 대한 가장 합리적인 조정 방법이 될 평등과 공평성의 협약에 동의할 수 있을 것이라고 롤스 교수는 말한다. 현실적으로는 물론 사회에는 자기의 노력에 관계없이 얻어낸 유리한 조건으로 인하여 가능해지는 여러 보상이 존재한다. 이것은 당초의 공정성의 협약

롤스의 정의론은 사람들이 합리적 원칙을 수락할 수 있고 그것을 통하여 이익의 타협에 이를 수 있다는 것 —예컨대, 무지의 장막—을 전제한다

사회적 도덕 : 이념과 사실적 조건

의 모델에 따라 억제되어야 한다. 그렇다고 그가 기계적인 평등이 있어야 한다고 주장하는 것은 아니다. 재능과 노력의 차이에서 오는 보상의 차등은 사회적 약자에게 혜택을 주는 것으로 조정되어야 한다.

이러한 주장에 샌델이 동의하지 않게 하는 중요한 이유는 롤스가 그리는 사회 질서 속에는 도덕이 설 자리가 없다는 것이다. 도덕은 인간의 사회적 유대 의식에서 나온다. 그러나 다른 한편으로 그것은 보다 좋은 삶에 대한 어떤 이상에 맞는 삶의 방식을 규정하는 일에 관계되어 있다. 샌델은 이러한 좋은 삶―결국 사회적으로 칭송하는 "미덕"의 삶이 사회적으로 보상이 될 수 있어야 한다고 생각한다. 그러나 가치와 목적으로 일정하게 정의하는 좋은 삶에 대한 이상―그것이 일정한 미덕에 기초한 것이라고 하더라도 여기에 쉽게 합의가 이루어지지 않는다는 것은 위에서 이미 말한 바와 같다.

칸트의 생각과는 달리 실질적인 내용을 가진 좋은 삶은, 개인적으로나 사회적으로나, 이성적으로 논의될 수 있는 것이 아니라 일정한 사회의 전통에서 발전되어 나오는 사회적 지혜이고 통념이다. 사회적 삶의 기초가 되는 도덕은 전통에서 온다. 이러한 샌델 교수의 전통적 가치의 논의에서 중요한 개념은 서사(narrative)이다. 사

사회적 삶의 기초가 되는 도덕은 전통에서 온다

람들은 행동에 있어서, 자신의 삶을 생각함에 있어서 또 사회적 삶의 방향을 저울질함에 있어서, 일정한 이야기를 필요로 한다.

인간은 서사적 존재이다. 사람들은 예측하기 어려운 삶의 길에서 자기의 갈 길을 선택할 때, 내 삶이 어떤 이야기가 되어야 하는가를 생각한다. 그리고 나의 이야기는 내가 속하는 집단의 이야기 속에 그 위치를 발견하고 의미를 얻는다. 이러한 자기의 이야기와 자기가 속하는 집단의 이야기 안에서의 선택은 자유로운 개인의 자유로운 선택도 아니고, 따라서 자유로운 이성적 선택도 아니다. 다만 전통 안에서의 선택은 도덕적 성격을 지닌다. 그것은 집단의 유대감을 인정하는 것이기 때문이다.

이 유대감은 다시 집단의 도덕성에 대하여 책임을 져야 한다는 것을 말한다. 도덕은 유대감과 함께 전통이 가지고 있는 도덕적 가치와 이상을 받아들이고, 그에 대하여 개인적인 책임을 떠맡는 것을 의미하는 것이다. 그런데 이러한 전통적 집단에 속한다는 것은 이성적인 검토의 대상이 되는 것이 아니다. 그것은 받아들여야 하는 의무이다. 샌델은 도덕적 책임에 다음과 같이 세 가지가 있다고 말한다.

사회적 도덕 : 이념과 사실적 조건

1) 개인적 의무: 보편적이고 합의가 필요치 않다.

2) 자발적 의무: 특수하고 합의가 필요하다.

3) 연대의무: 특수하고 합의가 필요치 않다.[5]

첫 번째 것은. 샌델이 말하는 것으로는, 칸트의 이성적 존재로서의 인간이 지게 되는 의무를 말한다. 이러한 도덕의 명령은 이성적 존재로서의 인간에게 자명한 것이기 때문에 그에 대한 합의가 필요하지 않다. 실천이성의 입장에서 말하여지는 도덕은 여기에 포함될 것이다. (샌델은 롤스에게 도덕적 의무는 주로 협약의 의무이지만, 어떤 의무는 이러한 자동적인 성격을 갖는다고 말한다.)

두 번째 것은 이성적 입장을 포함하여 모든 사회적 협약을 말하는 자유 의지론의 도덕이다. 가장 간단한 것은 개인들 사이의 협약이다. 그러나, 앞에 말한 극히 보편적인 요구 외에는 공적인 성격의 의무도 특정한 약속이 없이는 반드시 이행해야 하는 의무가 되지 않는다. 우리는 앞에서 칸트의 현실적 의미를 이야기하면서 실천이성에서 파생하는 요구도 사회적 현실이 되게 하는 데에는 일정한 사회적 협약이 필요하다고 말하였다. 그

---

5 샌델, pp. 314~315.

렇게 보면, 이것은 샌델이 말하는 것보다는 더 밀접하게 이성적 도덕의 요구에 결부되어 있다.

세 번째 것은 사회적 서사적 입장을 말한다. 그리고 이 책임에 협약이 필요 없는 것은 단순히 집단에 속한다는 것이 사람의 생물학적이고 역사적인, 즉 사실적 조건이기 때문이다. 그것은 이성적 고려—적어도 절대적이고 보편적인 요구로서의 이성적 고려를 필요로 하지 않는다. 도덕적 의무는 특수한 집단에 속함으로써 저절로 지게 되는 의무이다.

개별 사례에 대한 샌델의 판단의 어떤 것들은 편벽되다는 느낌을 준다. 흥미로운 것은 이것이 이러한 공동체주의적 전제—보편적 이성을 특수화하는 입장에 관계되는 것이 아닌가 하는 것이다. 그의 강한 도덕주의적 표현에도 불구하고, 그것은 결국 도덕을 부정하는 또는 적어도 그 보편적 타당성을 부정하는 입장이 된다고 하지 않을 수 없다. 하여튼 그에게 절대적인 것은 집단적 유대감의 의무이다. 이것을 설명하는 하나의 예는, 1980년대의 초에 에티오피아에 기근이 들었을 때, 이스라엘이 은밀한 항공작전("모세작전")에 의하여 팔라샤라고 불리는 에티오피아의 유태인을 구출해낸 사건이다.

샌델에게 있어 절대적인 것은 집단적 유대감의 의무이다

샌델은 일단 수십만의 난민 가운데 하필이면 유태인임을 주장하는 사람들 7천 명만을 구출해낸 것이 정당한 것인가 하는 물음을 묻는다. 그리고 "연대와 의무를 인정한다면, 그 답은 분명하다. 이스라엘은 에티오피아의 유태인을 구할 충분한 책임이 있다"라고 말한다. 샌델 교수 자신의 조금 모호한 표현으로는, "국가는 자국민을 보살필 특별한 의무"를 가지고 있다는 관점에서 이 구출작전이 정당했다는 것이다.[6] 국가의 자국민 보호의 의무는 당연한 것이고 현실이라고 하겠지만, 도덕적 의무를 그것에 한정하는 것은 보편적 이성의 입장이라고 할 수는 없다. (다음에 다시 살펴겠지만, 어떤 도덕적 모순은 차라리 모순으로 남겨두는 것이 보편적 도덕과 현실을 다 같이 살리는 길이다.)

어떤 도덕적 모순은 차라리 모순으로 남겨두는 것이 보편적 도덕과 현실을 다 같이 살리는 길이다

모세작전에 관련하여 적용되는 샌델의 집단적 도덕주의는 한정된 공동체주의적 도덕의 입장에서도 심히 불투명하다. 에티오피아의 유태인, 팔라샤인은 그곳에 거주한 것이 성경에 나오는 솔로몬 왕의 시기로부터라고 한다. 그렇다면 그들이 에티오피아인이 아니고 유태인이라고 하는 것이 정당한가? 여기에서 "국가"나 "국

---

6 샌델, p. 318.

민"은 무엇을 말하는가? 유태인 혈통의 샌델 교수는 미국인인가, 유태인인가? 그의 삶을 테두리 짓는 서사는 다른 미국인의 그것과 같은 것인가, 다른 것인가? 지구화와 다문화가 확대되는 상황에서, 한 사회의 전통적 서사는 어떤 것이 되는 것인가? 한 특정 사회의 이야기에 맞아들어 가기도 하고 맞아들어 가지도 않은 사람의 삶은 어떤 이야기의 틀 속에서 파악되어야 하는 것인가? 국가가 종족의 보학(譜學) 속에 자기 정당성을 찾는다면, 오늘의 국가들의 한계는 모호하기 짝이 없는 것이 될 것이다.

국가가 종족의 보학(譜學) 속에 자기 정당성을 찾는다면, 오늘의 국가들의 한계는 모호하기 짝이 없는 게 될 것이다

관념적인 혼동 그리고 그에 따르는 법적인 혼란의 문제를 떠나서도 사회적 도덕의 원천을 특정한 공동체—국가로서 정의되는 공동체에 한정한다면, 그것은 오늘의 세계에서 매우 왜곡된 의미를 가질 수 있다. 오늘날 외국인 이민 노동자의 문제는 많은 사회에서 중요한 사회문제가 되어 있다. 최근의 뉴스에 의하면, 7, 8백만의 이슬람 교도를 가지고 있는 독일에서, 연방은행의 이사 자리에 있는 사람이 독일문화에 동화되지 않고 독일을 해체할 위험을 가지고 있는 이슬람계 이민을 금지해야 한다는 논지의 책을 써서 그것이 커다란 사회적

사회적 도덕의 원천을, 국가로 정의되는 공동체에 한정한다면, 그것은 오늘의 세계에서 매우 왜곡된 의미를 가지게 된다

사회적 도덕 : 이념과 사실적 조건

정치적 논란의 대상이 된 바 있다.[7] 같은 정도로 강력하게 말하고 있지는 아니하고 반대 의견을 참고하고 고려하는 듯하면서도 샌델의 최종적인 결론은 위 독일인의 견해에 비슷하다고 할 수 있다.

그러나 더 중요한 것은, 인종주의에 못지않게, 도덕의 집단적 원천에 대한 강조는 인간의 복지 이념의 위엄을 손상한다는 사실이다. 미국은 멕시코와의 국경 경비를 강화하여 멕시코로부터의 불법 이민을 금지하려고 필사적인 노력을 기울이고 있다. 텍사스 주를 두고 볼 때, 샌델이 말하고 있는 것처럼, 아이가 두 나라를 가르고 있는 리오그란데 강의 어느 쪽에 태어나느냐 하는 것은 그 운명을 엄청나게 다른 것이 되게 한다. 이쪽의 아이는 세계에서 가장 부유한 나라의 사회적 혜택을 누릴 수 있게 되고, 저쪽의 아이는 가난한 나라의 모든 고통을 껴안아야 한다. 이것은 세계의 모든 부국과 빈국의 차이에서 일반적으로 보게 되는 일이다. 샌델 교수는, "이러한 차이는 도덕적으로 옳은?", "국경의 도덕적 중요성은 대체 무엇일까"— 이러한 질문을 발한다.[8]

인종주의와 함께, 도덕의 집단적 원천에 대한 강조는 인간의 복지 이념의 위엄을 손상시킨다

---

7 Frankfurter Allgemeine Zeitung, 25. August 2010, "Deutschland Schafft Sich Ab"의 서평 그리고 그 이후의 여러 논의 보도.

8 샌델, p. 320.

그의 결론은 사회 공동체의 구별이 이러한 차별을 정당화한다는 것이다. 그는 국경선이 "서로에게 특별히 헌신하고 공동의 삶을 특별하게 생각하는 남녀가 모인, 현재 진행 중이며 역사적으로 안정된 덕성 있는 공동체"의 분계(分界)를 분명히 한다는, 저명한 공동체주의자 마이클 왈저의 주장을 받아들인다.[9] 샌델에게도 평등을 포함하는 도덕적 의무는 사람의 정체성의 토대가 공동체라는 사실에 의하여 한정된다. 그 근거는 인간이 서사적 존재이며 거기에서 사회 도덕의 의무가 생겨난다는 것이다.[10]

8. 도덕적 선택

이미 시사된 바와 같이, 왈저도 그러하지만, 샌델은 물질적 이익만을 자유로운 인간적 추구의 대상으로 보는 자본주의 시장의 논리를 강력하게 비판하고, 사회 공동체의 기초가 도덕에 있으며, 그것을 회복하려고 노력하는 것이 사람의 사회적 책무라고 주장한다. 그러나 이

---

9 샌델, p. 322.

10 샌델, p. 323.

도덕은 일정한 역사 공동체에 한정된다. 이러한 한정화의 문제는 그것이 좁은 국가주의나 종족주의에 연결된다는 외에 사회적 도덕과 윤리의 근거를 박약하게 한다는 것이다.

샌델의 도덕—서사적 존재인 인간의 공동체주의—은 일정한 역사 공동체에 한정된다. 이 한정화의 문제는 국가주의나 종족주의와 연결된다는 점에 있다

도덕과 윤리의 문제가 궁극적으로 시험되는 공간은 개인적 행동에 있어서이다. 큰 범위의 민족 공동체 또는 국가 공동체는 개인에게 여러 가지 압력의 실체로 작용한다. 그 압력은 많은 경우 도덕적 압력이 된다. 이것은 순수한 의미에서의 도덕의 관점에서 복잡한 의미를 갖는다. 집단의 도덕은 도덕의 중요한 부분이다. 그러나 집단의 요구는 개인의 양심에 입각한 행동 규범의 희생을 요구할 수도 있다. 물론 그 정당성 여부를 떠나 그러한 상황이 오늘의 시점에서의 현실을 나타내는 경우가 많다는 것을 부정할 수는 없다.

샌델은 책의 앞부분에서 오늘의 아프가니스탄 전쟁에서 일어난 한 사건을 들고, 도덕적 결단의 어려움을 논한다. 네 명의 미 해병이 탈레반 지도자의 위치를 확인하려는 비밀 수색작전에 나선다. 그들은 이 작전 중 100마리의 염소를 몰고 가는 두 명의 아프간 농부를 만나고, 자신들의 존재가 발각될 가능성을 생각하여, 그들

을 살해할 것인가 어떻게 할 것인가 하는 생각을 주고
받는다. 미군은 무고한 사람을 죽일 수 없다는 한 사람
의 주장으로 그들을 죽이지 않는다. 그러나 결과적으로
미군은 탈레반에 포위되고 네 사람 중 세 사람이 죽고,
농부를 살려주자고 주장한 사람이 살아남아서 기독교
인의 양심에 충실하고자 했던—그러면서 보편적 윤리
의 의무에 충실하고자 했던—자신의 결정을 후회하는
글을 쓴다. 이 사건을 평하는 샌델의 입장은 분명하지
않다. 그러나 그는 염소치기를 죽여야 한다는 주장이,
다른 경우들에 비하여, "설득력이 있어 보인다"고 말한
다.[11]

　이러한 전쟁 상황보다는 조금 더 좁은 범위의 인간들
이 관계되는 다른 사례에서도—이것은 가상의 사례이
지만—우리는 비슷한 그의 판단을 볼 수 있다. 기차의
기관사가 브레이크가 고장 난 것을 알게 되었는데, 달려
오던 선로로 기차가 그대로 가게 두면 선로에서 일하던
다섯 명의 노동자가 죽고, 다른 선로로 진로를 바꾸면
한 사람이 죽을 것으로 보일 때, 어느 선로로 가는 것이
바른 선택인가? 다섯 사람을 살리기 위하여 한 사람을

11　샌델, p. 43.

희생하는 것이 정당한 일인가? 이러한 질문을 내놓는 샌델의 의도는 여러 현실 상황에 일어나는 도덕적 딜레마를 예시하려는 것이지, 정답을 제시하려는 것이 아니다. 그러나 선택의 어려움을 말하면서도, 그는 "한 사람의 목숨을 희생해 다섯 목숨을 구하는 행위는 정당해 보인다"고 말한다. 그의 선택은 다섯을 위한 하나의 희생이 정당할 수 있다는 쪽으로 기우는 것이다.

이러한 예들에서 우리가 주목하게 되는 것은 거기에 함축된 도덕적 선택이 칸트의 실천이성의 규범—모든 인간이 그 자체의 목적이어야 한다는 규범에 어긋난다는 것이다. 그리고 이것은 사실상 인간 행동에 있어서의 도덕적 판단의 기준을 포기하는 것과 다름이 없는 결과를 가져올 수 있다. 바른 도덕적 기준은 사람에 따라 다르고 사회에 따라 다를 수 있다. 그리고 문제적인 도덕적 선택에 있어서 하나의 도덕 기준을 선택하고, 다른 선택 기준—보편적 도덕률의 기준을 희생한다면, 나는 내가 선택한 도덕 기준에 따라서 다른 많은 도덕적 기준을 무시하고, 나의 정당성을 주장할 수 있다. 이것은 전쟁이나 정치에서 흔히 이용되는 도덕적 언설이다. 침략 전쟁이나 정치적 숙청은 대체로 이러한 식으로 도덕적 정당성을 찾는다. 이때 도덕은 전략의 수단으로 전락한다. 이러한 도덕적 명분은 쉽게 권력과 탐욕의 장에서 발견되는 공동 통화(通貨)이다. 이 통화는 유통의 가치는 가지고 있을지 모르나 진정한 가치를 가지고 있지 않은 통화가 된다.

9. 칸트적 이성의 도덕과 개인적 집단적 이해 관계

샌델이 말하는 서사에 근거하는 도덕적 주체는 칸트적인 이성의 포기를 의미하고, 진정한 도덕의 포기를 의미한다. 그러나 위에서 든 여러 예들에서 볼 수 있듯이, 칸트의 실천이성의 절대적 명령이 그대로 현실성을 갖는 도덕규범이 되기 어렵다는 것도 인정하지 않을 수 없다. 그렇다고 이 현실에 부딪쳐 절대적 도덕의 요구를 공허한 것으로 치부하는 것은 그것이 현실에 존재하는 방식을 지나치게 간단하게 생각하는 것이다. 다시 한 번 말하여, 그것 없이 도덕적 행위는 존재하지 않는다. 샌델이 귀착한 서사적 주체로서의 자아와 집단의 개념은 결국 그것을 주장하는 사람의 입장에서 다른 사람을 수단으로 간주하는 것이라고 할 수 있다. 사실 앞에서 든

사회적 도덕 : 이념과 사실적 조건

두 가지의 예, 기관사의 경우나 아프간의 염소치기의 예는 어떤 개인이나 집단이 선택한 목적을 위해서 무고한 사람, 무고할지 모르는 사람을 전략적 수단으로 간주할 수 있다는 것을 보여준다. 그러면 어떻게 할 것인가?

일단은 칸트의 절대적 요구와 개인적 집단적 이해관계의 관점―서사라는 모호한 개념으로 정당화하는 이익의 관점 사이에 건너뛸 수 없는 간격이 있을 수 있고, 이것이 인간의 실존적 상황이라고 인정하는 것이 바른 태도가 될 것이다. 그러면서도 이것이 반드시 완전한 도덕적 비관주의를 나타내는 것은 아니다. 그것은 도덕의 절대적 요구를 그대로 남겨 두고, 그것을 존중하는 것이 거의 불가능한 상황에서까지도 그것을 위해서 노력해야 한다는 절대적 의무를 버리지 않는 것이 될 수 있다.

사르트르를 비롯한 실존주의자들은 인간의 자유가 사실성에 밀접한 관계를 가지고 있다는 것을 여러 관련에서 지적한 바 있다. 자유는 그것을 대결하는 사실성(facticité)과의 모순된 관련 속에 존재한다. 자유가 의미를 갖는 것은 그 실현을 어렵게 하거나 불가능하게 하는 장해물이 존재하기 때문이다. 그리하여 외부적인 사실들은 그 안에서 주체로서의 인간이 행동해야 하는 상

자유는 사실성과의 모순된 관련 속에서 존재한다. 자유가 의미를 갖는 것은 그 실현을 어렵게 하거나 불가능하게 하는 장애물이 존재하기 때문이다

황(situation)을 이룬다. 그리하여 이 상황은 거의 감당할 수 없는 인간 조건이 된다.

사람은 그 조건하에서 거의 아무 것도 할 수 없는 존재가 되는 것으로 보일 수 있다. 그러나 사실이나 상황은, 적어도 사르트르의 이론에서는, 그 자체로 제약의 조건이 되는 것만은 아니다. 자유의 목표가 없다면, 외부로부터 주어진 어떤 것도 장해물이 될 수 없고, 그것들의 총체가 상황으로서 인식될 수 없다. 자유 의지가 있기 때문에, 그것을 가로막는 장해물이 있는 것이다. 이 자유는 인간에게 주어진 피할 수 없는 삶의 조건이다. 그렇다는 것은 사람은 원하든 안 하든, 자유의 실현을 위한 선택을 피할 수가 없다는 말이다. 그리고 여기에서 자유로운 인간의 책임이 생겨난다.[12]

사르트르의 부정의 철학에서 도덕이나 윤리가 특히 중요한 자리를 차지한다고 할 수는 없지만, 자유—또는 자유의 선택과 기획이 도덕적인 것이라고 한다면, (인간의 모든 선택은 위에서 시사한 바와 같이 도덕적인 것이 될 수밖에 없다) 이 도덕적 선택은 사실성과의 투쟁을 포함한다. 이 투쟁의 상황은 거의 선택을 포기하게 하는 것일

자유는 인간에게 주어진 피할 수 없는 삶의 조건이다. 원튼 원치 않튼 자유의 실현을 위한 선택을 피할 수 없다. 여기에서 자유로운 인간의 책임이 생겨난다

---

12 사르트르, 孫宇聲 역, 存在와 無 II, 제 4부, 제 1장 (삼성출판사, 1982)

수 있다. 그러나 사르트르는 선택의 포기까지도 하나의
선택이라고 말한다.

이와 같이 피할 수 없는 선택에서 선택의 기준이 되
는 것은 무엇인가? 사르트르가 그렇게 말하는 것은 아
니지만, 궁극적으로 칸트의 지상명령이 그러한 기준의
역할을 한다고 할 수 있다. 적어도 그것은, 이미 말한 바
와 같이, 인간의 도덕적 윤리적 행동의 검증의 기준이
다. 그리고 이성의 명령은 구체적 상황 속에서―개인적
인 삶의 구체적인 경로와 역사적 구체적 현실이 가지고
있는 가능성의 한계 안에서 여러 형태로 구현된다.

메를로퐁티는,「전쟁은 일어났다」라는 2차 대전 직후
에 쓴 글에서 전쟁, 참전, 나치 점령, 레지스탕스를 포함
하는 제2차 세계대전 중의 삶에 대한 경험을 되돌아보
며, 여러 생각을 적은 바 있다. 철학을 공부한 프랑스인
으로서 그는 모든 인간은 동등하게 인간으로서 존중되
어야 한다는 생각을 가지고 있었다. 이때 존중되는 인간
은 개체로서의 인간을 말한다. 존중하는 인간은 이성적
으로 사유하는 개인이다. 이성적 사유는 개인을 주체적
인 존재로 확인하게 한다. 그리하여 모든 인간은 객체가
아니라 주체라는 입장이 생긴다.

그러나 전쟁으로 하여 메를로퐁티는 사람이 사유하는 인간 이상의 또는 이하의 존재라는 사실을 깨닫고 경악하였다. 전쟁은 독일인을 개인으로 존중하지 않게 하는 상황을 그에게 강요하였다. 전쟁에서 개인은 단지 독일인이라는 또 독일군이라는 집단적 범주의 한 분자에 불과하고, 그 집단적 분류에 들어가는 것만으로도 총을 겨누어야 할 대상이 된다. 민간인의 경우, 평화적인 의도를 가진 독일인도 독일이라는 국가, 나치즘이라는 정치 체제를 뒷받침하는 요소의 하나로 간주될 수밖에 없다. 이러한 상황은 프랑스인에게도 그대로 해당되는 것이었다. 독일군의 요청에 의하여 그들의 자동차를 수리해준 자동차 수리공이나 점령군의 검열 제도에 순응하여 글을 쓴 지식인이나 다 같이 불가피한 사정에서 그렇게 된 것이기는 하지만, 일종의 공범자였다. 또는 이러한 구체적인 상황으로부터 거리를 유지하면서 보편적인 입장을 취하는 것도 도덕적으로 결백한 것이라고 할 수 없었다. 가령, 어떤 마르크시스트들이 생각한 것처럼 계급 투쟁과는 관계가 없는, 그 전쟁 전체를 무의미한 것으로 간주하면서 초연한 입장을 취하는 것도 정당한 것은 아니었다. 그렇다고 이러한 모든 사람을 사악한 사람으로만 몰아세울 수도 없는 일이다. 전쟁의

　　　　　　　　사회적 도덕 : 이념과 사실적 조건

교훈은 "'순수한 도덕주의'를 버리고 '세속적 부도덕주의'를 배우는 것이었다." 메를로퐁티는 "그것이 건강한 일이었다." 고 말한다.[13]

그러나 이것이 참으로 도덕적 판단을 완전히 포기하는 것을 의미하지는 않는다. 도덕은 전체를 어떤 추상적 관점에서 평가하는 데에 있는 것이 아니라 구체적인 상황에서 나온다. 전쟁에 나가고 레지스탕스에 가담하고 총을 쏘고 그때그때 마주치는 사람들의 곤경과 슬픔에 대처하고 하는 것이 양심적인 프랑스인이 할 수 있는 일이었다. 그러나 이것은 그에게 "세속적 부도덕주의"였다. 이러한 보편을 버린 부도덕한 도덕 행위에 종사하면서도 그는 보다 높은 이상들을 포기할 수는 없다고 생각하였다. 2차 대전의 어려웠던 시기를 회상하는 이 글의 결론은 구체적인 상황 속에서 행동하면서도 보편적 이상의 실현이 가능한 사회의 건설을 위하여 노력하여야 한다는 것이다.

(전쟁의 경험 후에도) 나라에 해가 된다고 해서 양심의 눈에 비추어 분명한 진실을 감추고, 강 건너 국경 저쪽에 사는 사람이라는 이유에서 사람을 죽이고, 다른 사람

메를로퐁티는 말한다. "전쟁의 교훈은 '순수한 도덕주의'를 버리고 '세속적 부도덕주의'를 배우는 것이었다"고

---

13 Maurice Merleau-Ponty, "The War Has Taken Place," Sense and Non-Sense (Northwestern University Press, 1964), p. 147. 영역본

을 목적이 아니라 수단으로 취급하는 것이 도리에 맞지 않는다는 말을 부정하여서는 아니 된다. 1938년(전쟁 발발 전)에 우리가 믿었던 것―자유, 진리, 행복, 인간관계의 투명성을 믿었던 것이 틀린 것은 아니다. 휴머니즘을 버리는 것이 결론이 아니다. 우리가 믿는 가치들을 경제와 정치의 하부구조의 일부가 되게 하지 않고는 우리의 가치는 이름만의 것에 불과하고 무가치하다는 것―이것이 전쟁과 피점령의 체험의 교훈이었다.[14]

「전쟁은 일어났다」는 글에서 메를로퐁티의 관찰은, 다시 말하여, 도덕이 현실 속에서 부딪치게 되는 어려운 상황을 지적하고, 거기에서도 도덕적 선택이 있어야 한다는 것이다. 선택은 구체적 상황에서의 선택이다. 보편적 도덕의 이름으로 그때그때의 정치 투쟁을 회피할 수는 없다. 프랑스와 독일의 대결에서 프랑스인은 프랑스인으로서 전쟁에 참여하는 것이 당연하다. 프랑스인에게는 프랑스를 수호할 의무가 있다. 그러나 그에게 이것은 맹목적 충성을 의미하지 않는다. 이 전쟁에서 그는 프랑스의 정당성을 인정한다. 이것은 도덕적 판단에 의

보편적 도덕의 이름으로, 도덕적 선택은 구체적 상황에서의 선택이다. 그리하여 도덕적 선택은 그때그때의 정치 투쟁을 회피할 수 없게 한다

---

14 Ibid., p. 152.

한 선택이고, 판단의 기준은 보편적인 도덕률의 선택이다. 그러면서도 선택은 보편적 이념에 일치하는 것이 되지 않는다.

전쟁의 현장에서 어느 한쪽을 선택하고 그것을 위하여 총을 겨누는 것은 불가피하다. 이때 선택의 기준은, 이미 말한 바와 같이, 그 나름의 정당성에 입각한 것이다. 그 선택의 결과는 사람을 죽이는 결과가 될 수 있다. 그러면서도 여전히 강 건너에 산다는 이유로, 즉 국적을 달리한다고 사람을 죽이는 것이 옳지 않다는 원칙은 그대로 남는다. 보편적 도덕률의 현실적 실현은 전쟁을 포함하여 그 실현을 방해하는 모든 사실적 조건을 제거할 때 가능해질 것이다. 그것은 미래를 향한 희망으로 존재한다. 그러면서도 미래에 실현될 보다 보편적인 이상은 오늘의 현실에도 중요한 의미를 갖는다.

이것은 위에서 말한 바와 같이 오늘의 선택에 기준이 된다는 것만이 아니다. 그것은, 필자의 생각으로는, 전쟁 중에도 전쟁의 현장이 아닌 곳에서—가령 포로가 된 독일인에 대하여 적용될 수 있다. 또는 그것은 불가피한 정황 속에서 나치즘 체제의 일부가 된 사람들에 대한 판단을 지나치게 엄격하게 하는 것을 완화하는 데 도움이 된다.

다시 위의 아프간 전쟁의 사례로 돌아가서, 당장에 적군에 연계되어 있다는 혐의가 없는 아프간 염소치기의 살해는, 모든 도덕적 주장에도 불구하고, 보편적 도덕률을 떠나는 것이라고 할 것이다. 그것이, 나중에 드러난 바와 같이, 아군의 희생을 가져왔다고 하더라도, 그 가능성으로써 살인을 정당화하는 것은 도덕적 행위에 잠재해 있을 엄청난 어려움을 회피하는 일이다.

도덕은 어려움을 어려움으로 인정할 것을 요구한다

앞에서 말한 바와 같이, 도덕은 어려움을 어려움으로 인정할 것을 요구한다. 브레이크가 고장 난 기관사는 현실적으로는 덜 급박하면서도 적어도 이론적으로는 더 어려운 결정을 하지 않으면 안 된다. 기관사의 선택을 1인 대 5인이라는 계산으로 환원하는 행위는 다시 한 번 도덕을 버리는 일이다. 여기에서의 선택은, 도덕적 관점에서는, 계산에 의하여 정당화될 수 있는 것이 아니라 우발적인 것으로 남겨 두는 것이 옳다고 할 수 있다. 그렇다고 기관사 그리고 그것을 생각하는 사람들의 고뇌가 없어지는 것은 아니다. 기관사는 그의 도덕적 고뇌 속에서 하나를 선택할 수도 있고, 다섯을 선택할 수도 있다. 또는 선택을 포기하고 모든 것을 운명에 맡길 수도 있

어느 쪽도 정당성을 가질 수 없다. 그의 고뇌가 그의 선택을 정당화할 뿐이다.

다. 그 어느 쪽도 정당성을 가질 수는 없다. 그의 고뇌가 그의 선택을 정당화할 뿐이다. 또는 어느 선택이 옳은 것

인지는 분명할 수가 없다. 그의 고뇌가 그의 도덕성을 표현할 뿐이다. 그리고 그 결과가 어떤 것이 될지는 모르지만, 그것은 틀림없이 현실에 영향을 미치는 일이 될 것이다. 사회적으로 말하여, 그러한 고뇌의 존재 여부는 그 사회의 품격을 결정하는 한 요인이 될 것이다.

어느 선택이 옳은 것인지 분명할 수가 없다. 그의 고뇌가 그의 도덕성을 표현할 뿐이다. (…) 그러한 고뇌의 존재 여부는 그 사회의 품격을 결정하는 한 요인이 될 것이다

10. 신의 율법과 정치 공동체의 법

바로 어려운 현실 상황에서의 선택의 어려움 또는 불가능성을 전형화하는 것이 희랍 비극에 드러나는 인간적 갈등이다. 흔히, 선택의 비극적 난경을 전형화하고 있는 작품으로 이야기되는 것이 소포클레스의 「안티고네」이다. 이 작품이 특히 그렇게 생각되는 것은 헤겔의 유명한 해석 때문이기도 하다.

줄거리를 간단히 회고하면, 안티고네는 반란을 일으켰던 오빠(또는 동생) 폴리네이케스의 시신을 땅에 묻어 장례를 지내려 한다. 그러나 크레온은 반역자의 장례식을 금하는 국법에 따라 이를 금지하고 안티고네의 처벌을 명령한다. 이 대결의 결과 안티고네는 물론 크레온의 상속자, 그리고 왕비가 죽게 되고, 절망에 빠진 크레온

은 유랑의 길에 들어선다. 기본적으로 국가를 대표하는 크레온에 대한 안티고네의 저항을 다룬 것이 이 연극이지만, 헤겔이 말하는 것은 이 저항이 국가 체제와 국법에 대한 개인의 저항이 아니라 두 개의 윤리 규범의 충돌을 표현하는 것이라는 것이다. 안티고네가 대표하고 있는 것은 가족 관계를 규정하는 "신의 율법"이다.

두 개의 윤리 규범의 충돌—'신의 법'과 '정치 공동체의 법'의 충돌

인간의 생물학적인 기본에 이어지는 이 율법에 못지않게 중요한 것은 정치 공동체의 법이다. 이 두 법의 갈등에 대하여서는 적절한 해결의 방식이 없다.[15] 가족 윤리와 국가 공동체의 법, 이것들은 어느 쪽이나 존중되지 않을 수 없는 윤리적 요구를 가지고 있다. 이것들의 충돌에는 해결의 방도가 없다. 윤리적 도덕적 선택은 이러한 불합리한 궁경에 빠지기도 하는 것이다. 그러나 이 궁경을 궁경으로 인정하는 것은 그 나름으로 중요한 인간적 의미를 갖는다. 그것은 비극적이면서도 인간의 삶의 깊이를 알게 하는 삶의 한 국면이다. 그리고 그것은, 헤겔에 의하면, 높은 의미에서의 인간 이성의 표현이고, 역사의 모순된 진전의 한 국면을 이룬다.

강한 신념의 인간들이 부딪치는 곳에서 대결은 불가피하다

강한 신념의 인간들이 부딪치는 곳에서 대결은 불가

---

15 Phaenomenologie des Geistes, VI, A. a. 참조

피하다. 그런데 이 신념은 단순히 자기과대망상이나 광신에서 나오는 것이 아니다. 그것은 타당성에 의하여 저울질 될 수 있는 신념이다. 그러면서도 그것은 단순히 논리적으로 정당화될 수 있는 선택들을 나타내고 있는 것만은 아니다. 또는 비극의 주인공들을 결연한 대결 행위로 몰아가는 것은 그것이 어떤 초월적 또는 이론 체계에 대한 믿음으로 굳어졌다는 것을 의미하지도 않는다.

여기에서 비극적 선택은 개인적 정열에 이어져 있다. 그렇다고 이 정열이 끓어오르는 감정의 격앙 상태만을 나타내는 것은 아니다. 그것은 인간 존재 전체의 깊이에 연결되어 있는 어떤 힘을 나타낸다. 이 정열은 희랍어로 pathos이다. 이것은 능동적인 것과 함께 수동적인 성격을 가진 에너지의 결집이다. 영어로 passion은 '정열'이란 말로 옮겨질 수도 있으면서, 가령, St. Mathew's Passion, '마태수난곡'이라는 말에서처럼, '수난(受難)'이란 말로 옮겨질 수 있다.

pathos는 정열이면서 어찌할 수 없이 견디어야 하는 고통이고, 그것에 함축되어 있는 명령에 순응하면서 일어나는 정열이다. 혜겔은 진정한 비극의 주인공들의 동기가 되는 것은 "독립적으로 존재하면서 사람 안에도 살아 있어서 그 심성의 내면에서 감정을 움직이는 보편적 힘"이라고 말한다. 이것이 안티고네를 움직이는, 희랍어의 고유한 의미에서의 pathos이다. 이것은 "그 자체로 정당화되는 심성의 힘, 기본적으로 이성적인 것이며, 자유로운 의지의 내실이다."[16]

비천한 동기가 아니라 고귀한 인간적 동기에서 나오는 높은 도덕적 선택이 야기하는 갈등이 존재한다는 사실을 인정해야 한다

지금 말한 바와 같은 갈등―비천한 동기가 아니라 고귀한 인간적 동기에서 나오는, 높은 도덕적 선택으로 대하여야 하는 갈등이 존재한다는 사실을 인정하는 것은 개인적으로나 사회적으로나 인간 이해의 깊이를 더하는 일이 되지만, 그러한 이해는 결국은 현실 문제의 해결을 생각하는 데에 깊이를 더할 수 있다. 아리스토텔레스에게 비극의 효과는 연민과 공포이다. 비극은 인생의 진실에 대한 외경심을 일으키고, 고통의 연대로서의 인간 생존을 볼 수 있게 한다. 또 그것은 역사 발전의 변증법적 진전을 요구하는 것일 수도 있다.

안티고네와 크레온의 갈등은 불가피한 것이면서도 이 불가피성은 특정한 역사적 순간을 나타내는 것이지 영원한 것이 아니다. 이 갈등은, 헤겔이 생각한 대로, 보다 원시적인 공동체에서 합리적인 폴리스에로 나아가

---

16 G. W. F. Hegel. Vorlesungen ueber die Ästhetik, Band I, (Suhrkamp, 1970), S. 300~302.

사회적 도덕 : 이념과 사실적 조건

는 시점에 일어난 것이다. 사실 오늘의 법 제도를 포함하여 보다 너그러운 법제도는 시민적 의무의 보편성 속에 가족 관계의 특수성을 인정하고 포용한다.

11. 구체적 현실에 들어 있는 이성

역사적 전환의 시기를 표하는 것이 안티고네와 크레온의 갈등이라고 하는 것은 그것이 시대적 제한 속에 있으면서도 이성의 진전을 표하는 것이라고 말하는 것이다. 여기에서 이성의 진전은 안티고네의 고집이 다음의 단계에서 이성에 의하여 극복되어야 하는 고집, 그러니까 그 자체로는 비이성적인 고집이라는 말이 아니다. 그것은 그것 자체로서 그 시점에서 가능했던 이성적 도덕의 표현이다. 크레온은 물론 보다 이성적인 입장을 나타낸다고 할 수 있다. 그러나 그것은 인간의 실존적 조건을 충분히 참작하는 것이 아니고, 또 그러니 만큼 인간성의 참다운 깊이를 스쳐가는 것에 불과한 이성을 대표한다.

「안티고네」의 후일담을 포함하고 있는 「콜로노스의 오이디푸스」에 보면, 크레온의 이성은 전략적 의도를 가지고 있는 이성이다. 그것은 참으로 인간적인 의미에서 이성적인 입장을 대표하지 않는다. 전략 속에 움직이는 이성은 이미 도덕적 이성의 범위를 벗어나기 시작한 것이다.

하여튼 중요한 것은 다양한 도덕의 규범 사이에 있을 수 있는 갈등에도 불구하고 발전적인 사회란 역사적 한계 속에 존재하면서도 그 안에 최대한으로 이성적 가능성을 포함하고 있는 사회라는 것이다. 그리고 절대적 요청으로서의 이성은, 현실의 관점에서 볼 때, 그 자체로 접근되는 것이라기보다는 역사적 형태—따라서 현실적 제약을 가진 형태 속에 구현되는 것이라고 할 수 있다. 그리고 깊이 있는 실존은 추상적인 이성이 아니라 구체적인 현실에 들어 있는 이성을 구현하는 삶에서 실현된다. 그러면서 그것을 넘어가는 초월적 에너지를 나타낸다.

깊이 있는 실존은 추상적인 이성이 아니라 구체적인 현실에 들어 있는 이성을 구현하는 삶에서 실현된다. 그러면서 그것을 넘어가는 초월적 에너지를 나타낸다

12. 도덕의 기초, 전통과 서사

위에서 언급한 바 특정한 역사를 가진 사회 집단의 권위를 받아들이는 샌델의 서사적 자아는 일단 이성의 원리를 포기하는 것이라 할 수 있다. 도덕의 기초는 이

사회적 도덕 : 이념과 사실적 조건

성이 아니라 특정 전통의 수락에서 온다. 거기에 들어 있는 이야기가 도덕적 권위의 기초이다. 샌델의 서사 개념은 앨리스다이어 머킨타이어로부터 빌려 온 것이다. 머킨타이어의 주장은 사람의 삶의 전체성, 통일성 또는 일관성의 필요를 말하는 문맥에서 나온다.

기능적 단편화를 요구하는 현대적 삶에 대하여 인간성에는 전인적 자기실현에 대한 요구가 있다. 쉽게 생각하면 다른 일에서나 마찬가지로 삶에 있어서도 통일과 지속을 위한 가장 중요한 요인은 이성일 것이다. 그런데 머킨타이어는 이성이 현실 속에 움직이는 인간의 도덕적 행동을 충분히 관장할 수 있다고 보지 않는다. 그리하여 이 이성에 대신할 수 있는 것으로 서사적 일관성의 개념을 도입한다. 삶의 일관성은, 그 많은 부분에서, 집단의 전통과 역사가 보여주는 서사의 일관성에 의존하여 획득된다. 그렇기는 하지만, 이것은 보다 근본적인 도덕적 일관성의 요청 또 거기에 따르는 그 나름의 이성적 반성을 완전히 떠나는 것은 아니다. 그것은 이성의 현실적 어려움을 비판적으로 수용하려는 노력의 일부이다. 일관성은 경험적 차원에서의 이성의 존재 방식이라고 할 수 있다. 그것은 하나의 명제가 다른 명제와의 관계 속에서 존재하여야 한다는 것을 말한다. 그러나 이

우리 모두는 기능적 단편화를 요구하는 현대적 삶에 대해 전인적 자기실현의 욕구를 가진다

러한 명제들은 절대적으로 이성적인 총체를 이루지는 못한다. 그것은 잠정적인 이성의 구역을 형성할 뿐이다.

이성적 토대를 지니고 있는 매킨타이어의 서사개념. 특정 집단에 대한 loyalty(충직성)를 도덕적 삶의 기초로 보는 샌델의 서사

머킨타이어의 서사 개념이 이러한 의미에서 이성적 토대를 가지고 있는 데 대하여, 샌델은 특정 집단에 대한 loyalty—샌델의 한국어 번역에서 "충직성"—을 도덕적 삶의 기초가 되게 하고자 한다. 샌델이 이성적 요구를 완전히 망각한다고 할 수는 없으나, 그의 충직성의 옹호는 적어도 머킨타이어에서 유지되고 있는 전체적인 논의의 맥락을 벗어나고, 그 논의에서의 선후를 전도하는 느낌을 준다고 하지 않을 수 없다.

다시 말하여, 머킨타이어의 서사는 인간 행동에 알아볼 만한, 그러니까 이해의 관점에서 수긍할 만한 일관성을 주는 원리이다. 일상적 차원에서 사람의 행동은, 추상적 개념이나 이상보다는 그때그때의 상황적 조건과의 대결에서 위험과 실패와 성공에 대한 고려에 따라 행해진다. 이것은 이야기로 서술될 수밖에 없다. 사람이 자기의 삶을 보다 넓은 관점에서 생각하고 하려고 할 때, 그것은 여러 현실적 상황을 하나로 이어서 생각하는 서사적인 형태를 취함으로써 알 만한 것이 된다.

어떤 상황적 조건은 계절의 순환과 같은 환경 조건이

나, 결혼과 같은 생명의 생물학적인 연쇄의 기초가 되는 사회 행위, 또 그 테두리 안에서의 경제와 같은 것을 말한다. 개인적인 삶의 계획은 이러한 상황을 유연하게 편입하는 것이라야 한다. 나의 삶을 생각할 때 또 중요한 것은 나의 삶이 여러 사회적 관계망 속에서 존재한다는 사실이다. 나의 삶의 서사는 이 사회적 서사의 일부이다. 여기에서 사람이 속하는 특정한 사회의 전통—도덕적 전통이 중요해진다. 나의 삶은 사회의 현재와 전통에 대한 일정한 이해로부터 빌려오는 모티프를 포함하게 되고, 또 그 안에서 일정한 자리를 차지하는 과정에 대한 이야기가 된다. 이것은 특히 나의 삶을 일정한 일관성 속에서 살려고 할 때 그러하다. 전통과 역사의 서사에는 배울 수 있는 선례가 있다. 그리고 그 안에 일정한 가치의 양식이 있다고 하는 것은 그것이 보존되어야 한다는 희망을 나타낸다. 그리하여 큰 관점에서의 나의 삶을 생각하는 것은 전통과 역사의 서사 속에서 자신의 책임—가족과 고장과 종족과 국가에 대한 적절한 책임을 받아들이는 법을 배우는 것을 의미한다.

그러나 서사적 이해는 단순하게 주어진 현상에 적응하면서 자신의 삶을 살아가고 또 전통의 가르침을 그대로 수용한다는 것을 말하지는 아니한다. 긴 관점의 서사로서 자신의 삶을 계획하는 데에는 "나에게 좋은 것이 무엇인가"를 물어보는 것이 필요하다. 머킨타이어의 생각에 이것은 "사람에게 좋은 것이 무엇인가" 하는 물음에 연결된다. 이것은 앞의 물음을 일반화하면서 그것을 보다 보편적인 삶의 목적 속에서 파악하는 것이다. 그리고 그것은 모든 좋은 것을 종합할 수 있는 가장 높은 좋은 것의 개념을 찾는 일로 나아간다.

도덕적 품성은 이러한 추구에서 삶의 총체적인 좋은 성취를 위하여 필요한 인간적 품성과 행동의 원리이며 바탕이다. 이러한 총체적 추구의 과정에서 밝혀지는 것이 자신이 속하고 있는 전통에 있어서의 도덕적 비전인 것이다. 이것은 물론 전통에 대한 성실한 헌신을 요구한다. 그러나 그것은 전통에 사로잡혀야 한다는 말이 아니다. 좋은 삶, 도덕적으로 만족할 만한 삶은 정신적 탐구(quest)의 과정 속에 있는 삶을 말한다. 전통은 이 탐구의 일부로서 중요하다. 그러나 종착역은 아니다. 머킨타이어를 인용하면,

개인의 자아가 가족, 이웃, 종족과 같은 공동체의 일원이 됨으로써 도덕적 정체성을 얻는다는 것은 이런 형태

자신의 삶을 계획하는 데에는 "나에게 좋은 것이 무엇인가"를 물어보는 것이 필요하다

의 공동체의 특수성에서 오는 도덕적 한계를 받아들인다는 것과 동일한 것이 아니라는 사실에 주목하여야 한다. 이러한 특수성이 없으면 발붙이고 시작할 출발점이 없다. 그러나 그러한 특수성으로부터 앞으로 나아간다는 데에 선을 향한 탐구, 보편성에 대한 탐구의 면목이 있는 것이다.[17]

머킨타이어는 이러한 보편성의 지향을 이야기한 다음에 다시 특수성으로부터의 이탈에 대하여 경고하고, 칸트나 분석 철학의 이성지상주의의 위험을 말한다. 여기에서 정의되는 이성은 의도와는 다르게 불행한 결과를 가져올 수도 있다고 말한다. 하지만, 그 경고는 그것이 오히려 도덕적 이상을 손상할 수 있다는 인식을 포함한다. 그것은 사람들이 "자신들이 지지하는 부분적이고 특수한 명분을 너무 쉽게, 너무 간단히 보편적 원칙의 명분과 일치하는 것으로" 볼 가능성이 있다는 것이다.[18] 보편성은 구체적 사실들의 전개 속에서 발견되고 확인되어야 한다.

---

17   Alisdair MacIntyre, After Virtue (University of Notre Dame Press, 1984), p. 221.

18   Ibid.

전통에 대한 강조가 보편성을 배제하는 것이 아님은 다른 문화 전통과의 접촉과 충돌에 대한 머킨타이어의 입장에서도 볼 수 있다. 두 문화 전통이 서로 만났을 때, 거기에는 다른 점들과 함께 공유하는 것들이 있게 마련이다. 이 공유점을 통하여 전통은 서로 근접해 갈 수 있다. 그리고 그 결과로 하여 서로의 차이를 더 객관적으로 이해하고, 그것을 보다 보편적인 것으로 확대해 갈 수 있다. 또 문화의 만남에서 때로는 하나의 전통 전체가 폐기될 수도 있다. "전통은 때로, 그 자체의 내적인 기준으로 보아도 성쇠를 나타내게 되는데, 그 관점에서 쇠퇴하고 있을 때 거기에 맞서는 다른 전통과의 만남은 스스로를 재구성하거나 폐기하는 좋은 계기로 작용될 수 있다."이런 과정에서 중요한 역할을 하는 것은 "합리적 고찰"이다.[19]

13. 프로네시스, 이성과 덕성

특정한 집단의 전통과 보편적 가치와의 착잡한 관계

---

19 Ibid., p. 277.

를 이야기하면서 주목해야 할 것은, 좋은 삶과 도덕적 삶에 대한 여러 논의를 하면서 머킨타이어가 가장 긍정적으로 받아들이고 있는 것이 도덕과 윤리에 대한 아리스토텔레스의 생각이라는 점이다. 그리고 여기에서 중요한 것은 거기에서 발견되는 이성적 요소이다. (샌델에게도 아리스토텔레스는 중요한 윤리적 통찰의 원천이다. 그러나 그의 접근이 반드시 같은 것이라고 말할 수는 없다.)

특정한 전통을 떠나서 도덕과 윤리의 덕성을 생각할 수 없고, 그러니 만큼 어떤 전통에서 나온 덕성도 보편성을 가질 수 없다는 것을 되풀이하여 말하는 그의 논리로 볼 때, 머킨타이어의 아리스토텔레스주의는 그의 개인적인 선택이고, 또 그가 속하는 서양 사람이 받아들여야 하는 전통에서 나오는 것이기 때문에 당연히 받아들일 의무가 있는 것이라는 설명이 가능하다. 그러나 분명한 것은, 다시 말하여, 아리스토텔레스의 도덕 이론이 극히 이성적이라는 것이다. 또는 적어도 그것은 이성적 성찰 또는 철학적 반성에서 나오는 이론이라는 사실이다. 머킨타이어 자신, 서양의 고전전통을 확연하게 "합리적 전통"이 되게 한 것이 아리스토텔레스라고 말한다.[20] 아리스토텔레스가 말한 덕성들, 또 그에 따른 좋은 삶에 대한 생각들은 희랍 사회에 이미 존재하고 있는 것들이었지만, 그것들은 분명하게 정리되어 있던 것이 아니었다. 또 다른 대항적인 덕성이 없었던 것도 아니었다. 여기에 합리적 일관성을 부여한 것이 아리스토텔레스이다. 아리스토텔레스가 보여주고 있는 것이 전통과 합리성의 결합이다.

아리스토텔레스가 보여주고 있는 것은 전통과 합리성의 결합이다

덕성을 말하면서 그가 중시한 것은 전통에서 발견되는 덕성이었지만, 그의 덕성 논의에서 중요한 것은 거기에 포함되는 이성적 판단의 요소이다. 덕성의 두 요건은 지성과 인격의 수월성이다. 앞의 것은 배움을 통하여 얻어지고, 뒤의 것은 실천적 행동을 통하여 얻어진다. 그러나 앞의 지적인 요소는 도덕적 삶에서 절대적인 필요의 요인이다. (그리하여 실천은, 지적인 수련을 요구하는 사회적 행동이 아니라 은자의 명상적 생활이 될 수도 있다.) 머킨타이어의 생각으로는, 칸트에게는, 지적인 판단이 개입되지 않는 선의 행위도 있을 수 있지만, 아리스토텔레스에게, 그러한 것은 참다운 선의 행위가 아니다. 가장 중요한 덕목인 "프로네시스(phronesis)는 지적 덕목으로서, 그

---

20 Ibid. p. 147.

것이 없이는 다른 어떤 인격의 덕성도 실천될 수 없다."

프로네시스는 구체적인 상황에서 이성적 판단을 내릴 수 있는 힘이다. 또 아리스토텔레스에게. 중용이 중요한 것은, 어떤 덕성이 구체적 사건을 잊어버리고 적용이 되는 경직된 원리가 된다면, 그것은 오히려 선이 아니라 악이 될 수 있기 때문이다. 모든 덕성은 거기에 수반될 수 있는 두 개의 악을 불러일으킬 수 있다. 가령, 용기는 만용과 비겁 사이에, 관대함은 호탕한 것과 야박함 사이에 존재한다.[21]

프로네시스의 중요성은 플라톤에서 덕성의 원리로서 이성을 강조한 것에 이어진 것이다. 플라톤에게 덕성은 이성으로써 육체적 충동을 제어하는 데에서 시작한다. 이것이 소프로시네(sophrosune)이다. 그리고 플라톤에서 이성의 작업은 궁극적으로 수학(數學)의 연수, 이데아의 관조가 된다. 아리스토텔레스의 프로네시스는 조금 더 구체적인 사실에서 움직이는 이성이다. 얼핏 생각하기에 법의 적용에서 중요한 것은 이미 나와 있는 규정을 엄격하게 지키는 것이다. 그러나 많은 일에서 규정은 양식(良識)의 작용을 통해서야 구체적인 상황에 맞아

---

21 Ibid., p. 154.

들어간다. 이것이 "바르게 맞는 이성에 따라서(kata ton orthon logon)" 행동하는 것이다.[22] 이성은 한정된 틀을 넘어가는 유연한 힘이면서, 사실에 정합할 수 있는 원리이다. 하나의 공동체를 이성적인 공동체로 지키는 것은 법의 규정들이다. (이것은 사람이 아무리 이성적인 판단의 능력을 가지고 있다고 하더라도 결국 다른 판단이 가능하고, 다른 한편으로는 그 시작이 어디에 있든지 이성적인 것은 사회적 협약—상상의 협약으로서만 사회적 현실이 되기 때문이다.) 그러나 이것은 다시 전체 속에 움직이는 이성의 유연함을 받아들여야 한다.

이성적 기능의 유연성에 대한 강조에도 불구하고 아리스토텔레스가 모든 가능성에 열려 있었던 것은 아니다. 그는 당대의 많은 편견을 그대로 받아들이고 있었다. 가령 그의 생각에 노예는 태어날 때부터 자유롭고 이성적인 삶을 살 능력을 가지지 못한 사람이다. 지적인 훈련을 갖지 못한 기술의 장인은 높은 선의 삶을 살 수 있는 사람이 아니다. 무엇보다도 그에게 희랍인의 도덕적 삶은 비희랍인들이 나누어 가질 수 있는 것이 아니었다. 역설적으로, 실천적 이성의 유연성에 대한 강조에도

---

22 Ibid., p. 152.

불구하고 그가 이성 자체에 대하여 지나치게 경직된 개념을 가지고 있었던 것이 한 원인이었다고 할 수 있다.

이성은 본래 자연과학적인 법칙의 엄격성을 가진 것이다. 보다 복잡한 현실 속에 작용하는 프로네시스와 같은 실천적 이성의 중요함에도 불구하고 그것도 그 근본에 있어서는 일정한 정식을 가진 것으로 생각되었다. 아리스토텔레스는 이성이 역사와 더불어 바뀐다는 것을 생각하지 않았다. 그는 "종의 일원으로서의 개인들이 어떤 목적(telos)를 가지고 있으나, 하나의 폴리스의 역사가 있고, 희랍의 역사가 있고 인류의 역사가 있어서, 그것이 점진적으로 확대되면서 앞으로 나아간다는 것"을 생각하지[23] 않았던 것이다.

14. 비극은 현실의 일부

머킨타이어가 지적하는 바 아리스토텔레스의 확고한 이성주의의 또 하나의 약점은 갈등이 인간의 현실의 불가피한 한 현실이라는 것을 받아들이려 하지 않았다는

갈등은 인간 현실의 불가피한 한 현실이다

---

23 Ibid., p. 159.

것이다. 그에게 갈등은 본래적인 것이라기보다는 이성적 작용의 실패의 결과였다. 하나의 시민 공동체에서 일어나는 내란은 피할 수 있는 그러나 피하지 못한, 실패를 나타낸다. 희랍 비극이 보여주는 참담한 종말들은 그럴 수밖에 없는 것이면서, 그 일부 원인은 사태의 추이 자체에 개입된 주인공의 성격적 결함(hamartia)에 있다. 그의 "시학"의 비극론에 나오는 이러한 설명은 비극적 파국이 현실의 일부라는 것을 인정하지 않으려는 근본적 이성주의에 관계되는 것이라고 할 수 있다.

비극은 현실의 일부이다

　　여기에 대하여, 머킨타이어는 비극이 현실의 일부라는 것을 인정한다. 비극은 똑같이 선택될 수도 있고 선택되지 않을 수도 있는 두 개의 좋은 삶의 선택, 그리고 선(善)이 있을 수 있다는 것을 말한다. 그러나 그것은 단순히 중립적 관점에서 판단하여 이럴 수도 있고 저럴 수도 있는 두 갈래의 길이 있다는 것을 말하는 것이 아니다. 하나의 선택은 하나의 선을 선택하면서 다른 선의 가능성을 희생하는 것이다. 그리하여 그것은 극히 심각한 고민과 고통의 원인이 된다. 그러면서도 이 고통 그리고 그 안에서의 선택은, 그 잘잘못이나 옳고 그름을 넘어서 그 나름의 도덕적 실천이 될 수 있다. "비극의 주인공은 자신이 선택한 행동을 펼침에 있어서 영웅적으로 또는 비영웅적으로, 너그럽게 또는 너그럽지 않게, 아름답게 또는 아름답지 않게, 지혜롭게 또는 지혜롭지 않게 행동할 수"도 있기 때문이다. 머킨타이어가, 비극적 선택에서 나오는 행동이 부정할 수 없는 객관적 현실로서의 심각함을 갖는다고 말하는 것은 이러한 뜻에서일 것이다.[24] 이것은 비극적 선택과 그 선택 안에서의 또 하나의 선택이 개인의 결단에 관계된다는 것을 말한다.

비극적 선택과 그 선택 안에서의 또 하나의 선택이 개인의 결단에 관계된다

그렇다면, 다른 도덕적 행위는 나의 결단과 관계가 없는 것인가? 머킨타이어는 비극에서의 실존적 선택을 인정하면서도, 전통적 가치를 수호하는 데에는 정의와 진실성과 용기와 지적인 덕성이 필요하다고 말한다. 그러면서도 그는 이성적 선택이 개인의 결단과는 관계가 없다고 생각한다. 그것은 어디까지나 주어진 사실들 속에 적용될 수 있는 객관적 기준으로 볼 때, 당연한 선택이다. 경험적 이성의 관점에서의 선택인 것이다. 그리하여 그는 진정성을 위한 단독자의 결단을 옹호하는 사르트르를 비판하고, 칸트의 실천이성의 거부할 수 없는 의무를 부정한다. 이것은 인간의 존재 방식이 이성으로만

---

24 Ibid., pp. 225~226.

인간의 존재 방식
이 이성으로만 설
명될 수 없다는
것. 어떤 종류의
이성적 성향이 있
다고 하더라도 그
것은 특정한 전통
과 사회 속에서만
특정하게 구성될
수 있다는 것

설명될 수 없다는 것과, 어떤 종류의 이성적 성향이 있다고 하더라도 그것은 특정한 전통과 사회 속에서만 특정하게 구성될 수 있다는 생각에 이어져 있다. 그러나 이렇게 말하는 것은 이성의 사회성과 부분성에 대한 정당한 느낌을 보편화하면서, 도덕의 존재 가능성을 부정하는 결과를 낳을 수 있다.

도덕이 독자적인 근거를 가지고 있지 않다면, 모든 사람에게 보편적 타당성을 갖는 도덕은 있을 수 없을 것이다. 그렇다면, 이것은 특정 집단에 속한 사람에도 도덕은 이익을 위한 상호 협약의 다른 이름에 불과하다. 그리고 그것이 역사적으로 성립한 것이라면, 그것은 전통의 해석자의 안내를 얻어서 비로소 알게 되는 것일 것이다. 내가 나의 마음속의 소리에 따라서 독자적으로 행동하는 것은 불가능하다. 그리하여, 그것에 따라 행동하는 개인이 없다면, 비극은 존재할 수 없다.

15. 도덕과 위선적 명분

도덕은 언제나 명명백백한 것이 아니다. 칸트는 도덕의 자명성을 강조한 대표적인 철학자로 생각된다. 이것

사회적 도덕 : 이념과 사실적 조건

이 머킨타이어로 하여금 칸트를 멀리하게 한다. 그러나 반드시 칸트가 도덕적 실천은 물론 그 내면적 파악도 간단하게만 생각한 것이라고 할 수는 없다.

칸트의 유명한 말의 하나는 하늘에는 밝은 별이 있고 가슴에는 도덕률이 있다는 선언이다. 이것은, 천체에 그 것을 움직이는 자연 법칙이 존재하듯이, 도덕률이 언제 나 명명백백하게 인간의 심성에 존재한다는 말이다. 그 러나 이것은 이념적으로 그렇다는 것이지, 경험의 현실 속에서 그러하다는 것은 아닐 것이다. 칸트가 도덕적 규 범과 그 실천이 얼마나 어려울 수 있는가를 몰랐을 리 가 없다.

『실천이성비판』에서 다루는 도덕적 규범의 문제는 경험 이전의 순수한 가능성이다. 그런데 이 책에는 그러 한 규범이 현실에서 작용할 때의 심리적 문제들을 다루 는 "순수실천이성의 동기에 대하여"라는 부분이 있다.[25] 여기에서 칸트가 말하려 한 것은 실천이성의 명령이 세 속적인 이해관계의 동기와는 별개의 것이고, 그것과의 착종된 관계에서 분리되어 생각되어야 한다는 것이다.

---

25 Immanuel Kant, Kritik der praktischen Vernunft. Erster Teil, 1, Buch, 3. Hauptstueck. "Von den Triebfedern der reinen praktischen Vernunft."

그러나 현실적인 차원에서 그의 노력은 어떻게 도덕적 의무가 여러 동기에 섞이게 되며, 그럴 경우 어떻게 그것이 도덕을 떠나는 것이 되는가를 경고하려 한 것이라고 할 수도 있다. (이러한 심리적인 혼란에 대한 관찰은 도덕과 물질적 조건과의 얼크러짐으로 일어나는 도덕의 타락을 예견하는 것이라고 할 수 있다.) 순수한 도덕률은 이러한 아울림으로부터 독립하여 그 자체의 당위성을 가지고 있어야 한다.

칸트는 다음과 같은 5가지 경우의 도덕적 행위를 비판적으로 본다
① 세속적 이익과 결합하고 위선적 명분이 되는 도덕적 행위
② 자애와 결부되고 자부심과 하나가 되는 도덕적 행위
③ 오만과 자애에 이어지는 상상으로서의 도덕에 대한 광신적 신념
④ 자신의 공적이 되고 자긍심의 근원이 되는 도덕적 행위
⑤ 쾌락과 행복에 연결되는 도덕적 행위

도덕적 행위가 세속적 이익과 결합하고 위선적 명분이 되는 경우가 많은 것은 새삼스럽게 말할 필요도 없다. 칸트가 말하는 이런 순수치 못한 연계 가운데에 도덕 행위가 자애(自愛)에 결부되고 자부심과 하나가 되는 것은, 세속적 관점에서는, 반드시 나쁜 것이라고만 할 수 없을는지 모른다. 그러나 이 결합은, 그의 생각으로는, 도덕의 이념을 손상하는 가장 흔한 현상이다. 다른 한편으로 소설가가 그려내고 감정교육가 또는 철학자가 칭찬할 수 있는 도덕에 대한 광신적 신념도 오만과 자애에 이어지는 망상이기 쉽다. 도덕적 행동이 자신의 공적이 되고, 그것으로 하여 자긍심을 가지게 되는 것도 마찬가지이다.

이러한 것과는 반대로 도덕적 행위를 쾌락과 행복의

느낌에 연결하는 경우도 옳은 일이라고 할 수 없다. 쾌불쾌, 찬탄이나 경악감, 애증과 공포는 도덕의 근거가 되지 못한다. 에피큐리언은, 도덕이 인생 최고의 선이라면, 그것은 또한 최고의 행복을 가져오는 계기가 될 것이고, 그러한 점에서 선은 행복을 원하는 인간 행동의 동기가 될 수 있다고 한다. 이것은 쾌락주의를 옹호하는 책략일 수는 있지만, 도덕률의 진실을 설명하는 것은 아니다.

사람을 도덕적 선으로 이끌어 가는 여러 감각적 감정적 동기 가운데 도덕 그 자체에 가장 가까이 가는 심리적 자원은, 칸트의 생각으로는, 존경심이다. 그러나 이것도 주로 보다 드높은 것 앞에서 우리의 사사로운 마음을 억눌러주게 한다는 점에서 의미를 갖는 것이지, 그것이 인간을 도덕적 실천 자체로 연결해주는 것은 아니다. 도덕률이 불러일으키는 심리적 동기에서 가장 순수한 것에 가까운 것은 그에 대한 신성함의 느낌 그리고 단순한 도덕적 관심이다.

그러면서도 칸트는 실천이성의 도덕적 의무는 그보다도 더 직접적으로 인간의 마음에 작용하고 인간의 실천 속에 구현된다고 생각한다.

그러나 이러한 느낌 가운에 존경의 마음을 칸트가 중

요시한다는 점은 다시 한 번 주의할 필요가 있다. 존경은 주로 사람을 향하는 심리인데, 특정한 인간을 향할 수 있으면서도 모든 사람이 가지고 있는 인간적 가능성—도덕적 가능성을 향하는 것이다. 여기로부터 모든 인간은 수단이 아니라 목적으로 생각되어야 한다는 명제가 나온다. 칸트가 시도하는 것은 이와 같이 도덕률의 의미를 다른 관련으로부터 분리하려는 것이지만, 위에서 시사한 바와 같이, 이러한 노력이 단순히 이론적 의미만을 갖는 것이라고 할 수는 없다. 이러한 작업은 실천적 의미를 갖는다.

16. 영광과 포상에 잠재된 도덕적 부패의 가능성

샌델의 공동체적 도덕론에서 제기되는 문제의 하나는 영광과 포상의 배정에 관계된다. 그는 이것의 사회적 배분은 공동체를 위한 기여에 따라야 한다고 말한다. 페리클레스와 같은 (그리고 에이브러햄 링컨 같은) 사람이 최고 공직과 영광을 누려야 하는 이유는 그저 현명한 정책을 실행해 모든 사람을 잘 살게 하기 때문만은 아니다. 정치란 어느 정도는 시민의 미덕에 영광과 포상을

사회적 도덕 : 이념과 사실적 조건

안겨주기 위해 존재하기 때문이다. 시민의 자질이 가장 뛰어난 사람을 대중이 인정해준다면, 좋은 도시의 본보기를 제시한다는 교육 효과도 얻을 수 있다.[26]

샌델은 이렇게 말한다. 여기에서 이야기되어 있는 것이 좋은 현실 사회를 말하는 것이라는 사실에 이의를 달 수는 없다. 그러나 이러한 공식에 잠재해 있는 도덕적 부패의 가능성을 간과하여서는 아니 된다. 영광과 포상은 칸트가 말하는 도덕적 공적에 대한 자부심과 자만심에 연결된다. 그런 데다가 영광과 포상은 곧 사회적 특권과 물질적 보상을 의미하게 된다. 샌델의 책에서 위의 주장은 스포츠와 같은 활동에 대하여서 이야기하는 부분에 나온다. 이야기는 주로 그 기준에 대한 것이지만, 오늘의 세계에서 스포츠에 금전적 보상의 문제가 큰 몫을 차지한다는 것은 말할 필요도 없다. 그러니까 정치도 그러한 맥락에서 생각되는 것이다.

어쨌든 도덕적 행위가 다른 것에 너무 밀접하게 얼크러지는 것은 엄밀하게 검토되어야 할 문제이다. 도덕을 영광과 포상에 연결한다면, 영광과 포상을 위해서 도덕적 행위를 하는 일이 생길 것이다. 이것은 칸트식으

---

26 샌델, p. 273.

로 말하여 도덕이 자아를 부풀리기 위한 수단이 된다
는 것을 말한다. 이것은 질시와 원한을 불러일으킬 것이
다. 그리고 거꾸로 영광과 포상의 추구의 동기에도 그러
한 것이 들어갈 수 있다. 칸트가 그것을 크게 취급하고
있지 않지만, 도덕적 담화에는 많은 경우 뒤틀린 질시
와 시기 그리고 원한이 그 아래 숨어서 작용하고, 거기
에 미묘한 왜곡을 가져온다. (이것은 니체에서 중요한 주제
이다. 칸트는 존경할 만한 사람이 있을 때에, 사람들이 그 흠집
을 발견하기 좋아한다는 사실을 언급하고 있다. 존경할 만한 사
람의 존경할 만한 품격은 자신이 그에 미치지 못하고 있다는 것
을 상기시킨다. 그리고 이것은 사람들로 하여금 다시 자애의 행
동으로 돌아가게 한다.) 조금 더 큰 차원에서는 이러한 연
결은, 영광과 축재와 권력을 위하여 도덕적 명분을 전략
으로 사용할 가능성도 낳는다. 극단적인 경우 보게 되는

도덕적 언설의 범
람과 도덕적 타락
이 상호 자극하면
서 진정한 인간적
도덕의 기준을 찾
을 수 없게 된 사회

것은, 도덕적 언설의 범람과 도덕적 타락이 상호 자극
하면서 진정한 인간적 도덕의 기준을 찾을 수 없게 된
사회이다.

같은 정도로 중요한 것은 아니지만, 어떤 사람의 도
덕적 행위가 다른 사람에게 모범이 될 수 있다는 것도
또 다른 각도에서 도덕의 방향을 뒤틀어 놓는 일이 될

수 있다. (물론 위에서 샌델이 말하고 있는 것은 모범이 되는 인간보다 모범이 되는 도시이다. 그러나 발상 전체에 모범의 문제, 모범으로서의 인간의 문제가 들어 있는 것은 사실이다.) 한 사람의 행동이 다른 사람—특히 자라나는 사람에게 모범이 되는 것을 부정할 수는 없다. 그리고 사실 도덕적 사회가 지속되는 데에 그것은 필수적인 현실 조건이라고 할 것이다. 모범의 제시는 교육의 중요한 수단이다. 그러나 도덕을 모범의 관점에서 파악하는 것은 조심스러운 일이 아닐 수 없다. 그것은 도덕의 이념에 들어갈 수 있는 근본적 문제점을 상기시킨다.

머킨타이어는 사르트르의 실존주의적 인간론에 강력하게 반대하는 의견을 가지고 있다. 그렇다고, 위에서 본 바와 같이, 그의 비판이 그 나름의 근거를 가진 것은 사실이지만, 사르트르의 진정성의 의의를 부정하지는 못한다. 관습적 사회적 역할로써, 또 다른 삶의 눈으로써 자신의 자아를 파악하는 것은, 사르트르의 관점에서는, 자아의 "진정성"을 상실하는 것이다. 그렇다면 자신의 삶을 서사나 이야기로서 이해하려고 하는 것은 거짓의 자아로써 진정한 자아를 대체하려는 것이다.[27] 진정

---

27 MacIntyre, p. 204, p. 214 et passim.

한 삶을 살고자 하는 사람은 일체의 주체적 자아의 외
면화, 객관화를 거부하여야 한다. 그것은 자아의 주체성
을 버리고 자아를 객체화하는 것이다.

사실 이러한 외면화, 객체화의 효과를 우리는 우리의
통상적인 삶에서도 어렵지 않게 발견할 수 있다. 위조학
위증명이란 무엇인가? 특정 학교를 다니고 거기에서 학
위 과정을 마치고 증명서를 받는다는 서사—이러한 이
야기가 인간됨에 대한 사회적 판단의 기준이 되지 않는
다면, 허위 증명이 무슨 소용이 있겠는가? 사람의 정체
성이 가문과 출신학교와 사회적 지위와 재산과 명품 자
동차와 브랜드네임 소지품으로 성립한다고 하는 통념
은 어디에서 오는가? 자기의 정체성을 이러한 것들로
이루어지는 이야기로 엮어 내면서, 우리는 거기에 거짓
이 끼어들어 가는 것을 얼마나 의식할 수 있는가? 또 그
근거의 진실성을 얼마나 의식하는가?

사람의 정체성이
가문과 출신학교와
사회적 지위와 재
산과 명품 자동차
와 브랜드네임 소
지품으로 성립한다
고 하는 통념은 어
디에서 오는가?

말할 것도 없이 이러한 외면적 서사와 그 사회적 효
과를 완전히 제거한다는 것은 불가능한 일이고, 또 그
것이 좋은 사회를 위하여 반드시 바람직한 일인지도 분
명치 않다. 좋은 사회란 반드시 진실의 사회라기보다는
인간적 현실의 여러 요소가 균형을 이룬 사회이다. 그러
나 많은 것의 섬세한 이념적 판별은 이 균형에 기여한

　　　　　　　　　사회적 도덕 : 이념과 사실적 조건

다. 머킨타이어의 도덕적 인간론에서 가장 핵심적인 것은 인간이 사회적인 존재라는 사실이다. 그 때문에 인간의 서사적 이해—자연이나 사회 그리고 전통과 역사와의 관련이 중요해진다. 도덕의 한 토대가 여기에 있다는 것은 분명하다. 다른 인간과의 관계 그리고 인간의 삶의 환경으로서의 자연과 우주를 떠나서 도덕이 무슨 의미를 갖겠는가? 그러나 이러한 인간의 사회성 그리고 다면적 관계성을 인정하는 외에 인간 존재의 도덕적 성격에 대한 칸트적인 분석이 절실하게 필요한 것도 틀림이 없다. 그것은 개인을 위해서도 그러하지만, 사회적 도덕적 기초를 바르게 존재하게 하는 데에 필수적인 것이다. 칸트를 공부하고 수용해야 한다는 말은 아니다. 도덕이 도덕 자체로서 존중되어야 한다는 것은 우리가 저절로 느끼는 실존적 깨우침이다. 역설적으로 인간이 사회적 관계망, 감정과 이익의 거래 속에 산다는 것을 부정하는 것도 도덕을 왜곡하는 결과를 가져올 수 있다. 그럴 때, 도덕은 다시 칸트가 말한 바, 자기과시의 도덕적 광신이 되고, 또는 위선의 수사(修辭)가 된다. 실천이성비판과 이익의 전술 그리고 동기는 현실 효율적 형식의 복잡한 중층 관계 속에 존재한다.

도덕은 도덕 자체로서 존중되어야 한다

도덕이 자기과시의 도덕적 광신이나 위선의 수사가 되는 것을 막는 일

17. 그 자체로 존재하는 도덕률

　칸트가 말하는 도덕은 그 자체로 존재하는 도덕이다. 그것은 사회화나 객체화의 매개 없이 존재한다. 그러면서 그것을 스스로 안에 내포한다. 이것이 세속적 관련이나 동기 없이도 사람의 이성에 직접 작용하는 도덕의 부름이다. 데카르트는 단순히 열심히 생각함으로써 진리에 이를 수 있다고 생각했다. 여기에서 생각한다는 것은 마음속의 과정이고 밖으로 오는 지시를 따르는 행위가 아니다. 그런 의미에서 그것은 홀로 하는 행위이다. 그렇다고 하여 다른 사람의 추론을 참고하지 않는다는 것도 아니고, 자기가 발견한 진리가 자기 멋대로 만들어낸 진리라는 것도 아니다.

　이성적 사유에서 나의 진리는 보편적인 진리이다. 그렇다고 이것이 참으로 영원한 진리가 되는 것은 아니다. 한 사람의 의식 속에 추리되고 검증되는 진리는 보편적 진리이면서, 역설적으로 그 보편성은 어떤 시점에서의 역사적인 제약 속에 존재하는 보편성이다. 실천이성의 진리도 이와 같이 개인적인 사유와 직관에 의하여 근접되면서, 보편적이고 또 시대적 사회적 제한 속에 존재한다.

　사실 사람이 접근하는 보편성이란 보편성 그 자체라

기보다는 보편성을 향한 끊임없는 움직임이라고 할 수 있다. 보편성의 가설적 성격은 과학적 사고에서도 알 수 있다. 과학의 진리는 진리이면서 언제나 새로운 물음에 열려 있다. 진리는 물음의 지평에서 일어나는 사건이다. 그리하여 과학은 확실성을 추구하면서 기존의 확실성을 넘어 새로운 확실성으로 진전한다. 이것은 실천적 도덕의 진리에 있어서도 마찬가지이다. 특정한 시대의 진리가 보편적 성격의 규범이라고 한다면, 그것은 다시 변용하고 확대될 수 있는 성격의 진리라는 점에서 보편성을 가지고 있다. 그렇지 않을 때, 그것은 어떤 특정 문화의 완고함이 되고, 그 사회적 도덕적 발전에 대한 제약이 된다.

보편적 도덕률이 다른 매개 없이 개인에 의하여 접근된다고 하였지만, 사실 이것도 그 가능성에 있어서 그렇다는 것이지, 당장에 주어지는 것이라는 말은 아니다. 어떤 경우, 그것은 매우 직접적이라고 할 수 있다. 차마 하지 못하는 마음이 있어서 살인, 도둑질 또는 거짓에 대한 본능적인 금기가 있는 것은 사실일 것이다. 그러나 그것이 일관된 도덕적 행동 규범이 되는 것은 보다 복잡한 과정을 통하여서이다.

칸트가 실천이성의 도덕률의 직접성을 강조하면서

사람이 접근하는 보편성이란 보편성 그 자체라기보다는 보편성을 향한 끊임없는 움직임이라 할 수 있다

진리는 진리이면서 언제나 새로운 물음에 열려 있다. 진리는 물음의 지평에서 일어나는 사건이다. 과학은 확실성을 추구하면서 기존의 확실성을 넘어 새로운 확실성으로 진전한다

도, 그것이 많은 자기 정화의 과정을 거쳐서 이르게 되는 것이라고 말한 사실은 놓치기 쉽다. 실천이성의 명령에 이르기 위해서는 모든 자기만족에 관계된 감정을 제어해야 한다. 이것은 고통스러운 일이 아닐 수 없고, 이 고통이 바로 사람의 의지가 도덕률에 따르게 된다는 중요한 증표라고 할 수 있다. 분명히 인식되고 버려져야 하는 것들에 포함되는 것이, 위에 언급한 바, 자애(自愛), 자긍심, 자만심, 자기기만, 과대망상, 쾌락 또는 행복에 대한 욕구이다. 여기에 요구되는 극기와 체념은 사실 전통적인 수련의 방식에서 멀지 않은 것이다.

다만 비극적 선택에 있어서 그 주인공은 이성적 법칙에 이르려는 모든 노력에도 불구하고 아포리아에 이른다. 그러면서도 그것은 이성적 법칙이 존재하는 실존적 근거를 여실히 보여주는 경우라고 할 수 있다. 비극적 선택에 있어서 이성적 판단을 허용하지 않는 선택은 현실의 비이성적 성격을 드러내주는 것이라고 할 수 있지만, 동시에 그것은 이성적 선택도 개인의 실존적 결단에 달려 있다는 것을 보여주고, 또 그러한 가운데에도 도덕적 품위의 행동이 가능하다는 것을 보여준다. 무엇보다도 비극적 선택이 보여주는 것은 이성적으로 정당화될 수 있는 선택도 개인적 결단에 이어져 있다는 것이

이성적 판단을 허용하지 않는 선택은 현실의 비이성적 성격을 드러내주는 것이라고 할 수 있지만, 동시에 그것은 이성적 선택도 개인의 실존적 결단에 달려 있다는 것을 보여주고 또 그러한 가운데에도 도덕적 품위의 행동이 가능하다는 것을 보여준다

다. 그리하여 위에서 인용한 헤겔의 말대로, 비극적 선택에 작용하는 파토스는 "독립적으로 존재하면서 사람 안에도 살아 있어서 그 심성의 내면에서 감정을 움직이는 보편적 힘"의 증표라고 부를 만하다.

그런데 이렇게 개인에 작용하는 이성의 효과를 말하면서 생각하지 않을 수 없는 것은, 도덕적 진리가 개인의 결단 속에 나타난다고 한다면, 그것은 인간의 실존의 형식을 이야기하는 것일 뿐만 아니라 진리가 존재하는 방식이라는 사실이다. 진리는 실존의 지평 속에 일어나는 사건이다. 그것이 또한 진리가 존재하는 방식이다. 그것은 특히 실천적 이성의 경우에 그러하다. 자연이 법칙 속에 움직인다고 하더라도, 그 법칙이 이성적인 것으로 정립하게 하는 것은 인간의 인식 능력이라고 할 수 있다. 자연에는 주어진 자연의 상태에서와는 다른 이성의 법칙이 있기 때문에 그 새로운 구현으로서의 기술의 가능성이 생겨난다.

도덕률의 경우, 그것은 인간의 이성적 이해를 떠나서는 존재할 수 없다. 그리하여 그것은 인간의 자의(恣意)의 표현일 수 없다. 그러면서도 인간이 자유의지로 그것을 받아들이기 전에는 존재조차도 하지 않는다고 할 것이다. 그러면서 그것은, 칸트가 설명하려고 하는 바와 같이, 그 자체의 필연성을 가진 독립된 법칙이다. 이성과 인간의 상호 의존성은, 이미 다른 글에서 인용한 바 있지만 다시 인용한다면, 칼 야스퍼스의 다음과 같은 말에 잘 표현되어 있다. 다만 이것은 일반적인 이성의 존재방식을 말한 것이다. 그러나 그것은, 방금 말한 바와 같이, 실천이성의 경우에 더욱 해당되는 것이라고 할 것이다.

우리의 존재의 거대한 극(極)은 이성과 실존이다

… 우리 존재의 거대한 극(極)은 이성과 실존이다. 이성과 실존은 분리할 수 없다. 하나가 상실되면 다른 것도 상실되고 만다. 이성은 절망적으로 개방성에 저항하는 폐쇄적인 반항을 위해 실존에 굴복해서는 안 된다. 실존은 그 자체가 실체적 현실로 혼동되는 명석성을 위해 이성에 굴복해서는 안 된다.

실존은 오직 이성에 의해서만 명료해진다

〔그러면서도〕 실존은 오직 이성에 의해서만 명료해진다. 이성은 오직 실존에 의해서만 내용을 얻는다.

이성에는 정당한 것의 부동성(不動性)과 임의의 무한성으로부터 정신의 이념의 전체성에 의한 생생한 결합으로, 또 이러한 결합으로부터 정신에 처음으로 본래적인 존재를 부여하는 담당자로서의 실존으로 나아가려는 갈망이 있다.

사회적 도덕 : 이념과 사실적 조건

이성은, 타자, 곧 이성에 있어서 명료해지고 또한 이성에 결정적인 충동을 주며, 이성을 지탱하고 있는 실존의 내용에 의존하고 있다. 내용이 없는 이성은 단순한 오성일 것이며, 이성으로서는 지반을 상실할 것이다. 직관이 없는 오성의 개념이 공허한 것처럼, 실존이 없는 이성은 공동(空洞)이다. 이성은 단순한 이성으로서가 아니라, 가능적 실존의 행위로서 존재한다.

그러나 실존도 타자, 곧 자기 자신을 창조하지 않은 실존으로 하여금 처음으로 이 세계의 독립된 근원이 되게 하는 초월자에게 의존하고 있다. 초월자가 없으면 실존은 결실이 없고 사랑이 없는 악마의 반항이 된다. 실존은 이성에 의존하면서 이성의 밝음에 의해 비로소 불안정과 초월자의 요구를 경험하고 이성의 물음의 자극에 의해서 비로소 본래적인 운동을 일으키게 된다. 이성이 없으면 실존은 활동하지 못하고 잠을 자며, 마치 없는 것과 같다.[28]

18. 요약-결론을 대신하여

위에 말한 것들을 다시 한 번 간추려 본다.

---

28 칼 야스퍼스, "理性과 實存," 哲學이란 무엇인가, 形而上學이란 무엇인가, 哲學的 信仰, 理性과 實存 (상성출판사, 1982) pp. 413~414.

1) 조금 전에 말한 것은 이성과 도덕의 근거가 인간 존재에 있다는 명제이다. 물론 이것은, 위의 야스퍼스의 지적처럼, 상호의존 관계의 한 부분일 따름이다. 그러면서도 인간 스스로가 또 한 사람 한 사람이 도덕을 나르는 담체(擔體)로서의 엄청난 책임을 가지고 있다는 것은 틀림이 없다. 그러나 이러한 상호의존성을 무분별한 혼재(混在)로 잘못 이해하여 도덕률의 '명석성'을 불투명하게 하는 것은 그것의 참 의미를 잃어버리는 것이다. 칸트가 밝히고자 한 것은 이것이었다고 할 수 있다.

2) 도덕률이 어느 시기, 어느 사회에서나 분명한 규칙으로 정립되어 있는 것은 아니다. 그러나 그것은 이성적으로 분석될 수 있다. 추상적으로 그리고 너무나 일반적인 원칙으로 말하여지기는 하였지만, 모든 사람이 목적하는 것이 보편적인 원리이어야 한다는 것은 개인적 사회적 행동의 바르고 그름을 측정하는 데에 필수적인 척도가 될 수 있다. 그리고 도덕률이 직접적으로 인간의 의지에 작용하여야 한다는 것은 사사로운 이익으로부터 도덕이 오염되는 것을 가려낼 수 있게 할 것이다. 도덕은 너무나 자주 이익—명예와 재물 그리고 권력의 앞을 가리는 명분이 된다.

3) 도덕률이 분명하다고 하여도 그것은 사실적 조건 하에서 현실이 된다.

i. 보편적 원리가 있다고 하더라도 그것이 어떻게 구체적인 사실 조건 속에서 적용될 수 있는가는 그때그때 생각되고 발견되어야 한다. 그것의 움직임은 구체적 상황 속에서 판단의 유연한 움직임이 되어야 한다. 이것을 이해하는 데에는 서사는 아니라도 세부적인 것의 연쇄에 주의할 수 있는 심미적 섬세성이 필요하다.

ii. 도덕률은 세부에 스며들 수 있을 뿐만 아니라 보이지 않게 작용할 수도 있어야 한다. 도덕적 규율만이 삶을 유지하고 다스리는 유일한 법칙은 아니다. 물론 사람의 삶은 그 부분의 하나하나가 도덕적인 의미를 갖지 않는 것이 없다고 할 수도 있다. 그러나 그것이 인간 행동의 주제가 되지는 않는다.

예를 들어, 산다는 것은 삶의 근본적 토대이다. 그것은 사람의 삶의 절대적인 조건이다. 그러나 그것이 모든 인간 행위의 대상이고 목적이 되는 것은 아니다. 살

산다는 것은 삶의 근본적 토대이다

아 부지하는 것이 삶의 유일한 목적이라면, 그러한 목적의 강박 하에서 살아가는 삶은 극히 참담한 것이라 하지 않을 수 없을 것이다. 그것은 최저선의 삶을 의미한다. 이것은 도덕적 삶의 경우에 있어서도 마찬가지이다. 모든 행동이 매 순간 도덕률의 지배하에서 두려워하고 조심하는 것이라면, 그것은 참으로 괴로운 삶일 것이다. 공산주의의 이상은 개인의 모든 행동이 공적 목적에 봉사하여야 한다는 것이다. 특히 이것은 경제 활동에 있어서 그러하다. 개인의 이익 추구가 전체적인 부에 절로 기여한다는 애덤 스미스의 생각의 매력은 개인 이익의 추가가 도덕적이어야 할 인간의 삶에서 도덕을 대상화하지 않을 수 있게 한다는 데에도 있다.

그 결과 이익의 추구, 돈벌이가 인생의 전부가 될 수 있다. 그러나 경제도 경제로부터의 해방을 포함할 때, 참으로 삶의 일부가 된다. 돈벌이도, 그것이 가져오는 돈의 축적 외에 아무런 다른 재미가 없다면, 오래 견딜 수 있는 인생 경영이 되지 못할 것이다. 적어도 창조적 상상력, 사물과 인간과의 교감, 새로운 환경의 창조 등은 그것을 흥미롭게 하는 환경의 조건들이다. 엄숙한 사회도덕으로만 파악되는 경제 활동의 권태와 허위는 이러한 여러 가지 환경적 동반물에 주의하지 않는 데에

사회적 도덕 : 이념과 사실적 조건

관계된다.

삶의 텔로스가 무엇인지는 분명하게 말할 수 없다. 그러나 그것을 아리스토텔레스가 생각한 바와 같은, 좋은 삶이라고 하는 것은, 그것이 막연한 것인 만큼, 많은 사람에게 대체로 동의할 만한 명제일 것이다. 그리고 이 좋은 삶에는 도덕적이고 윤리적 완성을 추구하는 것이 포함될 수 있을 것이다. 그런데 이러한 것들이 분명하게 정의될 수 없다는 것은 그 나름으로 장점을 가지고 있다. 그렇다는 것은 이 불분명함이 자유를 가능하게 하는 것이기 때문이다. 자유는 인간이 본능적으로 원하는 것이기도 하고, 인간의 모든 행위에 위엄을 부여하는 기본적 요청이기도 하다. 특히 도덕적 행위의 도덕성은 그것이 자유롭게 선택된다는 데에 있다. 자유와 필연은 도덕적 행위에 있어서 하나이다.

iii. 엄격한 도덕률, 그것을 제한하고 또 그로부터 해방하여주며 또 그것을 현실 속에 실천할 수 있게 하는 사실적 조건—이러한 것들 외에 도덕은 사회적인 협약 속에 분명한 것이 될 수 있다. 도덕률의 구체적 표현이 사회에 따라, 또 사회 안에서도 사람에 따라 서로 여러 가지로 다를 수 있다는 것은 분명하다. 그럴 때 그것은 한 사회 안에서는 사회 협약에 의하여 조정될 수 있어야 한다.

이것의 가장 분명한 표현은 법 제도이다. 이것은 인간이 가지고 있는 이성적 질서에 기초한다. 그런데 이 이성은 현실에 있어서 일관성에 대한 요구가 된다. 이 요구는 의미 있는 삶을 살고자 하는 개인이 가지고 있는 요구이다. 이 삶은 서사적으로 파악될 수 있다. 그러나 일관성에 대한 요구는 사회 전체가 고정된 것은 아니면서도 신뢰할 수 있는 이성적 공간이기를 바라는 인간의 소망에서 나온다. 법과 정치력은 이 일관성을 확보하는 방법이다. 이것은 한편으로 법과 제도의 일관성의 확보에 주력하여야 한다. 법의 집행은 일관성의 수단이다.

그러나 법과 제도가 모든 구체적인 상황을 전부 규정할 수는 없다. 그 현실적 작용에 있어서 필요한 것은 유연한 이성의 판단이다. 그리고 궁극적으로 한 사회의 협약이 모든 도덕적 판단의 전부일 수는 없다. 비극적 모순은, 위에서 말한 바와 같이, 사회적 진전을 호소하는 극적인 표현이 될 수 있다. 특정 사회의 한계와 보편적 도덕의 요구는 서로 조정되는 것이어야 한다.

사회적 도덕 : 이념과 사실적 조건

iv. 인간의 도덕적 삶에서 가장 중요한 사실적 제한은 물질적 조건이다. 물질적 기본 조건이 충족되지 않은 상태에서 도덕률이 일반적 행동 규범이 되기는 여간 어려운 일이 아니다. 모든 사람의 기본적인 삶의 필요를 가능하게 하는 사회 여건을 만드는 것은 인간의 도덕적 삶을 위하여 가장 중요한 조건이라고 할 것이다. 그러나 이것은 절대적인 평등을 말하는 것은 아니다. 그것을 강제력으로 이루어내고자 하는 것은 보다 높은 인간적인 삶, 자유와 행복 그리고 도덕적 삶의 위엄을 손상하는 것이 될 수도 있을 것이기 때문이다.

4) 인간의 인간다운 삶은 그것에 관여된 모든 조건과 가능성의 균형과 조화를 요구한다. 이것을 책임지는 것은 사회 전체이면서 동시에 사회 속의 개인들이다. 이것은 삶의 진정성을 향한 움직임이 사회 속에 존재하는가 아니 하는가에 관계된다. 이 움직임은 인간 존재에 스며 있는 기본 동기이기도 하지만, 사회의 지적 문화는 이것을 의식화하는 데 중요한 기능을 갖는다.

다시 한 번 요약하여, 도덕적 사회의 성립에는 몇 가지 근원이 중층적으로 상호작용하는 관계에 있어야 한다.

i) 첫째는 모든 것으로부터 독립하여 존재하는 실천
이성의 원리이다.

ii) 그다음에 필요한 것은 그것에 관계되는 사실성의
조건들이다. 여기에는 구체적 상황이 있고 사회적,
물리적 조건이 있다.

iii) 셋째, 이러한 사실성의 조건이 있다고 해서 이성
이 소멸되는 것은 아니다. 그것은 한편으로는 일관
성의 원리로 현실 속에 움직이고 다른 한편으로는
구체적인 상황에서의 유연한 판단력으로 움직인
다. 법은 여기에 속한다.

iv) 넷째, 이 모든 것은 객관적 실체로서 구성되어야
하면서도 주체적인 개인의 결단에 의하여 매개되
어야 한다. 개인의 도덕을 향한 실존적 결단이 없
이 사회의 도덕적 기초는 건재할 수가 없다.

사회적 도덕 : 이념과 사실적 조건

- 우리에게는 보다 나은 인간적 질서, 보다 나은 도덕적 윤리적 질서를 향한 강력한 숨은 그리움이 있다. 인간의 문제는 부도덕한 사회에서 도덕적으로 사는 것이다. 하지만 정의를 위한 투쟁도 힘의 사용—부도덕한 수단—을 요구한다. 정의를 위한 투쟁은 쉽게 권력이 가져오는 특권의 유지를 위한 투쟁이 된다.

- 법은 '규범성의 영토'의 문지기이다. 법조인은 사라진 규범을 지킬 뿐만 아니라, 사라진 규범을 형성해가야 할 자리이다.

- 인간관계의 예의는 단순한 서열이 아닌 사람이 의지하지 않을 수 없는 세계질서이다. 인간관계는 전통 사회의 감정적 '정(情)의 관계'에서 이성적 '선의(善意)의 관계'로 바꾸어져야 한다. 지금 우리에게는 '존경의 거죽'만 남아 있고, 그것을 정당화하는 '예의의 질서'는 사라졌다.

법률인과 부도덕한 사회

- 오늘에 와서 기준이 되어야 하는 것은 서열이 아닌 모든 인간에 대한 존중이다. 만민이 평등하다는 것은 사실에 있어서가 아니라 가능성의 관점에서 모든 사람이 존중되어야 한다는 것이다.

- 자유는 제 마음대로의 자유이지만, 그것은 자기의 삶의 규범을 찾고 동의하는 자유이다. 반성 또는 성찰은, 사람이 스스로를 하나의 주체로서 파악하기 위해 자기를 되돌아보고 의식하는 의식 작용을 말한다. 헤겔은 윤리는 관습에서 나오지만, 도덕은 윤리가 없어진 곳에서 개인적 결단에 의해 선택되는 것이라 하였다.

- 선택은 양심의 단호한 선택이면서 동시에 보편타당할 수 있는 것이라야 한다. 법관의 판단은 개인의 양심의 판단이면서 동시에 법 체계가 발언하는 것이기도 하다.

법률인과 부도덕한 사회

1. 시작하며

여기에 모이신 분들은 법조인으로서의 생활을 시작한지 얼마 되지 않은 젊은 법조인이라고 알고 있습니다. 출발이 가능하여진 것 자체가 오랜 시간의 각고의 노력의 결과인데, 이제 법조인으로서의 현실 체험도 가지시게 되셨습니다. 출발의 노력과 새로운 체험에서 오는 여러 감상이 많으실 것으로 생각합니다. 여기에서 이야기하려는 것은 이러한 출발에 관련된 성찰을 시도해보려는 것인데, 법의 세계와는 관계가 없는 사람으로 그러한 것을 말하는 것은 말할 것도 없이 외부에서 그와 관련하여 생각되는 것을 이야기하는 것이어서, 현실로부터 벗어나는 일이 될 수 있기 때문에, 말하기조차 주저되는 일입니다. 다만 거기에만 초점을 맞추기보다는 우리의 삶 그리고 우리 사회의 삶에 대하여 느끼는 것들을 일반적인 관점에서 말하면서, 법의 문제에도 관련된다고 생각되는 것을 말해보고자 합니다.

자기완성의 행복

법조인으로서의 삶은 많은 사람들이 부러워하는 삶을 약속받는 일입니다. 그것은 삶의 안정성은 물론 일정한 권위를 갖춘 삶을 보장받는 일이라고 말할 수 있습니다. 그런데 이러한 안정과 권위는 물론 그에 값하는 성취가 있기 때문입니다. 물론 이 성취는 지금까지 이룬 것이면서 동시에 앞으로 이루어져야 할 것이라고 말할 수 있습니다. 많은 사람들의 기본적인 관심은 삶의 수단의 확보에 있습니다. 그다음에 사람들이 원하는 것은 사회적 인정입니다. 이러한 것이 확보된 다음에 사람들이 생각할 수 있는 것은 자신의 삶의 보다 풍요한 완성입니다. 전통적으로 부귀영화는 이것을 세속적으로 규정한 말입니다. 그런데 이것의 현실적 의미를 인정하면서도,

삶의 풍요한 완성은 자기완성을 포함하고, 이 자기완성은 반드시 세속적인 의미에서의 부귀영화만을 의미할 수 없다는 것을 다시 한 번 생각할 필요가 있습니다.

삶의 풍요로운 완성에서 핵심이 되는 것은 내적인 완성이다

삶의 풍요로운 완성에서 핵심이 되는 것은 내적인 완성입니다. 내 삶을 내가 사는 것이 아닌, 밖에서 부과되는 기준으로 사는 삶이 자기 삶의 완성을 의미한다고 할 수는 없습니다. 요즘 흔히 듣는 대로, 우리가 원하는 삶은 행복한 삶이라고 할 수 있지만, 무엇이 행복한 삶인지는 확실하지 않습니다.

서양 사상의 단초를 연 희랍 철학자, 가령, 플라톤이나 아리스토텔레스는 가장 차세적인―이 세상적인 관점에서 행복을 삶의 목적으로 생각하였습니다. 그런데 이때 행복은 우리 자신의 관점―우리 마음에서 그러한 것으로 받아들여지는 것이라야 합니다. 그런데 이 마음이 무엇인가요? 플라톤은 사람의 영혼이 세 부분으로 되어 있다고 말하였습니다. 그 간단한 설명은 『파이드로스』에 나오는 우화에서 미루어 볼 수 있습니다.

이 이야기는 영혼을 흰말과 검은 말 두 마리를 몰고 가는 말몰이 전사(戰士)에 비교합니다. 흰말은 이성적이고 도덕적인 성향, 시비를 가리는 능력을 나타냅니다. 그러면서도 그것은 강한 감정에 이어져 있습니다. 이러

한 연결을 대표적으로 표현하는 것이 정의를 두고 시비하는 데에서 일어나는 분노입니다. 검은 말은 비이성적인 부분, 욕정과 욕망—성적인 것이나 물질적인 부에 대한 욕망을 나타냅니다. 이 두 마리의 말을 조정하여 보다 높은 이성의 경지에 이르려는 것이 말을 모는 전사의 의도입니다. 전사가 결국 이르게 되는 곳은 형상의 세계, 이데아의 세계입니다.

이러한 영혼의 모습은 『공화국』 등에서는 또 달리 설명되어 있습니다. 그러나 대체로는 시비하는 이성, 욕망, 그리고 그것을 넘어가는 로고스의 세계가 영혼의 구성 요소라는 것이 플라톤의 생각이라 할 수 있습니다. (보태어 말한다면, 우리 사회에서 자주 화제가 되는 것이 정의이고 정의의 분노, 의분[義憤]이 가장 높은 삶의 이상인 것으로 생각되지만, 플라톤에서, 또 여러 나라의 정신적 전통에서, 정의감은 높은 인간적 심성의 일부이면서도 반드시 그것의 유일한 그리고 최고의 상태를 나타내는 것은 아니라는 것에 주목할 수 있습니다.) 플라톤은 조화된 영혼을 몰아 최후의 지점에 이르는 것이 인간이 이를 수 있는 최고의 경지라고 생각합니다. 플라톤에게는 그러한 영혼의 경지에 이르는 것 자체가 인간의 삶의 목적입니다. 그것은 행복을 의미할 수도 있지만, 행복보다는 더 높은 경지였다고 할 수

정의감과 의분을 넘어서는 영혼의 조화

있습니다.

이에 대하여 영혼의 이러한 세 부분이 조화를 이루게 하고 그에 따라 세상을 사는 것이 진정한 인간의 행복을 의미한다는 것을 강조한 것은 아리스토텔레스입니다. 그러니까 영혼의 문제를 조금 더 현세적인 차원으로 옮겨 놓은 것입니다. 그리하여 이야기되는 것은 행복의 의미가 영혼의 조화를 이루는 데에 있고, 그것을 가능하게 하는 삶을 사는 데에 있다는 것인데, 오늘날 행복이 사회적 화제가 되면서도 그것을 깊은 의미에서 새기지는 아니하는 것으로 보입니다. 그리고 그 근본이 영혼에 있다고 하는 것은, 초월적인 것을 말하든 현세적인 것을 말하든, 정신적 탐구가 행복의 한 부분이라는 것을 지적한 것입니다.

2. 부도덕한 사회의 도덕적 인간

생활, 정신, 윤리, 법

지금까지 말한 것은 삶의 전반에 관계되는 것이면서 동시에 그 한 부분을 이루는, 조금 더 정신적인 추구를 말하는 것입니다. 그리고 이것은 말한 바와 같이 사회적 존경을 받는 삶의 자리를 확보한 사람에게 더욱 직접적인 의미를 갖는 것이라 할 수 있습니다. (물론 현실적인 생활의 삶과 정신적 추구를 어떻게 조화하는가 하는 것은 누구에게나 있는 문제이고 가장 중요한 인간 문제인데, 그 어려운 문제에 답하는 것이야말로 제대로 물음을 묻고 답하는 것이 될 것입니다.)

그러나 문제를 한 단계 더 좁혀서, 법조계에 자리한 사람은 이것을 조금 더 쉽게 생각할 수 있을 것입니다. 그러한 사람은 그 직분만으로도 그러한 문제에 더 가까이 있다고 할 수 있기 때문입니다. 위에서 말한 것을 되풀이하여 영혼의 구성 요소 가운데에, 흰말은 이성적인 것, 도덕적인 것을 나타낸다고 하였는데, 법조인은 이 부분을 우리 모두에게 더 잘 보여줄 수 있는 위치에 있다고 할 수 있지 않나 하는 것입니다. 물론 이것도 보다 높은 이성의 통제하에 들어감으로써 더 온전한 것이 된다고 할 수는 있습니다. 그러나 이 흰말의 기능, 합리적 사고는 물론 법을 생각하는 데에 가장 중요한 부분이라고 할 수 있습니다. 그러나 동시에 도덕적, 윤리적 부분도 그에 못지않게 중요한 부분입니다. 그런데 우리 사회의 경우에 이것이 더욱 중요한 것이 아닌가 하는 생각이 듭니다. 그것은 우리 사회가 도덕적으로 별로 높지 않은 차원에 있다고 할 수 있기 때문입니다.

법과 윤리

법은 도덕과 윤리에 깊은 관계를 가지고 있습니다. 결국 그것은 삶에 존재할 수밖에 없는 규범성, 특히 사회적 삶에 존재하여야 하는 규범성의 한 부분입니다. 그러면서 법은 규범성의 임계지점에 있다고 할 수 있습니다. 규범이 반드시 지켜지지 않으면 아니 되는 부분, 또 그것이 파괴되는 극단적인 경우에 법이 나타나게 되어 있기 때문입니다. 법은, 말하자면, 규범성의 영토에서 문지기가 되는 셈입니다. 그러니까 사회규범의 표현으로 윤리나 도덕 그리고 그에 준하는 관습이 제대로 존재할 때, 법은 별로 할 일이 없거나 편하게 된다고 할 수도 있습니다. 모든 영역이 규범성의 영역이라면, 거기에 침범해오는 외적인 것은 없는 것이니까, 파수하여야 할 일이 없는 것이지요. 옛 우리 전통에서 생각하던 덕(德)으로 다스려지는 세계, 덕치(德治)의 세계가 그러한 것이라 할 수 있습니다.

그런데 규범의 영토가 거의 사라진 경우, 이 파수꾼의 역할은 필요없다고 할 수도 있고, 더욱 중요하다고 할 수도 있습니다. 앞의 경우, 영토는 폭력이 난무하는

법은 '규범성의 영토'의 문지기

법률인과 부도덕한 사회

세계, 또는 폭력 안에 일정한 질서를 만든 마피아의 구역이 될 것이고, 뒤의 경우, 전 영토는 동아시아의 전통에서 말한 법치국가─상앙(商鞅)이나 한비자(韓非子)의, 상벌을 엄격하게 하여 다스리는 나라가 되든지, 아니면 새로 규범성이 성립하는 나라가 되든지 하여야 할 것입니다. 마지막 두 가지 중 법을 포함하여 널리 규범이 서 있는 나라가 되려면, 우선 분명하게 존재하는 법조인이 그 모범이 되어야 한다고 할 수 있습니다. 그런데 이러한 모범이 어느 때보다도 필요한 것이 오늘의 한국 사회가 아닌가 합니다.

부도덕한 사회에서의 도덕적 인간

미국의 신학자 라인홀드 니버(Reinhold Niebuhr)의 저서에 『도덕적 인간과 부도덕한 사회(Moral Man and Immoral Society)』(1932)라는 것이 있습니다. 여기에서 이 책을 말하는 것은 그 제목 때문입니다. 우리가 사는 사회도 부도덕한 사회라고 느끼는 사람이 많을 것입니다. 그 사회에서 도덕적으로 사는 것이 가능한가 하는 것은 문제가 될 수밖에 없을 것입니다. 위에서 법조인은 도덕적 인간의 모범이 되어야 한다는 말을 하였습니다. 도덕적인 사회에서 도덕적으로 산다는 것은 거의 자연스러

부도덕한 사회에서 도덕적으로 사는 것

운 일이라고 할 수 있을 것입니다. 그러나 부도덕한 사회에서 도덕적으로 산다는 것은 자연스러움을 넘어서 정진과 결단을 요구하는 일이라고 할 것입니다. 오늘 이야기하려고 하는 것은 이러한 삶을 위한 투쟁에 대한 것입니다.

한국이 부도덕한 사회라는 것은 반드시 사회를 탓하자는 것은 아닙니다. 니버의 저서의 내용에 대하여 약간 언급한다면, 그의 생각으로는 모든 사회는 부도덕한 성격을 가질 수밖에 없다고 할 수도 있습니다. 사회는 정치적으로 조직되어야 합니다. 정치는 권력을 의미합니다. 권력은 강제력을 포함하고 강제력은, 자유의지의 존재가 인간이라고 할 때, 본질적으로 부도덕하다고 할 수 있습니다. 그리하여 권력에 대한 싸움이 필요해집니다. 그 싸움에서 정의가 이긴다면, 일단 권력의 횡포를 막는 일에 성공한다고 하겠지만, 이 정의의 권력은 곧 부정의로 변화되기 쉽습니다. 더 엄밀하게 말한다면, 정의를 위한 투쟁도 힘의 사용을, 즉 부도덕한 수단을 요구합니다. 그리하여 정의를 위한 투쟁은 곧 권력 의지의 발휘, 권력이 가져오는 특권의 유지를 위한 투쟁이 됩니다. 그러면 아무것도 아니하는 것이 도덕적 인간인가? 물론

정의를 위한 투쟁도 힘의 사용—부도덕한 수단—을 요구한다. 정의를 위한 투쟁은 쉽게 권력이 가져오는 특권의 유지를 위한 투쟁이 된다

법률인과 부도덕한 사회

그렇게 말할 수는 없습니다. 그것은 정의와 도덕을 포기하는 것이지요.

이러한 모순 속에서, 정의를 위한 투쟁은 전개되어야 하고, 다시 거기에 바른 도덕적 가치가 투입이 되도록 끊임없이 노력하는 것이 그것의 참 뜻을 구해내는 방법이라고 할 것입니다. 거기에 필요한 원리가 보편적 사랑, 아가페나 자비이고 자기성찰입니다. 거기에 또 용서가 따라야 하고, 또 화해가 따라야 합니다. 그러니까 끊임없는 부도덕으로 떨어져가는 인간의 노력—힘을 사용하여야 하는 노력을 도덕적으로 수정하여야 하는 것이 도덕적으로 살려는 인간의 소임입니다. 그리고 이것은 정치 지도자의 경우에도 이러한 점에 대하여 의식을 가지고 있는 사람이 있어 마땅합니다. 니버의 생각으로는 이러한 것을 제도 속에 구현할 수도 있습니다. 민주주의 제도에서의 "견제와 균형"이 그러한 제도의 하나입니다.

이것은 지나치게 단순화한 도식으로 생각할 수 있습니다. 그러나 현실이 여기에 맞아들어 가는 경우는 너무 많이 보는 일입니다. 정치와 정의와 권력의 악순환 관계는 조선조의 이데올로기 국가에서 볼 수 있는 것입니다. 빈번한 사화와 이데올로기 투쟁이 이러한 순환 관계를 너무나 잘 드러내준다고 할 수 있습니다.

그런데 그러한 악순환 속의 도덕과 부도덕의 관계도 사라진 것이 오늘의 우리 형편입니다. 지난 몇 십 년간의 한국 사회의 변화—발전적 변화, 소위 "압축성장"이라고도 하는 변화 속에서 사회의 규범적 테두리들이 사라지지 않았다면, 오히려 이상할 것입니다. 특히 그것이 경제적 성장을 주로 하는 것이었기 때문에 물질적 가치가 모든 것을 대체하게 된 것은 불가피하다고 할 수 있습니다. (그러면서 여기에서 이것을 너무 강조하는 것은 옳지 않다고 할 수 있습니다. 그렇다는 것은 돈처럼 사람을 자유롭게 하는 것이 없다고 할 수도 있기 때문입니다. 자유는 인간의 근본적인 소망이기도 하고, 돈은 자유에 가장 쉽게 접근할 수 있는 수단이기도 합니다. 이에 대하여, 가령, 학문을 닦고 벼슬을 하는 것이 보다 넓게 사는 방법, 자유의 삶이라고 한다면, 자유는 얼마나 더 어려운, 또는 소수에게 제한될 수밖에 없는 특권이 되겠습니까? 문제는 하나의 가치가 모든 인간적 가치와 관계를 대체하게 된다는 데에 있다고 할 수 있습니다.)

규범을 위한 결단

이러한 사정 속에서 규범은 너무나 쉽게 인간 세상을 떠나 증발해버리는 어떤 대기의 요소와 같습니다 그러나 그것 없이는 인간 사회는 인간의 사회로 남아 있기가 어려울 뿐만 아니라 하나의 사회조직으로 버티어 내기도 어렵다고 할 것입니다. 그리하여 윤리 도덕을 대표할 수 있는 자리에 놓인 사람들의 자기 기율은 사회가 의미 있는 조직으로서 살아남는 데에 필수적인 것이라고 하겠습니다.

여기에 가장 눈에 띄는 자리에 있는 사람들의 하나가 법조인이라고 할 수 있습니다. 위에 말한 바와 같이, 법조인은 삶의 규범적 테두리를 분명하게 하는 자리에 있는 사람들이기 때문입니다. 사라진 규범을 지킬 뿐만 아니라, 사라진 규범을 형성해가야 할 자리에 서게 된 것이 법조인입니다. 이것은 법조계 전체의 일이라고 하겠지만, 한 사람 한 사람의 일이 된 것이 오늘이라고 할 수 있습니다. 모든 것이 부도덕하게 된다면, 어찌 법조계만 그것으로부터 자유롭다고 할 수 있겠습니까? 따라서 무거운 책임이 한 사람 한 사람의 개인적 결단과 실천으로 돌아갈 수밖에 없습니다.

그런데 개인의 결단과 실천이 중요한 것은 기존의 규범이 사라진 때문만은 아닙니다. 시대가 요구하는 새로운 윤리 도덕은 어느 때보다도 개인적 결단에 달려 있는 윤리 도덕입니다. 민주 사회의 윤리 규범은 관습을

사라진 규범을 지킬 뿐만 아니라, 사라진 규범을 형성해가야 할 자리

개인적 선택과 결단에 달려 있는 윤리 도덕

따르면 되는 그러한 규범이 아닙니다. 모든 것을 개인의 선택에 맡길 수 있다고 전제하는 것이 민주 사회입니다. 민주주의가 참으로 인간적인 공동체가 되는 데에 요구되는 것은 개인이 모든 선행(善行)의 규범의 강요로부터 자유로우면서도 동시에 규범에 따르는 일입니다. 이것을 삶의 규범의 외곽을 지키는 법이 보여주어야 합니다. 그런 다음 그것은 사회 전체의 규범적 성격을 재건하는 데에 중요한 모델이 될 것입니다.

3. 윤리 의식의 변화

윤리

윤리란 사람의 관계에서의 어떤 이치를 말합니다. 서양식으로 말할 때, 그것은 ethics라고 표현하는데, 그것은 ethos, 사회 관습이라는 말에서 연유했습니다. 그러니까 관습이 조금 규범적인 것으로 정형화된 것이 윤리 규범이라고 하겠습니다. 옛날에 우리에게도 윤리는 통상적 인간관계를 말하는데, 그것의 원형은 일차적으로 가족관계이고 친지와의 관계입니다. 이것이 확장되어 군신이나 사제나 노소 관계에 적용된다고 할 수 있습니다.

이 자연스러운 관계 그리고 그것을 확대한 것을 일반화하여 규칙으로 만든 것이 삼강오륜입니다. 군신부자 부부의 관계, 그리고 더하여 나이 많은 사람과 적은 사람, 그리고 친구 사이의 관계—이러한 관계에서 또 하나 주목할 수 있는 점은 서열이 분명한 관계라는 것입니다. (친구관계는 동등한 관계라고 하겠지만, 거기에서도—서로 그렇게 부른 것이기는 하지만—형[兄]이란 말이 잘 쓰이던 것만 보아도, 친밀한 관계에 서열이 작용한다는 것을 알 수 있습니다.) 이에 대하여 민주사회의 윤리 규범은 한편으로는 모든 사람에게 적용될 수 있는 보편적인 관계를 말하고, 또 기본적으로 평등한 관계를 말합니다.

말할 것도 없이 오늘날 인간관계의 혼란의 한 원인은 이러한 인간관계의 규범적 도식이 변한 데에—변할 수밖에 없는 데에 있다고 할 수 있습니다. 우리의 인간관계가 거칠어졌다고 한다면, 그것은 비교적 자연스러운 관계, 가족이 모델이 되는 관계가 보다 감정적인 요소가 약한, 보다 비인격적인 관계로 바뀐 데에도 기인한다고 할 수 있다는 말입니다. 그런데 또 하나 주의할 수 있는 것은 삼강오륜이 규정하는 인간관계가 감정을 떠날 수 없는 관계이면서 동시에 규범적인 관계라는 사실입니다. 그러니까 "삼강오륜"으로 규범화되지요. 그리고 이 규범을 뒷받침하는 것은 하늘과 땅, 또는 우주의 질서입니다. 그러니까 규범은 단순한 서열을 말하는 것이 아니고, 사람이 의지하지 않을 수 없는 세계질서를 말하는 것이지요.

단순한 서열이 아닌 사람이 의지하지 않을 수 없는 세계질서

인간관계의 감정과 이성

민주적 사회의 어려움은 이러한 관계들이 확실함을 가질 수 없다는 것입니다. 자연스러운 감정 그리고 쉽게 받아들여질 수 있는 서열 관계가 중심에 놓이지 않기 때문입니다. 그것은 직접적으로 사람의 마음을 움직이는 감정에 기초할 수 없습니다. 전통 사회는 진한 감정을 인간관계의 바탕으로 받아들입니다. 민주 사회의 인간관계는 일단 평등한 관계로 규정됩니다. 그런 경우, 그것은 질서보다는 대결의 관계가 될 수 있습니다. 그러니 자칫하면, 그 관계가 험해질 수 있다고 할 수 있습니다.

그러므로 전통사회에서와는 달리 보다 넓은 사회, 민주적인 사회에서 인간관계는—물론 이 경우에도 감정이 없을 수는 없지만—이성에 의하여 매개되어야 한다고 할 수 있습니다. (이것을 나는 진한 정[情]이 아니라 선의[善意]의 관계라고 설명해본 일이 있습니다.) 이성은 구체적인 인간관계의 규범으로 표현됩니다. 물론 이 규범도,

감정적 정(情)의 관계에서 이성적 선의(善意)의 관계로

법률인과 부도덕한 사회

사람이 받아들일 수 있는 인간관계의 원리 또는 존재론적 원리에 근거해야 하겠지요.

평등과 규범

조금 전에 평등한 인간관계가 문제적일 수밖에 없다는 것을 말하고, 그것을 중재하는 것이 규범이라고 하였는데, 민주사회의 인간관계의 중심에 있는 이 규범의 문제―평등 사회에서의 규범의 문제를 잠깐 생각해보기로 합니다. 봉건 사회이든 민주적 사회이든 인간관계는, 비록 규범에 대한 대전제가 다르다고 하더라도, 상하 질서와 평등을 섞어 가지게 마련입니다. 오늘의 사회의 문제는 규범의 내용에 못지않게 규범 자체가 없어졌다는 데에 있습니다. 이러한 문제들을 포함한 일화로써 설명해보겠습니다.

한국이 세계적으로 자살률이 높은 나라라는 것은 널리 알려진 사실입니다. 한국에 거주하는 어느 외국인이 한국의 자살률이 높다는 것을 설명하면서, 그 중요한 원인의 하나가 존경의 문화(culture of respect)라는 견해를 밝힌 일이 있습니다. 서열이 엄격한데, 그것이 억압적인 것으로 느껴져 우울증이 생기고 그러한 것들이 쌓이다 보면, 자살에까지 가는 경우가 생긴다는 것입니다. 이것은 가족 간에도 일어난다고 합니다. 최근 신문에 난 것을 보니 고등학생들에게 공부하라는 부모의 압력이 너무 심해서 자살을 생각하는 경우가 상당하다는 것입니다.

한 가지 옛날에 읽은 일화―조금 우스개 같은 일화를 말해보겠습니다. 미국에서의 이야기입니다. 어떤 사람이 아침 산책 길에서 자주 보는 사람에게 언제나 인사를 하였습니다. 그런데 그의 단정한 인사에도 불구하고 상대방은 전혀 답례를 하지 않았습니다. 그러한 것을 보게 된 친구가 당신은 답례도 하지 않는 사람에게 그렇게 인사를 빼지 않고 하는가 하고 물었습니다. 그랬더니 이 친구의 답은 내가 인사하는 것은 내가 해야 하는 도리에 따라서 하는 것인데, 내가 왜 그 사람이 인사하고 아니하고 하는 데 따라서 내가 해야 할 행동을 결정해야 하는가 하고 답했다는 것입니다.

위에 말한 외국인이 지적한 바 "존경의 문화"가 정신적 우울증을 가져오는 것이라면, 그것은 존경의 거죽은 남아 있고, 그것을 정당화하는 예의의 질서는 사라졌기 때문이라고 할 수 있습니다. 상위자에게 존경을 표현한다면, 그것은 단순히 두 사람 간의 직접적인 관계 때문이 아니고, 내가 수긍하는 규범적 질서에 동의하는 때문이라고 할 수 있습니다. 이것은 물론 강요받은 비굴

지금 우리에게는 '존경의 거죽'만 남아 있고, 그것을 정당화하는 '예의의 질서'는 사라졌다

한 자세를 위선적으로 받아들이는 것일 수도 있습니다. 그러니까 그러한 순응의 행동이 참으로 의미 있는 것이 되려면, 그 질서가 의미 있는 것이어야 하겠지요.

4. 예의·윤리·인간 존재에 대한 자각

예의

그러나 존경의 문화를 반드시 깊이 생각할 필요는 없습니다. 그것은 단순한 사회 소통의 간편한 수단으로 존재하기도 하고, 깊은 의미에서의 삶의 규범성에 대한 자각을 요구하는 것일 수도 있습니다. 다만 어느 쪽이나 사회 속에 사회 윤리 의식이 일반화되지 않고는 존재하지 않는다고 할 수 있습니다.

인간관계의 서열은 대체로 행동으로 또 언어로 표현되게 마련입니다. 이것이 예의입니다. 인사를 정중하게 하고 말씨는 바르게 갖는 것이 인간관계의 표현이지요. 그것은 행동의 양식입니다. 윤리 관계는 연출되는 행동을 넘어가는 마음가짐, 삶의 태도에 기초한다고 할 수 있습니다. 그러나 예의는 그 전체성이나 내면성을 떠나서 외적인 행동의 표현에 역점을 두는 윤리 행위라고 할 수 있습니다.

　동양의 윤리 전통에서는 여기에 특히 중요성을 부여했다고 할 수 있습니다. 『오륜행실도(伍倫行實圖)』라는 책의 제목은 윤리 관계가 행실로 표현된다는 것, 또 그것이 도해(圖解)될 수 있다는 뜻을 가진 제목이지요. 옛날 유교의 경전의 하나가 되는 『예기(禮記)』는 부모, 친척과 손님에 인사하고 접대하고 하는 일들을 자세히 처방한 책입니다. 그런데 예의와 예절에 관련하여 우리는 허례허식이라는 말을 생각할 수 있습니다. 20세기 초에 새로운 근대적인 풍조가 들어오면서 이미 내용상의 의미가 없어진 행동양식으로서의 예의에 반감을 느꼈던 데에서 많이 쓰이던 말이라 할 수 있습니다. 이러한 느낌이 들었던 것은 행동적 요구의 뒤에 들어 있는 규범에 대한 자발적인 인정이 없어졌기 때문이라고 할 수 있습니다. 예절이 표현하는 행동 양식은 대체로 서로 만나는 사람 사이의 서열을 표현하는 경우가 많습니다. 특히 그것이 보다 큰 규범에 입각한 것이라는 것이 잊혀질 때, 그 서열의 표시는 억압적인 것이 됩니다.

　물론 그러한 규범의 표현이 반드시 내면적으로 깊은 울림을 가진 것일 필요는 없습니다. 그것은 간단한 의미에서 사회관계를 원활하게 하는 매체로 작용할 수도 있으니까요. 그 하나가 예의입니다. 그것은 윤리 의식의 피상적인 표현으로서, 사회관계를 원활하게 하는 윤활유이면서, 다른 한편으로 사회의 규범 의식이 깊이 그리고 널리 삼투되어 나오는 결과라 할 수 있습니다.

그런데 이 규범이 바뀌면 그 행동적 표현도 바뀌지 않을 수 없습니다. 오늘날에 와서 기준이 되는 것은 서열보다는 모든 인간에 대한 존중입니다. 서구에서 쉽게 보는바 문을 들어설 때 서로 먼저 들어갈 것을 권하는 것 같은 것이 그러한 기준에 입각한 것이지요. 우리처럼 서열질서에 익숙한 곳에서 이것을 실천하기는 쉽지 않다고 하겠습니다. 그리고 서열이 거의 개인적인 힘의 과시가 된 곳에서 그렇습니다. 우리가 자주 듣는 말에 노블레스 오블리주(Noblesse oblige)라는 것이 있습니다. 큰 의미로 쓰이는 것과는 달리 작은 일에서도 양보하는 예의를 갖춘 사람이 귀한 사람의 특징입니다. 이것은 서양 사회에서의 예의의 한 특징이지요.

오늘에 와서 기준이 되는 것은 서열이 아닌 모든 인간에 대한 존중

5. 윤리적 자각과 그 불확실성

규범과 그 기초. 상호존중의 사회

그러한 평등의 기준, 또 그에 따른 예의의 뒤에는, 이미 시사한 바와 같이, 보다 깊은 인간의 존재 방식에 대한 이해가 들어 있습니다. 말할 것도 없이 민주사회에서는 만민이 평등하다는 것이 인간관계의 적어도 기본적인 전제가 된다고 하겠습니다. 그러나 그것은 사실적으로 만민이 평등하다는 것만은 아닙니다. 인간의 가능성의 관점에서 모든 사람이 존중되어야 한다는 것입니다.

생명의 존엄성은 모든 사람—그리고 나아가 모든 생명체를 존중하여야 한다는 지상명령을 내린다고 하겠습니다. 그것은 단지 목숨을 아껴야 한다는 의미에서만 말하는 것은 아닙니다. 목숨은 사실 각자의 것이면서 각자를 넘어가는 진화의 역사의 일부입니다. 그것은 더 나아가 거대한 생명의 진화 과정 그리고 그 배경에 있는 우주적 진화의 과정의 일부입니다. 사람의 생명에 위엄을 주는 것은 생명의 진화 과정, 우주의 진화 과정에서 온 신비입니다. 생명은 신비한 타자(他者)라고 할 수 있습니다. 그것이 개개인에 표현되어 개체가 존재하는 것입니다. 그러나 이것이 모든 인간 존재에 그리고 생명

만민이 평등하다는 것은 사실에 있어서가 아니라 가능성의 관점에서 모든 사람이 존중되어야 한다는 것

사람의 생명에 위엄을 주는 것은 생명의 진화 과정에서 온 신비이다

법률인과 부도덕한 사회

전체에 해당되는 것이고 그 현상의 기초가 되는 것이라고 하더라도, 그것을 깨닫고 또 그 깨달음에 이르려고 하는 것이 쉬운 일일 수는 없습니다. 그것은 별도의 노력을 위한 결단을 요구합니다. 개인의 존엄성이라는 말을 더러 듣습니다. 이 존엄은 이러한 깨달음의 가능성 속에서 얻어지는 것이지, 단순히 내로라하는 자긍심을 말하는 것은 아닐 것입니다.

깨달음의 복합적 의미

방금 말한 깨달음은 자신의 인간됨을 그리고 모든 사람의 인간됨을 깨닫는 것입니다. 이것은 사람의 마음 안에 있는 어떤 진리를 알게 된다는 것이지만, 그것은 원래 있는 것을 알려고 하는 것이니, 자신을 깊이 되돌아보는 데에서 찾아진다고 하겠습니다.

논어에 오일삼성(吳日三省)이라는 말이 있습니다. 이것은 세 번 스스로를 반성한다는 말로도 읽을 수 있고, 세 가지에 대하여 스스로를 돌아본다는 말로도 볼 수 있습니다. (吳日三省吳身, 爲人謀而不忠乎, 與朋友交不信乎, 傳不習乎). 그런데 그것을 비교하여 말하는 것이 정당할지는 모르겠지만, 서양철학에서 반성이라고 하는 말, 영어 또는 서구어에서 reflection, reflexion이라는 말이 이에 비슷하다고 할 수 있습니다.

이 말은 칸트나 헤겔에서 시작하여 하버마스에 이르기까지 근대 서양철학에서 주체적 존재로서의 인간을 설명하는 데에 핵심적인 개념입니다. 그 복잡한 내용과 사연을 여기에서 다 살필 수는 없지만, 반성 또는 성찰은 사람이 스스로를 하나의 주체로서 파악하기 위해서 자기를 되돌아보고 의식하는 의식 작용을 말합니다. 그런데 이렇게 하여 자기를 안다는 것은 되돌아보고 있는 의식을 다시 의식하여야 한다는 것을 말하기 때문에 한 없이 계속되어야 하는 과정이라고 할 수도 있고, 어떤 초월적인 근거에 그것이 있다고 상정하여야 하는 것일 수도 있습니다.

그러나 여기에서 잠깐 살펴보려고 하는 것은 이 서양철학의 전통에서 반성이란 자기를 되돌아보는 것이고, 그것을 모든 의식의 근본으로 확인하는 것인데, 이러한 확실하게 부여잡을 수 없는 것이 기초하여 어떻게 객관적 지식, 그리고 도덕의식이 나올 수 있느냐 하는 것입니다. 그리고 자기 이해와 모든 지식의 근본으로서의 반성의 과정이 그렇다면, 진리나 도덕에 대한 탐구도 불확실성으로 열린다고 하지 않을 수 없습니다. 물론 이러한 철학적인 반성이 모든 사람의 사고나 행동에 개입되

반성 또는 성찰은, 사람이 스스로를 하나의 주체로서 파악하기 위해 자기를 되돌아보고 의식하는 의식 작용을 말한다

법률인과 부도덕한 사회

어야 한다는 것은 아닙니다. 그러나 그러한 요소가 없을 수 없는 것이 민주 사회의 인간 존중의 요구입니다.

이에 비하여 앞에 말한 논어의 반성은—공자의 제자 증자(曾子)가 말한 것으로 되어 있지만—구체적인 항목에 비추어 자기를 되돌아보는 일입니다. 그러니까 반성이 의문을 제기하는 것이라고 한다면, 그 의문은 무엇을 해야 하는지 확실한 세계에서 자기가 그것을 했는가 반성하는 것입니다. 물론 여기의 반성에도, 서양철학에서나 마찬가지로 인식론적 함축이 들어 있기는 합니다. 그것은 스스로를 정직하게 돌아보지 않고는 무의미한 일이지요.

정직성이란 자기 동일성을 말하니까 일관성의 유지를 말하고, 그것은 도덕적 존재로서의 자신의 일체성을 확인한다는 것이고, 그것이 모든 행동의 기초가 된다는 것입니다. 그런데 배운 것을 연습했는가 하는 것을 따지는 것은, 전래의 가르침, 윤리적 가르침에 충실했는가를 재보려는 것입니다. 이것은 이미 주어진 것에 자신의 일을 비추어 보는 일이지요. 이 구절에 대한 주자의 주석에서도 스승이나 성인에서 물려받은 것을 살펴본다는 것이 강조되어 있는데, 전통의 전습(傳習)에 역점이 있다는 것을 말합니다. 그 점에서 여기의 반성은 전통적 윤리로 돌아가는 것이라는 것을 간접적으로 확인할 수 있습니다.

근대 이전에 동아시아에서 깨닫는다는 것은 이미 있는, 앞에 간 사람들에서 또는 고전 독서를 통해서, 알게 된 인간의 도리를 깨닫는 것입니다. 그런데 이것은 더 구체적으로 이미 있는 윤리를 익힌다는 것이고, 그것이 강령으로 표현되어 있는 것을 살핀다는 것입니다. 이 강령은 스승과의 관계에서도 그러하지만, 전체적으로 충효라는 개념에서도 보듯이 서열 관계에서의 독행(篤行)을 중시하는 것입니다. 그런데 만인 평등의 민주 사회에서 구체적인 인간관계의 절차―예절과 의무 절차는 분명한 강령으로 확립되기가 어렵습니다. 그리하여 보편적 인간애, 유대감(fraternity)과 같은 일반화된 인간관계를 말할 수밖에 없습니다.

왜 이것은, 스승의 가르침이나 성인의 말씀에서처럼, 분명할 수가 없습니다. 만민평등은 어떤 특정한 사람이 그 가르침을 독점할 수 없다는 것을 말합니다. 민주사회에서 가장 중요한 것은 자유인데, 모든 사람은 이 깨달음에서도 자유롭습니다. 그러니 모든 영역에서 불확실성은 커질 수밖에 없습니다. 이것은 특히 개인적인 차원

법률인과 부도덕한 사회

에서 스스로를 위한 삶의 길을 찾으려고 할 때, 그렇습니다. 그러나 물어보면, 답이 없다고 할 수는 없습니다. 그리고 답을 찾고자 하는 것은 모든 사람의 본능이고, 또 의무입니다.

개인적 자유/사회적 자유

그런데 이 자유의 길은 특히 한정되는 것일 수밖에 없습니다. 방금 시사한 바와 같이, 자유는 제 마음대로의 자유이지만, 그것은 자기의 삶의 규범을 찾고 동의하는 자유라고 할 수 있습니다. 어떻게 무엇이든지 자기 마음대로 하는 자유가 가능하겠습니까?

우리의 자유로운 선택은 삶의 가능성의 가능성에 의하여 한정됩니다. 여러 사람이 함께 선택하는 삶에는 그러한 한정이 더 크게 테두리를 정할 수밖에 없습니다. 정치 공동체에서의 자유는 법으로 구성된 자유라는 말이 있습니다. (민주사회의 과제로서 정치철학자 한나 아렌트는 자유의 헌법적 구성[Consituo Libertatis]이라는 말을 쓴 일이 있습니다. 이것은 자유를 될 수 있는 대로 넓게 허용하면서, 그것이 활용될 수 있는 한계를 말한 것이지요.) 그런데 이러한 구성행위의 정당성은 모든 사람이 동의할 수 있는 규범이 있기 때문입니다. 이 규범이란, 여러 사람이 함

> 자유는 제 마음대로의 자유이지만, 그것은 자기의 삶의 규범을 찾고 동의하는 자유이다

께 사는 데 자제하여야 할 것을 그리고 있는 지표이지만, 그러한 사회적 한정을 넘어 누구나 바르게 사는 데에 필요한 삶의 사실적 원리기도 합니다.

우리나라처럼 아이들을 키우는 일에 마음을 쓰는 사회를 찾기도 쉽지 않습니다. 얼마 전에도 어떤 강연회에서, "아이들을 어떻게 기르는 것이 좋은가" 하는 질문을 받았습니다. 그에 대한 답으로 어떻게 살아야 하는가를 묻게 하라고 말했습니다. 이것은 분명한 답을 줄 자신이 없기 때문에 한 말이기도 하지만, 물으면 바른 답을 얻게 될 것이라는 생각에서 한 말입니다. 이러한 물음을 묻는다는 것 자체가 삶의 길을 선택하여야 한다는 것을 말하고, 선택한다는 것은 선택할 수 있는 것이 제한되어 있다는 것을 말합니다. 이 제한을 분명하게 의식한다면, 대체로는 좋은 길 그리고 이미 앞에 간 사람들이 간 길을 선택할 가능성이 크다고 할 수 있습니다.

삶의 길은 환하게 열려 있는 것 같아도 그렇게 열려 있는 것은 아닙니다. 이 제한이라는 것은, 가령 걸음을 어떻게 걷는 것이 좋은가 생각할 때, 그 답으로 거꾸로 서서 걷는 것이 좋다는 답이 나올 수 없는 것과 같습니다.

법률인과 부도덕한 사회

6. 판단의 객관성과 지각적 균형

법 과정의 숙고와 결단

이런 것들을 말하는 것은 법에 종사하는 사람에게도 묻고 답하고 하는 일이 필요하다는 것을 말하려는 것입니다. 위에서 말한 바와 같이, 법관이 해야 하는 선택은 사회의 규범성을 분명히 하는 도덕적 선택일 수밖에 없습니다. 그리고 그것은 불확실한 상황 속에서 행해지는 만큼 단호한 결심을 요구합니다.

윤리, 도덕, 양심

여기에 특히 이것이 오늘의 상황에서 그렇다는 것을 보태어 말하겠습니다. 위에 말하였던 것을 되풀이합니다. 옛날에 도덕적 선택이란 윤리적 선택을 의미했습니다. 그렇다는 것은 사회적 관습으로 확립된 행동의 기율을 따른다는 것을 말합니다.

헤겔은 윤리(Sittlichkeit)와 도덕(Moralitaet)을 갈라서 말한 일이 있습니다. 윤리는 관습(Sitte)에서 나오고, 도덕은 윤리가 없어진 곳에서, 개인적인 결단에 의하여 선택되는 것이라고 하였습니다. 그렇다면 그 결단은 무엇에 근거하는 것일까요? 그것은 양심에 기초한다고 할

헤겔은 윤리는 관습에서 나오고, 도덕은 윤리가 없어진 곳에서 개인적 결단에 의해 선택되는 것이라 하였다

수밖에 없습니다. 양심은 인간의 심성에서 나오는 것이라 할 수 있습니다. 그러나 그렇게 말하는 것은 다시 한번 불확실성을 말하는 것입니다. 그렇기는 하나 그러한 마음의 결단이 반드시 자의적인 것이라고 할 수는 없습니다. 결국 사람은 세계에 대하여, 그에 관계된 행동에 대하여 일정한 방향을 가지고 있다고 할 수 있기 때문입니다. 그러면서도 그것이 분명하게 정식화될 수는 없지 않나 합니다.

그리하여 양심의 행동은, 루터가 자신의 입장을 최종적으로 표현한 것으로 이야기되는, "나는 달리 어떻게 할 수 없다"는 말로 설명할 수밖에 없을지도 모릅니다. 그러나 여기에 검증의 절차가 없는 것은 아니라고 할 수 있습니다. 검증은 자신의 이점이 아니라 모든 것을 희생할 각오에 있다고 할 수 있습니다. 그렇게 하여 자신의 자신됨이 확인됩니다.

양심, 규범, 문화. 보편성

그러나 양심은 다른 방법으로도 확인됩니다. 사람은 어떤 도덕적 기준을 갖지 않고는 살 수 없는 존재입니다. 이 필요가 바로 인간의 자유의 다른 면을 이룹니다. 문화적 전통은 인간의 행동을 규정하는 규범들을 그 중요한 내용으로 합니다. 이 규범이 없는 문화, 그러한 문화가 없는 사회는 없다고 할 수 있습니다.

그러나 문화에 표현된 규범들이 반드시 옳은 것일 수만은 없습니다. 그것은 양심을 보존하고 왜곡하는 외면적 양식이라고 할 수 있습니다. 문화는 말하자면 타고난 심성을 유지하면서 동시에 그것을 문화적 테두리 속에서 왜곡한다고 할 수 있습니다. 다만 사람이 보편적 관점에 이르려고 노력한다면, 이 보편성은 일단의 검증의 시금석이 될 수 있습니다. 그 점에서 칸트의 범주적 명령(Kategorische Imperative)—내가 하는 일이 모든 사람이 하여야 하는 일이기를 의도할 수 있는 것이어야 한다는 이 격률은 하나의 시험제라고 할 수 있습니다. 그러니까 선택은 양심의 단호한 선택이면서 동시에 보편타당할 수 있는 것이라야 합니다.

선택은 양심의 단호한 선택이면서 동시에 보편타당할 수 있는 것이라야 한다

법과 이성

그러나 일단 법률과의 관계에서 판단의 기준은 이러한 윤리적 도덕적 선택의 경우보다는 간단하다고 할 수 있습니다. 말할 것도 없이, 판단이 필요한 경우 그 기준은 이미 법에 규정되어 있습니다. 다만 그러한 경우도 법규정과 구체적 사안 사이의 관계를 저울질하는 데에

는 판단자의 이성이 개입하여야 한다고 할 수 있습니다. 그때 기준이 되는 것은 물론 사실과 사실 사이의 인과 관계이고, 그것을 구성하는 사고의 논리적 일관성입니다. (이 인과와 논리의 기이한 연결은 과학 철학의 연구 과제입니다.)

이것을 확인하는 데에 작용하는 것은 다시 말하여 판단하는 사람의 사고의 능력입니다. 법률적 사안이 인간과 사회에 관련되는 것이라는 점에서, 특히 필요한 것은 이러한 면들에 대한 주관적—그러면서 객관적으로 훈련된 주관적 이해의 작용입니다. 생명의 손상과 관련된 일에서는 동기 관계에 대한 판단이 중요하지만, 판단은 비교적 간단하다고 할 수 있습니다. 그러나 재산권이나 계약의 문제, 사적 영역의 문제는 조금 더 복잡한 이해를 요구할 것입니다. 더욱 복잡한 것은 국민의 공적인 의무 또는 국가와의 관계에서의 개인의 권리 보호의 경우가 아닐까 합니다. 여기에는 개인의 사적 영역과 공적 기율에 대한 철학적 이해가 요구된다고 할 수도 있습니다.

얼마 전 한 강연회에서 양심적 병역거부의 문제가 화제가 된 일이 있었습니다. 국민으로서의 양심의 요소가 될 병역의 의무와 평화주의자로서의 양심의 사이에 존재하는 모순을 어떻게 조화하게 하느냐 하는 것은, 물론 관례가 있기는 하겠지만, 깊은 성찰을 요구합니다. 사회 정의가 관련되어 있는 문제들에 있어서도 심사숙고의 과정을 거치지 않고 판단을 쉽게 내릴 수는 없습니다. 판자촌 철거의 문제 같은 것이 단순히 소유권이나 공권력의 정책적 판단으로 결정되기 어려운 것인 것은 도시 정비가 문제 되었을 때, 자주 등장했던 것입니다. 이 문제를 주제로 한 조세희의 소설 『난장이가 쏘아올린 작은 공』(1978)은 70년대 있었던 이러한 문제를 철거민의 입장에서 취급한 유명한 작품입니다. "용산참사사건"이라고 부르는 2009년의 빌딩 철거 사건도 이러한 문제들이 쉽게 사라지는 것은 아니라는 것을 말하여 줍니다.

양심과 법 체제

순수한 법률적 판단이 가능할 듯한 사안에도 개인적 주관에 의존하는 판단이 개입되지 않을 수 없는 것은 객관적이려고 하면서도 주관적일 수밖에 없는 인간 인식능력의 성격에 기인한다고 할 수 있습니다. 여기에서 작용하는 것은 판단자의 인간과 사회와 역사에 대한 이해일 수밖에 없다는 말입니다. 거기에서 가장 기초적 층위가 되는 것은 양심이라는 것을 다시 한 번 생각하게 합니다. 그러나 위에서 말한 바와 같이 이 양심은 인간의 심성 안에 있는 시비지심(是非之心)이면서, 동시에 보편적 이성으로 검증될 수 있는 인간 심성의 요소입니다. 그런데 법률체제 안에 있으면서 이루어지는 법률적 판단은 법 체제 전체의 일관성에 의하여 제한되는 것이라는 것에 주의할 필요가 있습니다. 법관은 개인이면서 동시에 법체계가 발언하는 것이기 때문입니다.

법관의 판단은 개인의 양심의 판단이면서 동시에 법체계가 발언하는 것이기도 하다

결국 인간의 사회생활에 있어서 규범적 일관성은 일정한 테두리를 지키면서 자유롭게 사는 중요한 조건입니다. 물론 개인의 의견—양심과 연구와 숙고에서 나온 판단들이 이 체계적 일관성을 더 풍부하게 하는 것도 사실입니다. 모든 판단에서 선례, 법적으로는 판례가 중요한 것은 법의 체계가 선험적 체계가 아니라 경험적 체계라는 것을 말하여 줍니다. 판단은 어떤 경우에나 여러 층위를 가진 이성적 사고 행위의 결과일 수밖에 없습니다. 특히 그 판단이 구체적으로 사람의 삶에 관계되고, 또 그보다 넓은 삶의 테두리를 규정하는 데에 관계될 때, 그렇습니다.

법률인과 부도덕한 사회

7. 체험의 주관성과 판단의 객체성

지각적 균형

유명한 『정의론』의 저자 존 롤스가 말한 "성찰적 균형"은 정의로운 사회, 좋은 사회의 기본이 되는 이성적 고려가 성립하는 과정을 말한 것입니다. 여기의 이성적 고려는 법적인 판단의 근간이 되는 이성적 고려에도 작용한다고 할 수 있습니다.

롤스의 "성찰적 균형"은, 하나의 공동체의 사람들이 자신의 이익에 대하여 미리 알지 못하고 함께 모여 정치적 권리와 경제적 배분에 대한 의론을 펼칠 때, 모두가 동의할 수 있는 공평한 규범에 합의할 수 있게 하는 절차이고 그 원리를 지칭합니다. 그러나, 간단히 말하면, 절차가 특이한 것이지만, 그것은 사회적 판단의 원리로서의 이성의 원리를 재확인했을 뿐이라고 할 수도 있습니다. 그러면서 사회적 판단의 근거로서 이성을 말하면서, 그것을 선험적 원리보다는 민주적 절차에 결부시킨 것입니다. 그리하여 그 민주적 성격은 기존 이성을 보다 경험적이면서 포용적인 원리—인간적 숙고가 개입되는 원리가 되게 합니다.

그러나 시카고 대학 법학대학원 철학자 마사 너스바

움은 이 "성찰적 균형"을 논하면서, 어떤 사안을 고려하는 데에 있어서 이성적인 고찰은 그 인간적 의미를 충분히 살필 수 없는 것이라고 말하고, 여기에 대신하여, 주어진 사안에 관련된 사람의 삶의 형편을 합리적인 관점에서만이 아니라 감각적·감정적 관점을 포함하여 고려하는 것이 참으로 인간적인 판단을 가능하게 하는 것이라고 주장했습니다. 여기에 작용하는 심성의 상태를 너스바움은 "지각적 균형"이라고 부릅니다.

이 문제는 본인이 책에서 이미 길게 설명한 일이 있지만, 그것은 법률적 판단을 생각하는 경우에도 관련이 될 것 같습니다. 너스바움이 말하는 지각적 균형이 사회적 체계를 구성하는 원리가 될 수 있을는지는 확실치 않습니다. 다만 이성적 성찰이 사회 정의와 체제에 기본이 되는 사고의 원리라고 하더라도, 이 지각적 균형을 통하여 인간사의 문제를 고려할 수 있는 사회가 더 좋은 사회라는 것은 말할 수 있습니다. 구체적인 인간사의 판단에서는 이러한 접근—감각과 감정, 이성을 통합하는 상황인식이 작용하여야 한다는 것은 분명합니다.

사실 이성은 사안의 공정한 처리에 기본적인 인간 능력, 특히 일정한 크기의 집단에 관계될 때 중요한 원리이지만, 개인적인 사정을 전면적으로 이해하는 데에는 충분한 것은 아니라고 할 수 있습니다. 어떤 개인의 사정을 알려면, 인생 여정 전체가 아니라 어떤 특정한 사안에 관계되는 경우라도, 그 사람의 관점에서 자초지종(自初至終)을 들어보아야 하지 않겠습니까? 어떤 사람의 이야기를 알아보는 데, 시민이라거나 국민이라는 범주로만 그를 충분히 파악할 수 없지요. 사정을 알아보는 데에 주민등록증이나 이력서가 큰 도움이 되겠습니까? 그의 사정을 알려면 그 사람의 관점에서 삶의 이야기 또는 사건의 전말을 들어 보아야지요.

그의 사정을 알려면 그 사람의 관점에서 삶의 이야기, 사건의 전말을 들어 보아야 한다

삶의 이야기로서의 소설/공평한 관측자

일정한 주인공의 관점에서 이야기를 펼치는 것이 소설입니다. 너스바움 교수가 "지각적 균형"을 설명하면서, 예로 드는 것이 소설에서 나오는 이야기들인 것은 너무나 당연합니다. 그러나 이렇게 말하면서 생각해야 할 것은 소설이 실화는 아니라는 점입니다. 소설은 울고 불고 좋아서 날뛰고 하는 것을 그대로 표현하는 것이 아니라, 이미 반성적 성찰의 관점에서 걸러진 이야기입니다. 그것은 개인의 주관적 관점을 벗어나지 않으면서 사태를 조금 더 이성적으로 또는 적어도 상상적 질서로 설명하려는 것이라 할 수 있습니다.

애덤 스미스는 어떤 상황에 대한 구체적인 판단에 필요한 것을 "공평한 관측자(judicious spectator)"의 입장이라고 했습니다. 너스바움은 이 개념을 빌려, 구체적 인간의 상황을 알아보는 데에 이러한 입장이 필요하다고 생각했습니다. 그리고 이러한 태도를 길러낼 수 있는 방법의 하나가 소설이고 문학 작품이라고 하였습니다. 너스바움은 소설가나 비평가가 아니지만, 그 철학에서 구체적 인간의 상황에 대하여 큰 관심을 가지고 있습니다. 그리고 이러한 입장을 가지고 있었던 까닭에, 브라운 대학의 고전 철학 교수의 자리를 떠나 시카고 대학의 법률대학원의 교수로 초빙되었습니다.

너스바움 교수가 2008년에 한국을 방문하였습니다. 그때 잠깐 만난 일이 있는데, 시카고로 돌아가서 해야 하는 일이 무엇인가 하고 물었더니, 시카고 대학 법률대학원에서 "셰익스피어와 법"이라는 심포지엄을 열기로 되어 있는데, 그것을 주관하는 일이라고 하였습니다. 너스바움 교수는 문학적 체험이 법을 위하여 그만큼 중요한 것으로 생각하는 것으로 보입니다.

이반 일리치의 죽음

너스바움의 주장은 인간을 구체적으로 이해하는 데

법률인과 부도덕한 사회

에는 합리적 관점을 견지하면서도 인간의 환경과의 총체적 상호작용, 또는 실존적 상황을 참조할 수 있어야 한다는 것입니다. 그런데 법과 관련해서 비슷한 관점을 강하게 느낄 수 있게 하는 것은 톨스토의 중편『이반 일리치의 죽음』입니다. 이 소설은 인간적 상황의 이해에 인간을 객체로 보는 관점이 아니라 주체로 보는 관점 또는 공감이 필요하다는 것을 말하여 줍니다.

서열적 인간관계

이 소설의 주인공 이반 일리치 골로빈은 러시아 어느 주의 대심원 판사입니다. 그는 엄격하고 공정한 판사로 알려졌던 법관입니다. 그리고 물론 19세기 러시아 제국의 판사에 어울리는 적절한 수준에서의 유족한 삶을 살고 있었습니다. 그런데 모든 면에서 여러 사람의 선망의 대상이 될 만한 이반은 마흔다섯의 비교적 젊은 나이에 갑자기 신장(腎臟)에 병을 얻고, 결국 수개월 만에 죽음에 이르게 됩니다. 처음 통증을 느끼고 그것이 계속됨에, 그는 처의 강권에 따라 유명한 의사를 찾아가게 됩니다.

여기에서 그는, 요즘 쓰는 속어를 빌려서 말하건대, 처음으로 갑을 관계에서 을의 입장에 서게 됩니다. 그리고 그의 입장은 바로 법률가로서의 그가 피고와의 관계에서 피고로 하여금 자리하게 하였던 자리에 자기가 선다는 것을 절감하게 됩니다. 첫 방문의 묘사를 인용하겠습니다. (영문 번역을 다시 번역한 것입니다.)

> 모든 것은 예상대로였다. 일이란 그런 것이다. 기다리는 것은 으레 그러한 것, 의사의 고자세—법정에서 그가 취하는 것에 유사한, 그에게 익숙한 그러한 자세, 두드리고 듣고 하는 청진기 진찰, 결론도 새로 낼 것이 없고 필요도 없는 질문, "우리에게 위임하시오, 알아서 처리할 것이니. 우리는 이러한 경우를 착오 없이 처리하는 법을 숙지하고 있소. 처리 방법은 누구의 경우나 마찬가지지요"—이 모든 것이 법정에서 하는 것과 같았다. 의사의 태도는, 이반 일리치가 피고에 대하여 취하였던 그러한 태도였다.

이와 같이, 이반 일리치는 의사를 보는 동안, 그 태도가 법관으로서 자기가 취하던 태도와 너무나 비슷한 것을 여러 차례 깨닫습니다. 이것은 그로 하여금 특히 반성적이 되게 하는 것은 아니지만, 자신의 삶을 새로운 눈으로 보게 합니다. 그가 피의자들을 어떻게 대하였는가 하는 것은, 법관으로 그가 가졌던 자세에 대한 톨스토이의 묘사에 나와 있습니다.

교양이 있고 세련된 인간으로서의 이반 일리치는 사람을 대할 때 극히 예의 바르게 대합니다. 그러나 겸손한 예의 자체가 힘의 표현이라는 것을 그는 알고, 또 그것을 즐기는 것이라고 톨스토이는 말합니다. (이야기는 이반 일리치의 이야기이면서 톨스토이가 펼치는 이야기이지요.) 그것을 인용해봅니다.

겸손한 예의 자체가 힘의 표현이라는 것을 알고, 또 그것을 즐기는 것

…조사를 담당하는 자리를 맡게 되었을 때, 그는 누가 되었든지—자중감과 자기만족에 차 있는 사람까지도, (그의 심문의 대상이 되면) 자신의 손아귀에 들어 있다는 것을 알았다. 그가 할 일은 서식 문서에 몇 마디를 적어 넣는 것뿐이었다. 피의자나 증인의 자격으로 그 앞에 오게 되는, 자만심과 자기만족의 인간은 누가 되었든지 그 앞에 서서 물음에 답하여야 했다. 그러나 이반 일리치는 자신의 직권을 남용하는 사람이 아니었다. 반대로 그는 그것을 부드럽게 사용하고자 하였다. 그러나 그의 권위에 대한 의식 그리고 그것을 부드럽게 사용할 수 있다는 의식이 그의 관심의 대상이 되고, 직책의 매력이 되었다. 심문에서도 그러하지만, 일을 처리함에 사건에서 법적 측면에 관련이 없는 일체의 고려를 줄이고, 아무리 복잡한 사연이 있는 사건이라도 사연을 간단히 하여, 모든 것을 외적인 사실로 단축하고 그의 개인 의견을 배제하여, 형식에 맞게 하는 것이 그의 일 처

리 방법이었다. 그는 모든 정해진 공식 절차를 철저하게 지켰다.

이러한 묘사는 이반이 뛰어난 법관이었다는 것을 말하는 것입니다. 그는 누구의 것이 되었든지—자기 자신의 것이든지 피의자의 것이든지, 개인적인 사연은 일체 생략하고 객관적 사실에 모든 것을 집중하였습니다. 공적 처방을 엄격하게 따른 것입니다. 그러나 그가 환자가 되었을 때 깨닫게 된 것은, 객관성을 확보하는 방법이 비인간적인 일이라는 사실입니다.

제도의 허위 / 사실의 진실

철저하게 객관적인 법적인 절차 또는 병원의 절차가 비인간적이라는 것을 비판적으로 보여준 것은, 인간적 상황의 판단에는 인간의 실존적 진실에 대한 공감이 들어가야 한다는 너스바움의 기준에 맞아들어갑니다. 그러나 이 소설은—그보다는 한 발짝 더 나아가 사람의 삶에 대한 보다 일반적 교훈을 담고 있습니다. 물론 죽음에 이르는 경과의 우여곡절을 자세히 기술하는 것이 시, 소설의 특징이고 장점입니다. 그러나 교훈이 있는 것도 틀림이 없습니다. 죽음에 이르는 과정을 통해서 이

인간의 실존적 진실에 대한 공감

반 일리치가 깨닫는 것은 한마디로 삶과 죽음의 꾸밈 없는 현실이 무엇인가 하는 것입니다.

그런데 이것을 여러 가지로 꾸미고 변형하는 것이 사회적 관습입니다. 그는 그것이 거짓이라는 것을 깨닫습니다. 법률학교에 가고 법관이 되고 또 그 체제 안에서 승진을 원하고, 그 관점에서 자기도 모르게 상하 관계와 사회관계를 유지하고 하는 것, 또 적절한 수준의 집을 마련하고 그 내부를 격식에 맞추어 장식하고 집에 손님을 초청하여 파티를 열고 하는 것이 일체 의미 없는 일이라는 것을 그는 생각하게 됩니다. (그의 신장[腎臟] 손상은 커튼을 바르게 붙이려다가 넘어진 것에 그 원인이 있는 것처럼 이야기되어 있습니다. 이것은 허망한 장식에 걸려 넘어져서 죽음에 이르게 되었다는 것을 우화적으로 비치고 있는 일입니다.) 그의 많은 인간관계도 거짓에 찬 것으로 그려져 있습니다. 아내와 사이가 나쁜 것으로, 친구들과의 관계도 피상적인 것으로 그려져 있습니다. 그들의 그의 병에 대한 또 그의 죽음에 대한 느낌도 진지하고 깊이가 있는 것이 아닙니다.

그런데 모든 사람으로부터 멀어진 가운데에도 그의 고통을 풀어주고 죽음을 조금 더 쉽게 받아들이게 하는 것은 하인 제라심입니다. 제라심은 살고 죽는 것을 아무런 장식이 없이 당연한 사실로 받아들입니다. 그에게 삶은 주인을 도와주는 노동입니다. 이반이 죽음에 임하게 될 때, 그와 같은 높은 사회 계급의 사람들은 병이 나을 것이라는 등 위로하는 말을 합니다. 제라심은 죽음에 대하여 말하지는 아니하면서도 주인이 죽음에 임해 있다는 것을 분명히 알고, 그의 고통을 주인의 원하는 대로 완화하여주려 노력합니다. 그의 삶은 사실에 즉한 삶입니다. 인간의 주어진 운명—노동하고, 다른 사람의 육체적 고통의 완화를 돕고, 죽음을 그대로 받아들이고 하는 것이 그의 삶의 스타일인 것입니다. 말하자면 사실적으로 확인되는 실존적 삶을 떠나지 않는 것이 그의 삶의 태도인 것입니다. 이것은 대체로 톨스토이가 만년에 귀족의 신분을 버리고 농부의 삶을 살고자 했던 것에 맞아들어 가는 것으로 말할 수 있습니다.

8. 도덕률의 지상명령

이러한 톨스토이의 교훈이 법을 생각하는 데에 어떤 의미를 갖는 것일까요? 위에서 어떤 사안에 대한 판단을 요구받았을 때, 개인의 사정을 총체적으로 이해하는

것이 중요하다는 너스바움의 견해에 대하여 언급하였 공감적 이해
습니다. 그것은 공감적 이해입니다. 그러나 그것이, 위
에서도 언급한 바와 같이, 감정적 일치만을 이야기하는
것은 아닙니다. 그것은 개체적 실존의 진실을 가진 인
간을 참고해야 한다는 것인데, 단순한 감정적 일치보다
는―너스바움이 그것을 빼어 놓으려는 것은 아니지만,
사람의 전체적 상황을 이해하는 것이 중요하다는 것입
니다. 그것은 이성적 이해를―깊은 의미에서 이성적 이
해를 촉구한다고 할 수 있습니다. 추상화한 상황 이해는
추상화와 간략화를 수반하는 것이기 때문에, 진정한 의
미에서 이성적 이해를 말하는 것은 아니라고 할 수 있
습니다. 어려운 대로 실존적 구체성을 포괄하는 이해가
진정한 의미에서 이성적 이해라고 할 수 있습니다.

　톨스토이가 의미하는 것은 가장 직접적인 의미에서
삶과 죽음을 직시해야 한다는 것입니다. 그것은 사회적
장식―사회적 지위나 문화적 장식 없이 삶을 보아야 한
다는 것입니다. 이것이 개인의 있는 그대로의 모습을 보
는 것입니다. 그러한 냉정한 직시라는 점에서 그것은 삶
을 자연주의나 리얼리즘의 눈으로 보는 것입니다. 그러
나 거기에서 모든 개인을 동등하게, 또 동등한 생명체인
인간을 보편적 인인애(隣人愛)나 자비심으로 보는 것의

기초라고 할 수 있습니다.

다 알다시피 톨스토이는 위대한 작가이면서 도덕주의자이고 도덕의 실천자였습니다. 삶의 적나라한 실상을 알게 된 이반 일리치는 아마 쾌유되었더라면, 피의자를 서있게 하고, 또는 너그럽게 대하는 태도를 버리고, 또 그들의 개인적인 처지를 깊이 참고하면서, 공정한 판결을 하고자 하는 법관이 되지 않았을까 하는 생각을 할 수 있습니다. 그러나 제도가 그렇지 않은 세상에서 그러한 태도를 견지하기는 쉽지 않았을 것입니다.

이것은 한국에서 더욱 어려운 결단을 필요로 하는 것일 것입니다. 다만 조금 더 나은 것이 있다면, 우리의 상황은 톨스토이의 러시아보다는 조금 더 유동적인 상태에 있고, 더 많은 실험을 허용하는 상태에 있다는 점일 것입니다. 그리고 보다 나은 인간적 질서, 보다 나은 도덕적·윤리적 질서를 향한 숨은 그리움도 강하다고 할 수 있습니다.

그러나 큰 결단이 필요합니다. 모든 공적인 자리에 있는 사람의 경우에는 더욱 그렇습니다. 지난번 사법정책연구원에서 강연하면서도 오늘과 비슷한 이야기를 하였는데, 그때 강연의 후반부에서 칸트의 『실천이성비판』의 마지막에 나오는 한 구절을 인용하였습니다. 칸

보다 나은 인간적 질서, 보다 나은 도덕적 윤리적 질서를 향한 강력한 숨은 그리움

　　　　　　　　　법률인과 부도덕한 사회

트는 인간이 지켜야 하는 도덕률이 인간의 감정—적어
도 단순한 의미에서의 감정이나 사회의 관습에 근거하
는 것이 아니고 어떤 것에도 좌우될 수 없는 이성적인
근거, 초월적인 이성의 근거에서 나온다고 생각하였습
니다. 물론 그것이 현실이 되기 위해서는 그것을 위한
결단이 요구됩니다. 그러나 그 이전에 그것을 마음 깊이
에서 긍정하는 것이 필요합니다.

초월적인 이성의
근거

칸트는 그러한 이성의 상징을 하늘의 별과 마음의
확신에서 찾았습니다. 의미에서는 반드시 그렇지 않지
만, 이미지로는 별의 이미지가 중요합니다. 그것은 인간
의 주관적 호불호를 초월하는 어떤 것입니다. 지난번의
강연에는 이 점을 지적하기 위해 이『실천이성비판』의
마지막에 나오는 구절을 인용하고 다시 그것의 변주를
논하였습니다. 오늘은 도덕률의 절대성과 그것을 위한
결단의 확실함을 말하기 위해, 다시 한번 그것을 인용함
으로써 이 강연을 끝내고자 합니다.

하늘의 별과 마음
의 확신

새로이 그리고 오래 생각할수록, 내 마음을 경이(驚異)
와 외경심으로 채우는 두 가지 것이 있다: 그 하나는 내
위에 있는 별들의 하늘이고 다른 하나는 내 안에 있는
도덕의 법칙(das moralische Gesetz)이다. 이것들은 내 시
야 너머 어둠 속 또는 초월적인 것에서 찾거나 어림되

는 것이 아니다. 나는 이것들이 내 앞에 있음을 보고 그
것을 내 존재의 의식에 연결시킨다. 전자는 외부의 감
각 세계에서 내가 차지하고 있는 자리에서 시작하여, 그
자리와 이어지는, 세계 위의 세계, 체계 위의 체계—다
볼 수도 없는 거대함으로 확대되고, 나아가 그 주기적
운동, 시작과 지속의 끝없는 시간으로 확대된다. 두 번
째 것은 볼 수 없는 내 자신 그리고 인격으로부터 시작
하여, 나를 참으로 무한함 속에서, 그러나 오성(悟性)으
로만 인지될 수 있는 세계 속에서 나를 볼 수 있게 한다.
이 세계에 대하여 (그리고 눈에 보이는 세계에 대하여) 앞의
경우에서처럼 우연한 관계가 아니라 보편적이고 필연적
인 관계에 있는 것이라는 것을 나는 인식한다.[1]

---

1   Immanuel Kant, "Beschluss," Kritik der praktischen Vernunft, hrs. Paul
Natorp (Koeniglich Preussischen Akademie der Wissenschatten, 1912), S.
162~163.

법과 양심

2017년 8월 10일 1판 1쇄 펴냄

2018년 7월 16일 2판 1쇄 펴냄

저자 김우창

발행인 김철종 박정욱

책임편집 김성은 **디자인** 정진희 **마케팅** 오영일

인쇄제작 정민문화사

펴낸곳 에피파니

출판등록 1983년 9월 30일 제1 - 128호

주소 110 - 310 서울시 종로구 삼일대로 453(경운동) KAFFE빌딩 2층

전화번호 02)701 - 6911 **팩스번호** 02)701 - 4449

전자우편 haneon@haneon.com **홈페이지** www.haneon.com

ISBN 978 - 89 - 5596 - 806 - 4   03100

* 본문에 수록된 원고는 다음의 시간과 장소에서 진행된 강연을 기초로 하였습니다.

　도덕의 빛과 힘 - 타락한 세계에서의 양심과 정의(2013. 11. 18, 김대중 민주평화아카데미 강연)

　법, 윤리 그리고 생활 세계의 규범(2014. 9. 19, 사법정책연구원 강연)

　인문학적 사고 - 양심에 대한 단면적 고찰(2014. 5. 19, 서울대-이대 강연)

　사회적 도덕 - 이념과 사실적 조건(2010. 9. 27, 헌법재판소 강연)

　법률인과 부도덕한 사회(2014. 12. 3, 사법연수원 강연)

이 도서의 국립중앙도서관 출판예정도서목록(CIP)은 서지정보유통지원시스템
홈페이지(http://seoji.nl.go.kr)와 국가자료공동목록시스템(http://www.nl.go.kr/kolisnet)
에서 이용하실 수 있습니다.(CIP제어번호: CIP2017017716)